KB211026

노사부의 마인드 요가

마인드(카르마 · 박티 · 갸나 · 라자) 요가의 길잡이

노사부의 마인드 요가

박희성 · 노명환 지음

"나를 알고 인생을 행복하게 해 주는 마인드 요가 안내서입니다."

좋은땅

인사의 글

삶이 명상입니다.
명상이 삶입니다.

삶이 명상이 될 수 있을까요?
명상이 삶이 될 수 있을까요?

내가 바로 삶이 되는 것입니다.
내가 바로 명상이 되는 것입니다.

내가 깨어나면 삶이 깨어납니다.
삶이 깨어나면 살아 있음이 명상입니다.

요가는 무엇일까요?
아트만(진아)이라는 참자아(자신)을 아는 것입니다.

아트만(진아)은 무엇일까요?
삿 칫트 아난다라고 합니다.
삿은 진실, 칫트는 의식(알아챔), 아난다는 지복입니다.
살아 있음이 지복이며 지복만이 전부인 것으로 아는 것입니다.
아트만은 살아 있음이 모두 지복이라고 의식되는 것입니다.
당신이 지복이라고 여기는 모든 것이 되는 것입니다.
아트만은 말합니다. 당신 자체가 지복이라고 합니다.

마인드 요가는 무엇일까요?

아트만에 이르게 하는 방법입니다.

아트만에게 도달하게 해주는 이동 수단입니다.

마음을 움직이고 이완하고 도약하게 해줍니다.

마음을 집중하고 명상하고 삼매에 이르도록 합니다.

삶은 무엇일까요?

사람의 평생이라고 하면 어떨까요?

사람이 사는 동안 일어나는 모든 것이 됩니다.

그가 보고, 듣고, 느끼며, 감동하는 것이며

당신이 사랑하고, 사랑받고, 감사하는 것이며

내가 알고, 이해하고, 알아채는 것입니다.

때로는 저편에서 이러한 울림을 주기도 합니다.

숨을 쉴 때 생명의 경외감이 찾아옵니다.

길을 가다가 다른 사람에게서 신을 느끼기도 합니다.

가만히 앉아 있으니 고요함이 모든 것이 됩니다.

하늘을 보니 빛이 나를 채워줍니다.

이처럼 모든 것들이 당신 앞에 보물처럼 쌓이는 것입니다.

나와 당신, 그리고 세상 모든 사람들이 그렇습니다.

당신은 당신 자신의 주인입니다.

당신은 당신 삶의 주인입니다.

인간은 무엇일까요?

신의 축복과 부모의 사랑으로 만들어진 신성한 존재입니다.

신의 선물로 태어나면서부터 아트만(진아)을 받아왔습니다.

아트만은 오직 지복만이 전부라고 합니다.

지복은 살아 있음이 모두 춤이며, 사랑이며, 지혜입니다.

당신은 그와 같은 보물을 가지고 있는 것입니다.

마인드 요가는 무엇을 말할까요?

당신은 이 세상에 신이 보내준 위대한 존재라고 합니다.

아트만을 가지고 있는 신성한 존재라고 합니다.

그 신의 선물인 아트만에 대해서 들려 줄 것입니다.

아트만이 당신에게 있다고 말할 것입니다.

태어나면서 단 한순간도 떠난 적이 없다고 말할 것입니다.

잘 들어 주시고 받아들여 주시기 바랍니다.

노사부의 마인드 요가로 이제 길을 같이 가려고 합니다.

한가로이 소풍을 떠나듯 여유와 느긋함으로 함께하세요.

당신의 보물은 당신 내면의 품 안에 있으니까요.

보물을 찾아가는 여정을 함께하게 되어 감사드립니다.

나마스테,

신의 축복과 행운이 함께하며 가득하기를 빕니다.

2024. 9. 5.

차 례

제1장

요가에 대한 단상

요가는 몸과 마음을 행복하게 해주는 연금술입니다.
명상은 참 자신을 만나게 해 주는 신비한 마술입니다.

요가에 대한 단상은 마인드 요가를 처음 접하는 분들이라
생각하고 준비한 글 모음입니다.

요가에 대한 기본 정의나 개념 그리고 기준을
알려 드리고자 5가지 주제를 정해 소개하였습니다.

요가의 목적은 크게 3가지 요소가 있습니다.
첫째, 아트만(진아)을 아는 것입니다.
둘째, 마음(생각)이 고요해지는 것입니다.
셋째, 지혜를 밝혀 행복해지는 것입니다.
그래서 요가는 몸과 마음의 건강뿐만아니라
영적 건강인 자유와 깨달음을 담고 있습니다.

아트만은 산스크리트어이며 우리말로는 진아라고 합니다.
우파니샤드에서 우리 자신 전체가 지복이며, 자유라고 정의하고
있습니다. 태어남과 죽음이 없고, 고통과 슬픔이 없으며, 시간과
공간의 지배에서 벗어나 있다고 합니다.
오로지 이 세상을 초월하는 천국이며 해탈이라고 합니다.

아트만은 요가의 목적이며 최고의 선물입니다.
또한 신의 선물이며 축복이 아트만입니다.

이처럼 신의 선물을 얻는 방법인 요가를 소개하려고 준비한 것이
제1장이 됩니다. 편안한 시간이 되었으면 좋겠습니다.

1. 요가에 대하여

요가의 길

나를 행복하게
세상을 이롭게 하는 것이
요가의 길이라 생각됩니다.

그 길을 소중히 여기며
그리고 먼저 오신 스승이나 선배들에게

감사와 존경을 가지고
그 길을 따라가고 있습니다.

매일 매일 귀한 가르침을 따르며
감사함으로 배우고 있습니다.

요가

인도에서는 깨달음으로 안내하는 모든 방법을
요가라고 합니다.

행위의 요가는 행위를 통한
자기 정화와 깨달음의 추구,

헌신의 요가는 신에 대한 존경과 헌신,

지혜의 요가는 경전과 탐구를 통한
깨달음의 추구,

라자(명상) 요가는 금계에서 삼매까지 여덟 단계의
방법으로 깨달음에 이르는 요가입니다.

이처럼 요가는
한 방울의 물이 바다에 이르듯

하나의 작은 인간이
깨달음이라는 자유의 바다에 이르고,
합일되는 과정이며 방법입니다.

요가 2

당신이 당신의 마음을 사용하지 않고
마음이 당신을 사용한다고 합니다.

몸의 주인도 나(참나)입니다.
감정의 주인도 나(참나)입니다.
물론 마음의 주인도 나(참나)입니다.

나는 참나(아트만)입니다.
자신을 몸, 감정, 마음이라고
여기지 않습니다.

마음 밖의 참나를 찾는 것이
요가입니다.

그것을 찾는 방법 중 우수한 것이
집중과 명상입니다.

참나를 찾아
진정한 주인이 되어
자유롭고 행복하세요.

수행과 욕망

탐욕은 남의 것을
그냥 가지려고 하는 것입니다.

정당한 대가나 노력으로
바르게 바꾸면 됩니다.

수행은 자기 것을 알고
남의 것을 알면 됩니다.

자신을 귀하게 알고
자신을 귀하게 대하고,
자신을 귀하게 사랑하면,
남도 그렇게 대하여 줍니다.

수행자는 바로
그러한 구도자입니다.

요가 수행자

자신을 사랑하고
자신을 귀하게 대하는 분이
요가의 수행자입니다.

꽃이 피면 향기가 저절로
세상에 흘러 넘치듯이
이웃들이 고맙고

감사가 일어나면
자기 사랑이 꽃을 피듯
타인 사랑이 저절로 일어납니다.

자신을 사랑하세요.
자신을 귀하게 존중하세요.

이러한 당신은
요가의 길을 걷는
반가운 벗이며 소중한 이웃입니다.

주인

옷의 주인은 몸입니다.
몸의 주인은 마음입니다.
마음의 주인은 참나(아트만)입니다.

정보보다는 경험입니다.
경험보다는 지혜입니다.

몸을 잘 관리하고
마음을 정직하고 따뜻하게 쓰다 보면

점점 지혜로워지고
삶의 주인이 되어 살겠지요.

진리

진리는 어디에 있을까요?
당신 마음 안에 있습니다.

내면으로 관심을 돌리면
볼 수 있고 만나게 됩니다.

단지
너무 가깝고
너무 익숙하여,

그리고
너무 거대해서

보지 못하거나
알아보지 못 할 뿐입니다.

요가경(Yoga sutra)

요가경은 종교와 상관없이
자신을 아는 공부에 도움을 주는
과학적이며 체계적인 시스템을 갖춘
최고의 경전입니다.

8단계의 과정으로 구분하고
일상생활(1~2단계),
몸의 안정(3단계),
호흡과 감각 제어(4~5단계)
집중, 명상, 삼매(6~8단계)에 이르는
생활에서부터 몸과 마음까지 다스리는
종합적인 체계를 갖추고 있습니다.

요가경은 누구에게나 편리하고
안전합니다.

2천여 년 전에 몸과 마음을 정화하여,
깨달음이라는 세계로 비상하는
고대 인도의 오랜 전통과 지혜가 담긴
최고의 기술입니다.

호흡

호흡은 몸과 마음을 연결하는 다리입니다.

호흡은 생명의 기운을 충만하게 하는
장치이며 운동입니다.

왼쪽과 오른쪽 콧구멍으로
서로 다른 에너지가 음과 양으로 흘러

목에서 가슴 밑으로 내려 보내고
배꼽 및 단전까지 이르면
그 효과를 극대화시킬 수 있습니다.

최소 가슴 밑으로 내려가야
에너지의 변화가 일어나고 축적됩니다.

천천히 아주 천천히
부드럽게 흐름이 끊기지 않고
바람처럼 살며시 느낌이 이어지며

들이쉴 때
그리고 그 숨을 느끼며
정신을 놓지 않고
그 숨의 흐름을 소중히 따라가고

멈춰질 때
그리고 회전하여
숨이 나갈 때에
숨이 나가는 것을

사랑하는 사람과 꼭 붙어서
작은 틈도 없는 것처럼
온 마음으로 그 과정을
사랑으로 변하게 하는 과정입니다.

이러한 호흡은
그대의 생명력을 충만하게 하고

숨을 들이쉴 때
사랑이 일어나고

숨을 내쉴 때
감사로 충만해집니다.

제감, 집중, 명상

제감은 라자(명상) 요가의 5번째 단계로
여섯 가지 감각 기능이 활동을 할 때
인식 대상으로 동일시가 덜 되게 하는 것입니다.

집중은 그 다음 6번째 단계로
인식의 대상에 의식을 하나로 모으는
방법입니다.

명상은 제7번째 단계에 해당하며
집중이 제대로 이루어져 그 흐름이 이어지고
인식을 하는 주시자가 활동합니다.

대상의 동일시에서 벗어나
의식이 깨어나며 생각을 지켜볼 수 있습니다.

자신이 생각이 아님을 체험하고
의식이 명료해져 지혜로움이 활동합니다.

라자(명상) 요가는 과학이며
의식 변화의 최고 기술이라고
파탄잘리(요가경)께서 모두 전하는 가르침입니다.

독존의 세계

요가경에 독존이라는
말이 나옵니다.

까이발야 빠다 즉 독존의 장은
순수 의식만이
홀로 존재하는 세계,

참된 실재만이
자유롭게 존재 하는 세계입니다.

홀로 존재하는 것은
외로움이 아니라

삼매의 지극한 절정
상태입니다.

옴(Aum)

옴은 태초의 소리,
가장 신성한 소리입니다.

A-U-M의 3가지 소리가 합해진
즉 우주의 창조, 유지, 파괴를 담고 있고,
그것을 알려 주는 소리입니다.

만물의 시작과 끝
그리고 완성을 나타내는
소리 없는 소리

그 의미와 실체를 담고 있는 옴은
당신이 아주 가깝게 다가감에 따라

당신 내면에서
그 소리를 들려 줄 것입니다.

스승

스승은
무지의 구름을 제거하는
지혜라는 등불을 가진 자입니다.

그를 따라가면
자유라는 목적지까지
안전하게 갈 수 있습니다.

스승을 믿고 꾸준히 실천하다 보면
그대는 어느 순간 스스로가
빛나는 등불이 됩니다.

그대가 스승을 발견(믿음으로 귀의)하면
스승도 그대를
반가이 받아 줄 것입니다.

몸은 신성한 사원입니다

몸은 신성합니다.
사람의 몸은 크게 육체, 가슴체, 마음체, 지혜체,
지복체로 되어 있습니다.

5겹으로 이루어진 몸을 다 사용할 수 있으며
사용해야 합니다.

외부의 몸인 육체는 강인하고 단단하지만
무겁고 둔감합니다.

내부의 몸인 가슴(생기), 마음(자아), 지혜(앎, 자각),
지복(성품)의 신체는 보이지 않고 약하지만,
느끼고, 알아채고, 깨달아서 자유롭게 합니다.

5겹의 몸이 있다는 것과
사용법을 바르게 알고

신성한 몸 사원의 주인이 되어
자유롭기를 빕니다.

자아의 세상

자아는 모든 것에서
나 중심으로 만들어진 세계입니다.

나만 있다는,
나만 맞는다는,
나만 편안하려고 하는,
나만 모든 것을 한다는
아주 큰 착각입니다.

나만 내려놓으면
세상은 따뜻하고,
사람이 서로 존중하며,
자신도 생각의 폭풍 속에서
고요해지고 편안합니다.

나 중심 세계에서 벗어난
당신의 신성,

당신의 내면에 살아 숨쉬는
아트만(참 자아)에게 존경의 절을 올립니다.

나는 누구인가?

나는 그것입니다.

그러면 그것은 무엇일까요?

그것은 아트만(진아, 참자아)입니다.
그것은 삿칫트아난다(참 존재의 지복)입니다.

바로 당신의 내면에 숨겨진
신성입니다.

당신의 내면에 늘 존재하는
당신의 신성을 발견하세요.

당신의 신성인 그것을 알아보고
사용하는 것이 요가입니다.

2. 명상에 대하여

명상

명상은
그대가 붙잡고 있는
모든 것을 놓게 합니다.

그대가 명상의 대상이 되어
시작을 하지만

그대는 모든 것을 놓고
대상으로 녹아들고 사라집니다.

명상의 세계는
존재의 드러남이며,
존재와의 만남입니다.

현존하는 것

현재에 온전히 존재하는 것이
무엇일까요?

명상이라는 생각이 듭니다.

명상은
오롯이 자신에게
집중하고, 관찰하고
알아챔으로 인도합니다.

자신을 만나는 일이
현재를 살고
존재하는 일입니다.

현존은
명상의 세계가 열려
그 공간에서 일어나는
지복이기도 합니다.

집착과 집중

집착은
집중과 같습니다.

물질에 집중하니
돈이 최고가 됩니다.

몸에 집중하니
참 자신을 잊고
참 자아가 몸과 동일시됩니다.

만들어진 것에 대한 집중이
몸이라고 자신을 동일시하며

탐욕을 구하고
성냄을 구하며
어리석음을 구하면서

참자아를 구속하고
평생을 감옥에 살게 합니다.

문제를 대하는 법

모든 문제를 대하는 방법 중에

제3자가 되면
거리감이 생기고
책임도 가벼워지고

남의 일처럼 느껴지기도 하며
없던 여유도 생겨
일을 편안하게 할 수 있습니다.

제3자가 되는 것은
문제(현상)에 빠져들지 않고
마음(자신)과 동일시되지 않는
괜찮은 방법입니다.

마음이 일어나지 않는 것

마음이 일어나지 않는 것은 무엇일까요?

나는 마음이 아니라 '참나 이다'를 아는 것,
수행자로서 궁극을 깨달아 아는 것으로
일반인들이 금방 쓸 수 있는 방법이 아닙니다.

대상(눈, 귀, 피부 등)의 접촉에
동일시(빠져 버림)되지 않고
정신을 차리고 알아차리는 것

대상(현상)을 대할 때
모두 인연(마야, 환상)의 결과물로 여기고
집착하거나 고집하지 않고

너그럽고 여유를 가지고 대하는 것처럼
여러 방법이 있습니다.

편안한 방식으로 어쩌다 한번씩
연습해보면 좋습니다.

알아차림

정성을
가득 담아

대상을 깊게

그리고
아주 사랑스럽게

순수함으로
알아가는 것이다.

자각

자각은
진정한 자기 사랑이며
자신을 아는 공부로 요가의 실천입니다.

자신을 사랑하고
자신을 아는 공부를 하는 것은

자신이 하는 것을
알아차리기만 하면 되는 것입니다.

자신이 하는 일을
주의를 가지고, 사랑을 가지고 대하면

자신이 하고 있는 일을
가까이 다가가 볼 수 있고
알아채게 됩니다.

생각이라는 지각 감각이 온전한 주의를 통해
알아채는 것이 진정한 자각이며
지혜의 빛으로 보는 것입니다.

생각 조절하기

그냥 그대로 두면 참 좋습니다.

나도 모르게 매 순간
시비가 일어나고,
선택이 선택으로 이어지고,
내가 맞는다고, 내가 옳다고,
내가 해야 한다고, 나만 할 수 있다는
생각이 일어나고 사라집니다.

그러한 생각들을 침묵하고 지켜볼 수 있을까요?

위의 어떤 생각이 떠오르면
'나는 모른다.'라고,
'내 것이 아니다.'라고,
'내 일이 아니다.'라고

생각을 바꾸어 다시 떠올리고
계속해서 반복하다 보면

점점 수많은 생각들이 조용해지고
어느 순간 고요해져 침묵 속으로 사라집니다.

지금

두 눈에 아무 것도
담고 있지 않다(담을 수 없다).

이때 형상은
텅 빔을 지나가고

그저 보이는 대로
오고 간다.

그저 순수하게
그냥 아무것도 모른 채

어떤 일들이 슬며시 왔다가
어떤 순간이 슬며시 지나가는 것이다.

마음과 명상

마음은 무엇일까요?

마음을 벗어나는 일은
무엇일까요?

당신은 명상을 하면
마음이 침묵하고
깨어있음이 일어나나요?

어떻게 명상해야 할까요?
어떻게 명상해야 마음을 벗어날까요?

명상이 행복입니다

명상이 행복입니다.
행복이 명상입니다.

그러면 그대가 행복입니다.
그대의 모든 것이 행복입니다.
그대의 모든 순간이 행복입니다.
그대의 삶이 행복입니다.
그대의 인생 모든 것이 행복입니다.

명상의 세계가 열리면
당신의 모든 것이,
모든 순간이

숨을 쉴 때, 눈으로 볼 때,
들을 때, 말을 할 때,
먹고 잠잘 때에도 행복으로 가득합니다.

일상에서 행복하세요.
일상에서 명상하세요.

명상하는 방법

걷는 것이 명상입니다.
앉는 것이 명상입니다.

말을 하거나 침묵하거나
움직이거나 멈추거나

핵심은 내가 하는 무엇(대상)에
자신의 마음 주의력(힘)을 모아
알아채는 것입니다.

마음(의식)은
주의력이 밀도(집중도)에 따라
명상의 세계가 열려
환해지거나
만나지 못할 뿐입니다.

최고의 명상

최고의 명상은 단순합니다.
단지 '그냥 할 뿐'입니다..

'그냥'이란 말이
'아무 이유가 없다'는 말이
무척이나 아름다고 특별해집니다.

어머니가 아이에게 무엇을 줄 때,
사랑하는 이성에게 무언가를 할 때,
스승이 제자에게 무언가를 가르칠 때

평가나 이해관계라는 선택의 틈이
아주 멀어지고
그냥 바라봄으로 명상이 됩니다.

3. 카르마(행위의) 요가에 대하여

카르마 요가

카르마 요가는
행위의 요가입니다.

행위의 요가에서 중요한 두 가지는
진실과 비폭력입니다.

진실은
마음과 행위가 일치하고
남을 대할 때 정직한 것입니다.

비폭력은
나와 남이 같음을 인정하고
자신을 귀하게 대하듯
남도 자신처럼 귀하게 대하는 것입니다.

카르마 요가 2

카르마는
'뿌린 대로 거둔다'는 인과 작용으로
그 누구도 피할 수 없는
우주의 법칙입니다.

현재라는 시간에 집중하여
과거와 미래의 업을 해결하는 것으로
윤회의 방향을 결정하는 의미가 있습니다.

카르마 요가는
다르마(의무)에 집중하는 것입니다.

그 의무는
오직 이타적 행위로 보상을 받으며
일상생활에서 자기 자신의 행위를 자각하는 것이
본질이며 최우선되어야 하는 원칙이 있습니다.

그래서 당신 자신의 행위가
당신의 카르마(인과 작용)를 벗어나게 하는
요가의 길이라고 합니다.

이해

영어로 '언더스탠드'가
이해라고 합니다.

땅 아래에서
자의식 아래에서

상대방 입장을
보는 것입니다.

역지사지,
입장을 바꾸어서 보면
다른 것이 보일 것입니다.

죽음

하나의 죽음은
아주 커다란 메시지를 남깁니다.

이별을 할 때
가장 사랑하듯이

죽음은
삶의 순간이 더없이 귀해지는 가르침

인생이
'순간'이라는 것을 온몸으로 알게 합니다.

그래서 일상만이 우리에게 가장 빛나고 소중한
순간임을 아는 나로 살게 합니다.

일상이 매일 매일을 선물하면서
살아 있음을 더욱 빛나게 합니다.

삶과 죽음

당신에게 생명 6개월과 10억이라는 거금 중
하나를 선택하라고 하면 무엇을 선택할까요?

저는 생명 즉 6개월의 시간입니다.

시간은 돈보다 귀한 것입니다.
하지만 사용법은 서툽니다.
죽음을 앞둔 많은 사람들이
아쉬움과 다음 생을 기원하지요.

그래서 저는 오늘을 충실히 살고 있습니다.
아침에 일어나면 오늘 내가 할 일(역할이나 의무)을
확인하고 잘 할 것을 그려보고

다음은 남는 시간을 특별하게 보내고자 생각합니다.
남는 시간만이 내가 정할 수 있는 선택의 기회입니다.
바로 남은 시간이 스스로에게 주는 선물이며
매일 내가 얻는 귀한 만남과 성취가 일어납니다.

오늘도 좋은 날, 하늘이 주신 시간이
당신에게 보물이 되길 빕니다.

행복

행복을 얻기란 무척 어렵습니다.

인생과 관련이 있고
개인마다 모두 다르거든요.

돈(부), 건강, 가족, 취미, 친구, 자기 사랑(참 자아) 등
골고루 평균 이상 만족을 해야 합니다.

행복은
천천히 그리고 느긋하게
일상을 소중하게 여기고
하루하루 행복 요소를 이루어 가는 것입니다.

일생 동안 행복 요소를
얻을 수 있으니
매일 행복할 수도 있습니다.

행복은 인생에서 아주 큰 주제이지만
잘 할 수 있습니다.

눈이 부신 아주 행복한 순간입니다.

열정

열정이 있는 삶은 무엇일까요?

열정은 삶에 대한 뜨거운
사랑입니다.

자신을 위대하게 하는 것,
그것으로 삶은 활활 타올라야 합니다.

물론 일생 동안도 가능합니다.

보이는 세계인 물질도 추구하지만
내면의 세계인 지혜를 탐구하셔도 좋을 듯합니다.

자신을 마음껏 좋아하고
행복하게 해주시면 됩니다.

가슴에서 솟아오르는 삶의 열기가
우리들의 열정을 깨우고 있습니다.

나의 능력

높이 나는 새가 멀리 본다는
갈매기가 떠오릅니다.

각자에게 주어진 높이 나는
능력이 무엇인 줄 알고
아주 높게 날아야 합니다.

우리가 이 세상에 온 것은
그 능력을 펼치고
자유롭고 행복하기 위해서입니다.

자기 사랑

자기 사랑이란 무엇일까요?

자기 자신의 존재 이유,
인생과 꿈을 아는 것입니다.

자기 자신의 할 일,
역할과 의무를 알고
즐겁게 행하는 것입니다.

자기 자신이 하고 싶은 일,
삶의 시간에서 즐거움으로
세상과 관계하는 놀이(취미)를 가지고
노는 것입니다.

자기 사랑은 평생 동안
자신과 함께해야 하며

자신을 성장시키고
의미 있게 존재하는
삶의 기술입니다.

연결

연결은 관계이기도 합니다.

내가 나를 사랑하면
사랑으로 살게 됩니다.

사랑이 자라면 가슴이 따뜻해지고
살아 있음으로 행복해집니다.

나와의 관계에서 외로움이 사라지고
사랑으로 단단해집니다.

자기 사랑이 충만해지면
가족에게 향하게 되고
이웃에게 퍼지기도 하며
세상으로 꽃의 향기가 전해지듯이
아름다운 세계가 됩니다.

자기 자신과 충만한 사랑으로
연결을 시작해 보세요.

세상 모든 것들이 사랑으로 연결됩니다.

문제는 또 다른 길

장애란 문제입니다.

문제를 풀면 길이 됩니다.
물론 풀지 않아도 다른 길이 있습니다.

문제는 어찌 보면
자신이 진정 원하는 무엇입니다.

푸는 동안은 어려움일 수도 있고
고통일 수도 있습니다.

풀면 당신이 원했던 그 무엇보다
당신을 더 크게 성장시키고 성취시켜 줍니다.

천리 길도 한 걸음부터 시작하듯이
아주 작은 것부터 시작해 보면 됩니다.
그러다 큰 것이나 위대한 것도 꿈꾸고,
자연스럽게 그 길에서 위대한 사람이 될 것입니다.

장애라는 문제를 선물이라고 여기고
조금씩 그리고 나중에는 크게 얻기를 빕니다.

경계

경계가 분명한 곳은 어디일까요?

우리나라와 다른 나라, 나와 다른 사람,
내 생각(마음)과 다른 사람 생각

경계를 느끼며 살고 있나요?

다른 사람과 관계가
자유롭고 편안하신가요?

다른 사람이 내 생각을 마음 가는 대로
하려고 해도 괜찮은가요?

그런 경계에서 고통, 슬픔, 적대감 같은 것들이 깨어나고
그런 세계의 영향에서 살아가기도 합니다.

경계는 즉 자신에게 일어나는
고통의 다리(문)일 수 있으니

정신을 바르게 차리고 여유와 사랑과 자비를 가지며
천천히 마음을 쓰면서 다리(경계)를 건너면 됩니다.

신이 주신 선물

신은 만물을 창조하신
위대한 존재입니다.

신이 인간에게 주신 가장 귀한 선물이
삶(생명)입니다.

몸과 마음을 가지고 신이 창조하신 세계에서
마음껏 살아가지요.

신은 개인(사람)마다 주인으로
살아가라 합니다.

매일 행복하세요.
매 순간 사랑으로 사세요.

이것이 신의 선물에 대한
우리의 사명이며, 존재의 이유입니다.

또한 살아 숨 쉬는 모든 존재가
당신의 친구이며 신의 선물임을 잊지 마세요.

꿈을 이루는 방법

마음속에 깊이 있는 의도,
그것은 진정으로 당신이 원하는 것으로
소망이나 꿈이라고 할 수 있습니다.

원하는 것을 이루기 위해
매일 매일 잘 된다고 믿으며,
다짐하고, 간절히 기도하고,
어떤 행위로서 실천하고,
꾸준히 그 방향으로 가신다면

무엇이든지 이루고 얻을 수 있습니다.

그리고 매일 매일 이루어 가는
자신이 자랑스럽고 믿음직스러우며

살아가는 날들이 감사하고 행복해지며,
자신과 사랑으로 살고,
온 가슴이 사랑으로 따뜻해집니다.

오늘은
자신이 원하는 것을 다시 한 번
떠올려 보는 괜찮은 시간입니다.

자신을 믿는 것

자신을 믿는 것은
자신의 뜻을 존중하고
소중히 여겨
자존감이 부자입니다.

다른 사람에게 무엇을 하지 않아도
모든 것이 기쁘고 편안합니다.

자신에게 아주 가까이 가며
알아보고
원하는 것을 해주면

믿음이 커지고
모든 일이 자존감으로 변해
마음의 부자가 됩니다.

머리 비우기

나의 머리 안을 어떻게 비울까요?

산책, 독서, 음악 감상, 반성하기,
그리고 각종 명상법입니다.

아무거나 편한 것을 해 보세요.

생각이 정리되고,
생각이 정돈되고,
생각이 감소되고,
머리가 비워질 것입니다.

기대

기대란 무엇일까요?
자신이 원하는 것과 원하는 것을 얻기 위해
목적에 맞는 행동을 구상하는 것입니다.

뜻과 행동이 일치하면 기대는 없고
일어나지도 않습니다.

100원(원하는 것)을 얻으려면
100원치 행동(일, 행위, 수용과 이해 등)을 해야 합니다.

혼자 결정하면
혼자만 설득하고, 이해하고, 노력해야 하지만

상대방이 있으면 무척이나 어렵습니다.
입장과 태도, 생각과 경험들처럼
같은 조건의 사람이 아닙니다.

그래서 상대방이 있는 관계에서는
역지사지의 법칙을 항상 적용해야 하고

혼자 하는 일에는 자신을 믿고 될 때까지 가기만 하면
기대는 저절로 해결되고 사라집니다.

삶은 선택이다

삶은
모든 순간이 선택입니다.

이것을 선택하면
저것이 서운(좋아라)하고

저것을 선택해도
이것이 좋아(서운해)합니다.

선택에서 어떻게
균형을 잡을까요?

나에게 관련하면
옳은(바른) 것을 선택하고

남과 관련하면 역지사지라는 법칙으로
입장을 바꾸어 생각해 보고
서로 이롭게 하는 방향으로 선택합니다.

삶은 여행이다

이 순간에서 저 순간으로
이 시간에서 저 시간으로

아이에서 노인으로
인간에서 현자로

죽음에서 삶으로
욕망에서 사랑으로

몸에서 마음으로
자아에서 진아로

땅에서 하늘로
지구에서 우주로

외면에서 내면으로
무지에서 앎으로

지식에서 지혜로
현상에서 초월로

수많은 여행이 있습니다.

고요해지는 방법

어떻게 고요해질까요?

오늘 할 일을 다 했다고 생각하세요.
일, 숙제, 만남, 운동처럼
나와 관련된 역할이나 행동, 생각 등을
식사를 다 한 듯이

오늘은 이것으로
충분하다고 생각하세요.

그러면 무거운 책임이
모든 짐을 내려놓은 듯이 가벼워집니다.

휴식이 일어나고
그러다가 점점 깊어지면
고요해집니다.

그렇게 아주 깊어지면
침묵으로 사라집니다.

삶의 여정

삶의 여정은 누군가가 되는 것이 아니라
그 누군가도 되지 않는 것에 대한 것입니다.

누군가도 되지 않는 것, 그것을 어떻게 찾아내고,
알아보고 얻을 수 있을까요?

삶은 한 개인의 멈춤 없는 흐름이며,
만남과 선택이며, 성장이고 배움입니다.

자신만의 보물을 만드는
아름답고 사랑스러운 여정입니다.

바로 당신이 진정한 주인공이며
주인임을 삶은 알려 줍니다.

되는 것이 사라지니
모든 것은 하나의 꽃이 됩니다.

허공에서 꽃이 피어나고
온 세계가 꽃으로 황홀해지고
지복이 됩니다.

나에게 친절하라

나에게 친절하세요.

아침마다 살아 있음에
감사로 인사하고

매 때 주어지는 식사 때마다
감사로 인사하고

저녁 때는 평안한 잠이 들 때
감사로 인사합니다.

자신에게 고마움을 가지고
정성으로 대하는 것이

이것이 내게 주는 친절이라고
살짝 알려 주네요.

순수해지는 것

큰 산에 오르면
세상의 일은 사라집니다.

좋아하는 일이나 사람을 만나면
세상에서 나의 일은 사라집니다.

내가 산속으로 이동하여
세상의 환경을 바꾸거나

좋아하는 일과 사람을 만나
나의 마음속을 바꿀 수 있습니다.

순수해진다는 것은
당신이 지금까지의 상태에서
마음이 편안해지고 몸이 신선해지는 것입니다.

순수해지는 것에도
어떤 노력이 필요합니다.

이 모든 것에는
자기 사랑이 중심이
되는 것을 잊지 마세요.

4. 박티(헌신의) 요가에 대하여

사랑의 길

사랑을 하면
모든 순간이 지금입니다.

사랑하는 대상이
신이 되어

모든 순간이 아름답고
기쁘고 행복합니다.

사랑이 지금을 만나면
명상이 됩니다.

사랑이 당신을 신이 되게 합니다.

헌신의 길

신이 바로 태양입니다.

내가 바로 길입니다.
삶이 바로 길입니다.
살아 있음이 바로 길입니다.

자기를 사랑하고
자기를 존경하고
자기를 신뢰하는 것이
길을 열어 주는 빛이 됩니다.

그러다 어느 순간 구름이 사라집니다.
온전한 태양이 그대를 마주합니다.

모든 것이 사랑입니다.
모든 일이 감사입니다.

박티 요가

궁극적인 실재를 찾기 위해
자기의 모든 수단(방법)을 포기하고

신께 모든 것을 완전히
내 맡기는 길입니다.

신에게 바치는 것은
다름이 아닌 헌신자
바로 자신이 되는 것입니다.

오직 사랑과 공경(존경)이라는
두 가지 요소로 헌신해야 합니다.

신에 대한 충실한 헌신은
신이 그대를 신과 하나 되게 할 것입니다.

삶은 사랑의 길이다

보이는 대로
느끼는 대로
생각한 대로
결정한 대로
의지한 대로
살아가게 합니다.

그러면 모두 그 앞에다

사랑을 넣어 보면 어떨까요?

사랑으로 보이는 대로,
사랑으로 느끼는 대로……

삶은
사랑으로
살아야 하는 것입니다.

전부를 걸어라

그대 자신
전부를 걸어라

조금도 남겨 두지 말라

오로지 이 순간만이
존재한다고 느껴라

당신에게 지금만이
기회다.

다음 순간이 없다.

누구에게,
바로 그대의 신과
바로 그대의 신성에게

진짜 사랑

나는 이러한 사랑을
한번 들어 본 적이 있다.

그대(브라만, 사랑하는 이) 있음(생각)에
나라는 생각 전부가 사라지고
온 가슴에 그대만이 채워져

그대의 눈으로 보고
그대의 귀로 듣고
그대의 입으로 말하고
그대의 정신만이 숨을 쉬며

살아 있는 모든 것들이 존귀하며
살아 있음으로 오직 행복하며
사랑만으로 존재하는 것

그것이 진짜 사랑이네

오직 사랑하라

사랑 속에서 살고
사랑으로 살라

사랑이 나이고
내가 사랑이다.

보는 것이 사랑이고
듣는 것이 사랑이다.

말하는 것이 사랑이고
받아들이는 것도 사랑이다.

오직 사랑이다.
오직 사랑뿐이다.

호흡

호흡은
몸과 가슴을 이어 주는
다리입니다.

가슴은 느낌과 감정의 세계입니다.
예술, 수용성, 사랑과 순수, 정화처럼
에너지의 축적과 성장이 일어납니다.

숨을 깊게 들이쉬면서
모든 것에 감사하다고 하세요.

숨을 깊게 내쉬면서
모든 것을 사랑한다고 하세요.

당신의 가슴이 감사와 사랑으로
충만해집니다.

호흡 2

호흡은 기운이며
가슴 에너지 센터를 열어 줍니다.

감사로 가슴이 채워지면
매일 매일이 감사로 행복해지고
황홀해집니다.

감사의 기운이 충만해지고
많이 축적되면

어느 순간에 이르러
감사가 알아차림으로 변하게 됩니다.

호흡으로도 감사에서 알아차림으로
질적인 도약이 가능합니다.

나의 기도

오늘도

숨 쉬는 순간마다
평화롭기를!

보는 순간마다
사랑이 되기를!

듣는 순간마다
지혜가 되기를!

사랑과 존경을 담아
기도를 올립니다.

5. 갸나(지혜의) 요가에 대하여

지혜의 요가의 길

마음이 바로 아트만(참자아)입니다.
그대라는 자의식이
모든 것을 만들기도 하고
모든 것을 사라지게도 합니다.

자의식은 그대라고 여기는
모든 것입니다.

그대가 없을 때
마음은 텅 비어
아트만으로 빛나게 됩니다.

자의식이 진짜가 아님을 볼 때
지혜의 길이 비로소 시작됩니다.

지혜의 요가

참자아를 알면
얻는 것이 지복입니다.

내가 모든 것이라는 구름을 벗어나
내면의 숲에서 진정한 자신을 만났을 때

저편에서 찾아오는 선물이며,
은혜이며, 축복입니다.

우리가 잃어 버린 보물이며
생명이 있다면
누구에게나 주어진 것입니다.

요가란 원래 있는 보물,
지복을 찾아오도록 하는 과정입니다.

지혜의 요가 2

갸나는 지식이나 앎이라고 하는 산스크리트어로
브라만(창조의 신)이
우주 전체의 경험 속에서
알려 주는 진리나 지혜라고 하며

직접적인 경험과 체험을 통해
마음을 아는 방법을 알려 줍니다.

마음을 보고
마음을 알고
마음을 지배하며
마음을 넘어서는 길입니다.

또한 모든 의문이 풀어지고
무지를 벗어나게 해주며

브라만과 아트만이 같다는 최고의 지혜를
직접 몸으로 체험하며 얻게 되는 길입니다.

침묵

한 개의 말을 멈추면
일백 개의 마음의 혀가 멈춥니다.

한 생각을 멈추면
일백 개의 마음의 혀가 침묵합니다.

침묵의 노래,
소리 없는 소리,
당신의 아트만(참자아)이
당신 자신에게 들려 주는
평화의 노래입니다.

모든 일들이 평화롭고
모든 순간이 지복입니다.

아주 아름다운 아침
침묵이 평화를 열어 줍니다.

마야(환상)

환상은 만들어진 것입니다.
실재는 만들어지지 않은 것입니다.

만들어지지 않으면
태어나지도 죽지도 않습니다.

서양은 몸을 최고로 여깁니다.
동양은 마음을 최고로 여깁니다.
구도자는 진아나 진리, 성품을 최고로 여깁니다.

몸도 만들어진 것이고
마음도 만들어진 것입니다.

마음 너머 진리나 참나만이
실재를 체험토록 합니다.

마야(환상) 2

환상(마야)은 진실입니다.
잠 속에서는 나를 알지 못합니다.

꿈속에서는 나라고 여기며
밤새 활동을 합니다.

잠을 깨면 현재(현실)의
나가 됩니다.

하지만, 육체적 자기이며
가슴(느낌)의 자기이며,
마음이라는 자기입니다.

몸도 아니고 마음도 아닌
그 다음은
참나(아트만)을 알고 체험해야
비로소 마음이 꾸는 꿈을 깨우는 것입니다.

요가(마음공부)는 여기부터가 시작입니다.
마음을 진짜 다루며
마음과의 동일시에서 틈이 생기며
마음을 벗어나게 됩니다.

주인

주인은 누구일까요?

몸, 마음, 지성, 감각 기관을
쓰는 자입니다.

주인은 아는 자이며
몸, 마음, 지성, 감각 기관을 모두 쓰지만
그것들에서 자유롭습니다.

어떻게 주인을 알아봐야 할까요?

어떻게 주인을 알아보고
주인으로 자유롭게 살까요?

아는 것과 모르는 것

알 때 편안합니다.
모를 때 무섭고 두렵습니다.

아는 것은
내가 가진 것을
내가 알고 쓰는 것입니다.

모르는 것은
내 것이 아닌 것(남의 것, 내가 할 수 없는 것)을
내 마음대로 하려고 하는 것입니다.

내가 알 때
삶의 모든 순간들이
기쁨이며 행복입니다.

반대로 내가 모를 때
모든 순간들이
슬픔이며 고통입니다.

순간에서 살기

순간에서 순간으로
살라고 합니다.

순간은 무엇일까요?

순간을 알아야 순간을 살 수 있지요.

1초라는 시간일까요?
현재 보고 있는 대상일까요?
지금 머릿속에 떠오르는 생각일까요?

순간은 그대가 없을 때 존재합니다.
그대가 무엇을 한다는
의식, 대상, 조건이 없을 때입니다.

생각 밖에 있습니다.

이것을 발견하면 요가의 길을 발견한다고
선배들은 그 옛날부터 말합니다.

길을 아는 자에게 직접 들어 보고
당신이 직접 도약을 해야 합니다.

지금

지금만이 유일한 진실입니다.

그대의 의식이 이 순간에 하는
행동, 감정, 생각을 자각하는 것이 지금입니다.

매 순간 여섯 가지 감각으로 일어나는
아는 작용에 빠지지 않고
관찰자로 알아채는 것입니다.

이때가 바로 지금이며
매 순간에 지복이 일어나며

매 순간 존재가 침묵으로
고요하고

모든 대상이 평화로움에
녹아 듭니다.

꽃들이 아름답게 당신의 가슴에서
살아 숨 쉬는 순간입니다.

요가의 힘

신성한 가르침이
사람들의 가슴에 울림이 되기를……

신비한 사랑의 힘이 깨어나
지혜가 빛으로 반짝이며
스스로를 자유롭게 합니다.

한 방울의 물이 바다에 이르듯
한 번(순간)의 빛이
어둠을 완전히 사라지게 하듯이

지혜의 요가는 하나의 신비입니다.
바로 깨달음이라는 자유를
선물로 줍니다.

감사하고 감사한 가르침입니다.

평화

평화는 내면의 세계가
명상을 통하여
드러나는 것입니다.

어떤 이는 고요함으로
어떤 분은 침묵으로
어떤 사람은 지복으로

채워지고 충만해집니다.

명상이 깊어지면
모든 것이 고요이고
평화이고, 침묵이며,
지복입니다.

평화 2

평화는 오직 모름에 있습니다.
평화는 잠들었을 때 있습니다.
평화는 자아의 없음 속에 있습니다.

모름, 잠, 자아 없음에서는
그대라고 여기는 나(자아)가 없습니다.

그대라고 여기는 그대가 작동하지 않는다면
이 세상은 모든 것에서 평화가 일어납니다.

그대가 평화로움이 됩니다.
그대가 평화입니다.

자아와 진아

자아를 알아야
진아를 압니다.

진아를 알아야
자아를 편안히 씁니다.

자아를 알아야
자아를 넘어 갈 수가 있습니다.

자아도 보물이며
진아도 보물입니다.

자아는 세상의 성공에 쓰이고
진아는 내면의 성공에 쓰입니다.

자아는 마음을 사용하고
진아는 지혜를 사용합니다.

신이 주신 귀한 두 가지 선물,
자아와 진아를 모두 잘 쓰시기를 빕니다.

지혜 명상

명상은

아는 자를
찾아내고
만나고
하나 되는 것입니다.

아는 자를 만나야
진정으로
탐구가 끝이 납니다.

나는 누구인가?

나는 그것이다.
나는 있다는 것이다.
나는 있다는 것의 자각이다.

나는 모든 것이다.
나는 모든 것의 모든 것이다.

나는 참나이다.
나는 성품이다.
나는 침묵이다.

나는 존재이며
존재를 드러내어
알게 하는 무엇이다.

나는 몸도 아니고, 감정도 아니고,
생각(의식, 마음)도 아니고,
그것을 넘어 있는 자각 그 자체이다.

이것은 요가의 스승들이 세상을 위해 찾아낸
법이며, 빛이며, 길입니다.

자각

자각 그것은 바로
내가 직접 아는 것입니다.

호흡을 할 때
들이쉴 때 들이쉼을 알고,
내쉴 때 내쉼을 알며,

말을 할 때
내가 무슨 말을 건네고 있는지,
상대방은 어떻게 받고 있는지……

결국 내가 어떤 일을 할 때
내가 그것의 주인이 되어
정성을 다해 책임지고
행동하는 것입니다.

침묵

침묵은 무엇일까요?
먼저 혼자이며, 몸을 멈추고
가만히 있는 것입니다.

두 번째로 말을 멈추고 가만히 있는 것입니다.

세 번째로 지금 일어나는 어떤 생각을 멈추고
가만히 있는 것입니다.

세 가지 즉 몸, 말, 생각을 멈추고
가만히 있을 때

모든 움직임이 조용해지고
그렇게 시간이 더해지면
비로소 고요해집니다.

그런 다음 고요함이 더욱 진해지고 깊어지면
텅 빈 공간이 자각될 때 침묵이 일어나고,
침묵으로 녹아듭니다.

침묵은 특별한 선물이며 아주 소중한 가르침이
당신에게 발현되는 것입니다.

조용한 공간에 자주 앉아서
혼자 몸, 말, 생각(의식)을 멈추고
지켜보면 됩니다.

그러다 우연히 고요해지고
그러다 아주 특별한 순간

그대는 침묵의 공간으로
녹아 들어 갈 겁니다.

당신에게 고요함이 일어나고
침묵의 공간이 열리는
아주 사랑스런 아침입니다.

침묵 2

지혜의 세계에서
활짝 핀 꽃 중에
하나가 침묵입니다.

침묵은 내면에서만 피어나는
가장 아름다운 꽃 중에
하나입니다.

당신이 살아 있는 동안
침묵이라는 꽃을 피우시길
간절히 기원합니다.

지금 여기

아주 우연히,
'지금 여기에서 당신은 자신을 발견하게 된다.'는
말을 아침에 보았습니다.

지금은
시간이 없는 곳입니다.

여기는
나라는 몸과 마음이 없는 곳입니다.

지금 여기는
그토록 우리가 원하는
명상으로 갈 수 있는 공간이며
세계입니다.

명상하세요.

지금,
그리고 여기에 사십시오.

영원한 인연

진정한 인연은
영원합니다.

자기 내면에 있는 아트만(참자아)
그와의 만남이 그렇습니다.

세상의 모든 만남이나 인연은
세상 속에서만 가능합니다.

자기 내면의 아트만은
신의 세계에 살고 있어
태어나지도 죽음도 없습니다.

신성과의 만남,
아트만과 인연을 맺어 보세요.

♣ 사랑으로 적을 이기는 것이 모크샤(해탈)이다.

- 마하트마 간디 -

제2장

세상 마인드

내 세상은 아주 작은 우물임을 받아들여 봅니다.
요가 선배들이 찾은 다른 세상을 볼 수 있습니다.

세상 마인드는 마인드 요가의 준비 단계에 해당합니다.
준비 단계는 외적인 세계를 다루는 기술입니다.
사람에게는 인생이 외적인 세계가 됩니다.

요가의 눈으로 인생을 다시 알아보는 단계입니다.
인생을 제대로 보고 다룰 수 있어야 합니다. 그래서
자신만의 삶을 살아가며 원하는 행복을 얻을 수 있습니다.

인생을 보고 관리하는 7가지 기술이 소개되어 있습니다.
첫째, 인생은 누가 시작하는가?
둘째, 내 인생은 지금 어디로 가고 있는가?
셋째, 내 인생에서 어떤 선택을 하고 있는가?
넷째, 인생에서 자신의 일을 제대로 하고 있는가?
다섯째, 세상의 소리에서 자신을 지킬 수 있는가?
여섯째, 자신을 사랑으로 대하고 있는가?
일곱째, 한 인간으로 당신만의 인생을 살아가고 있는가?

인생은 세상에 드러나는 당신 자신입니다. 인생은 자신의
모든 히스토리입니다. 인생의 주인이 되어야 합니다.

당신은 당신 역사의 주인공으로 살고 있나요?
당신에게 사랑을 주고 행복을 주세요.
당신의 인생이 자신에게 최고의 선물이 되게 하세요.
인생을 행복하게 해 주는 요가를 시작하겠습니다.
당신이 시작하며 당신이 주인공입니다.

6. 나는 내가 무엇을 모르는지 모른다.

아주 오래전에 우애 좋은 돼지 오 형제가 살고 있었다.
어느 날 큰형이 즐거운 소풍을 가자고 했다.
맛있는 음식을 잔뜩 준비하고 출발을 하려고 했다.

큰형이 형제가 다 있는지 동생들을 하나씩 세기 시작한다.
한 마리, 두 마리, 세 마리, 네 마리…… 그다음이 없다.
그렇게 여러 번 세어 보아도 네 마리까지만 셀 수 있다.
답답한 둘째 동생이 다시 세어 본다.

신기하다. 그도 역시 네 마리까지 밖에 셀 수 없다.
셋째 동생, 넷째 동생 다 마찬가지다.
오 형제는 한 마리가 없어졌다고 엉엉 울고 있다.

지나가는 노인이 왜 우냐고 묻는다.
저희 오형제가 소풍을 가려고 하는데 한 형제가 없어졌다는 것이다.
노인은 첫째부터 한 마리, 두 마리, 다섯 마리 하고 불러준다.
오형제는 잃어버린 형제를 찾았다고 하면서 즐겁게 소풍을 간다.

푸 하하하!(당신도)
푸 하하하!(나도)

그저 시원스럽게 한바탕 웃음이 일어나면 좋습니다.
당신이 소중히 여기는 삶의 열정과 중요한 역할을 잠시 내려놓고 한껏 웃음이 일어났으면 합니다.

왜 웃음으로 마인드 요가의 문을 열고 인사를 올렸을까요?
모든 요가는 내면에 잠들어 있는 진정한 참자아(아트만)를 다시
만나는 일입니다. 그 만남으로 인해 그동안 구름에 가려졌던 참
자아가 태양을 만나니 모든 것이 그저 행복하고 웃음일 뿐입니다.
그래서 요가를 시작하는 당신은 웃음으로 시작했으면 합니다.
이제 그 첫발을 내딛게 되었으니 앞으로 얻게 될 웃음을 미리
축하하며 함께 맛보는 것입니다.

요가는 인생이라는 거대한 세계를 알아보는 일이고 자신이라는
세계를 진정으로 아는 것입니다. 눈에 보이지 않으며 실체를 정하기가
정말 어렵습니다. 그래서 시작을 찾는 법을 한번 알아보면 자신의
인생과 자기 자신을 찾아가는 데 도움이 된다고 생각하기 때문입니다.

우리는 어떻게 요가를 시작해야 할까요? 그리고 어디서 해야 할까요?
우리가 무언가를 시작하려고 해도 그 처음을 어떻게 해야 하는지 알기
어렵습니다. 내가 하는 일이니 내게서 시작하는 것이 맞는데 나는
무엇을 가지고 출발해야 하는지 답을 정하기는 힘이 듭니다. 많은
고민을 통하여 자신의 출발점을 찾아내야 합니다.

그래서 시작을 찾아내는 몇 가지 요령을 준비했습니다.

문제의 발단이 출발입니다. 발단은 어디에서 시작할까요? 그것을
찾는 것이 시작점입니다. 발단은 누구일까요? 바로 당신입니다.
모든 문제의 발단은 자신입니다. 왜냐하면 모든 문제를 들여다보면

내가 어떤 일의 조건이나 상황, 사람에 대하여 어떤 것을 해야 하기 때문입니다. 그러니 어떤 문제도 내가 바로 시작이 됩니다. 결국 모든 것에는 내가 바로 출발점입니다. 이제 모든 시작점을 알았습니다. 나 자신이 바로 시작하는 것의 모든 중심이며, 주인이며, 출발점이 된다는 것을 말입니다.

모든 것은 첫 시작점을 알면 시작할 수가 있습니다. 그다음은 무엇을 시작할지 정하는 것입니다. 무엇은 바로 내가 원하는 어떤 것입니다. 내가 진정 하고 싶은 이유가 되는 것입니다. 자신이 원하는 것을 정하는 것입니다. 마치 메뉴를 정하는 것과 같습니다. 쉽고 간단하게 그러면서 명확해야 합니다. 요가의 예를 들면 요가를 하는 목적이 '나를 행복하게 하고 세상을 이롭게 하는 것이다'라고 합시다. 나를 행복하게 하는 것과 세상을 이롭게 하는 어떤 것을 정해야 한다는 것입니다. 나를 행복하게 하는 것은 나를 아는 것입니다. 세상을 이롭게 하는 것은 내가 나를 알아 행복을 얻었으니 세상에 이로운 일이 되는 것입니다. 감이 오셨나요? 목적이나 이유를 정하는 것이 두 번째임을 말씀드리는 것입니다.

세 번째는 어떻게 시작하느냐입니다. 두 번째인 목적이나 이유를 위해 어떠한 일을 하는가입니다. 일의 양이나 크기를 정하는 것입니다. 식당 메뉴를 정하고 가격을 알아보는 것과 같습니다. 내가 목적을 위해 낼 수 있는 비용이 무엇인지 정하는 것입니다. 요가의 경우 관심, 시간, 학습 비용이 해당되는 것 같습니다. '그것을 언제까지 하겠다'라고 하면 시작할 수가 있습니다.

어리석은 돼지 오 형제의 이야기는 우리가 알고 있는 이솝 우화의 이야기입니다. 이 이야기에서 나는 그 시작점을 말하려고 합니다. 위에서 이야기했듯이 당신이 시작이 됩니다. 두 번째는 내가 무엇을 모르니 그것을 인정하고 알아야 한다는 것으로 목적을 말하겠습니다. 그리고 그 고통을 해결하고자 하는 것이 요가의 시작임을 말하고자 함입니다. 저의 이야기로 함께 알아보도록 하겠습니다.

돼지 오 형제 이야기는 내가 9살 초등학생 시절 국어 책에서 처음으로 본 기억이 있습니다. 돼지들이 못생기고 욕심이 많다는 생각이 들었지만 이 이야기를 보고 난 후 돼지들이 귀여워지고 약간 모자라다고 느꼈습니다. 그때에는 내게 돼지는 순수한 웃음, 그저 나와 다른 동물의 이야기였습니다.

두 번째로 내가 이 이야기를 보았을 때 나는 돼지 다섯 마리 중 한 마리가 되어 있었습니다. 그렇게 그 이야기가 보이기 시작하자 세상은 나처럼 어리석은 바보가 없다는 것을 알았습니다. 24살에 군대를 나와 직장에 다니며 온 세상을 다 내 것으로 여기고 자신만만하던 내가, 내 자신이 정작 무엇을 하고, 어디를 가고 있는지, 왜 사는지를 전혀 몰랐으니까요. 돼지 한 마리가 되어 잃어 버린 한 형제를 찾아 소풍을 가고 싶었지만 한 발자국도 뛸 수 없는 그런 시절이었습니다. 출발을 위해 돼지 오 형제처럼 온갖 방법을 써 보았으나 방법을 찾을 수가 없는 시절이었습니다. 당시 나의 직장 선배, 각종 종교의 선생님들, 요가나 마음공부를 한다는 흔히 전국에 이름이 알려져 있는 사람들을 찾아 만나고 '나의 고통을 멈추게 해달라'고 했으나 전혀 그 실마리를 풀지 못할 때였습니다.

세 번째로 이 이야기를 다시 읽은 때는 제가 노인이 된 시절입니다.

여기서 노인은 인생 고민을 해결한 명상가라고 합니다. 37살쯤은
마인드 요가 공부가 깊어져 나를 조금 알게 되고, 세상을 가렸던
자아라는 구름이 태양의 가르침에 의해 사라졌을 때입니다. 어느
순간 명상가가 되어 한 선배로서 두 후배에게 '자신의 내면에
아트만(참자아)이 있음'을 알려 주고 확인시켜 주던 시절이었을
때입니다.

내가 이 이야기를 얼마나 사랑하는지 모를 겁니다. 내 배움을 기쁘게
이루었던 세 번의 비밀스런 과정이 이 이야기에 모두 담겨져 있고,
쉽고 간결하여, 당신이 순수한 아이일 때 한 번쯤은 들어 봤을
아름다운 이야기이기 때문입니다. 돼지 오 형제 우화로 시작하는
것에는 특별한 이유가 있습니다. 늘 나에게 들려 주고 싶은 황금 같은
가르침이기도 하며, 짧고 간결하나 그 속에는 아름다운 보석들이
주렁주렁 달려 있습니다.
또한 세상 속에서 살아가는 많은 사람들에게 도움이 되기도 합니다.
물론 마인드 요가를 하고 있거나 시작하지 않았다 하더라도 무언가를
배우게 하는 중요한 가르침을 담고 있기 때문입니다.

먼저 돼지 오 형제는 소풍을 가려고 집 앞에서 모여 있습니다. 그래서
형제가 다 왔는지 확인합니다. 오늘의 소풍을 계획한 큰형이 먼저
세었으나 한 마리가 없어졌다고 중대한 고민이 시작됩니다. 큰 소리로
외쳐도 보고 한 마리 한 마리씩 짚어가며 확인을 하여도 결국 한
마리가 없습니다. 큰 문제가 생겼고 형이 문제를 풀지 못하자 둘째가
형제를 세어 봅니다. 역시 한 마리가 없습니다. 돼지 오 형제가 모두
세어 보았으나 없어진 한 마리를 찾을 수가 없었습니다.

그 한 마리는 누구일까요? 바로 나 자신입니다. 자신부터 세고 나머지 형제를 세면 되는데 아무도 그렇게 할 수가 없습니다. 대부분의 사람이라면 누구나 알고 있는 '자신을 먼저 인정'하지 못합니다. 다른 사람들을 먼저 보고, 달라지게 하고, 선의를 베풀면서 오직 자신에게는 아무런 칭찬이나 격려, 믿음을 주지 않습니다. 마치 배가 고프다고 하면서 남이 밥을 먹는 모습으로 자신의 배를 채우는 것처럼 어처구니없는 일을 하고 있는 것입니다. 당신이 바로 주인공이며 시작임을 알려 줍니다.

두 번째는, 진정 중요하다고 여기는 '나를 잊었다'는 것입니다. 다섯 마리 모두 자신을 잊고 찾을 수가 없습니다. 나는 세상에서 가장 중요한 보물임에도 그것을 전혀 알지 못합니다. 안타깝게도 내가 무엇을 모르는지 모르는 것입니다. 내가 나를 모르고 자신을 잊었다는 사실조차도 알 수가 없습니다. 나와는 전혀 상관없는 일일 수도 있지만 누구나 일어나는 일입니다. 인생의 꿈을 잊었고, 사람들이 소중하다는 가치를 잊었고, 노력이라는 땀의 의미도 잊었습니다. 아이들의 천진하고 순수한 웃음을 잃었고, 하늘처럼 높고 바다같이 넓어야 할 사랑과 마음의 여유를 잃었습니다. 목적이나 이유가 분명하게 드러나는 부분입니다. 내가 잊은 것이 바로 나 자신이며, 나 자신을 잃고 살아가는 일상은 고통이 됩니다. 나 자신을 찾아야 하며 잃어 버린 꿈, 웃음, 소중한 사람들, 사랑과 여유 같은 삶의 보물들을 다시 찾을 수 있어야 합니다.

끝으로 지나가는 노인이 돼지 형제의 고민을 들어 주고 다섯 마리 돼지가 다 있음을 확인시켜 줍니다. 애초에 잃어 버린 적이 없었습니다. 처음부터 다섯 형제는 출발지에 있었습니다. 눈을 뜨고 있지만 찾을 수 없었던 형제를 찾아 준 자는 노인입니다. 노인은 인생 전체를 보고 이해한 사람 즉 스승일 수 있습니다. 스승이 어떤 역할임을 알려주는 대목처럼 느껴집니다. 요가를 아는 사람을 만난 것입니다.

당신은 자신의 안목을 높여 줄 멘토나 선배처럼 본받을 만한 스승들이 있는지 모르겠습니다. 운 좋게 그러한 분들이 있으면 깜깜한 밤에도 촛불을 들고 있는 것처럼 안전합니다. 큰 산에 놀러오듯 삶은 당신의 놀이터가 되어 소풍이 될 것입니다. 당신에게 삶이라는 소풍 즉 인생이 주어졌다고 합시다. 태어나면 누구에게나 삶은 소풍이라는 인생이 주어집니다. 나를 비롯한 모든 사람들이 인생이라는 소풍에서 행복이라는 보물을 찾으려고 합니다. 하지만 대부분의 사람들은 자기 자신을 모르고 행복을 찾아가려고 합니다. 인생에서 사람들은 자신의 행복을 마음껏 가져 보지도 찾지도 못하면서 인생을 마무리하게 됩니다.

나는 지금 나를 볼 수 있을까요?
나는 인생이라는 소풍에서 행복한가요?
나의 인생에서 잃어 버린 형제를 찾아 주는 노인을 만났나요?
그래서 당신의 행복을 맛보고 있나요?
어떻게 삶이라는 소풍을 떠날 수 있을까요?
지혜를 가진 노인을 만나면 좋겠습니다.

혹 소풍을 떠날 수 없다면 내가 지금 어디 있는지 확인해 보세요.
내가 참여하고 있는지 나 자신으로부터 시작해 보시기 바랍니다.
그리고 삶의 목적이 무엇이었는지 돌이켜 보면 좋을 것 같습니다.

꿈을 생각해 보시면 됩니다. 그 꿈이 당신의 목적입니다.

당신이 시작입니다. 당신에게 목적이 있는지 없는지 다시 한번 돌아보십시오.

그리고 마음으로 존경하는 선배나 멘토가 생활 주변에 있는지 확인을 해 보고 찾아서 꼭 만나시길 바랍니다. 잃어 버린 당신을 찾아 주니 큰 행운을 만나게 되니까요.

7. 당신은 어디로 가고 있는가?

오, 나의 친구여! 당신은 어디로 가고 있나요?

우리는 무엇을 원할까요? 우리는 행복을 원합니다.
아기 때는 달콤한 과자를 원했다.
아이 때는 친구들과 놀이를 원했다.
10대에는 다른 이성과의 교제를 좋아했다.
20대에는 좋은 직장을 원했다.
30대에는 좋은 배우자와 결혼을 원했다.
40대에는 아이들의 좋은 부모가 되고 싶었다.
50대에는 세상에 이름을 높이고자 노력했다.
60대에는 아름다운 노년을 준비했다.
70대에는 올바르게 생활하는 건강을 추구했다.
80대에는 미련과 두려움 없는 죽음을 추구했다.
90대에는 다음 생을 추구하다가 죽음이 어느 순간 찾아왔다.

『당신은 어디로 가고 있는가?』, 스와미 묵타난다, 성정출판사

우리는 매일 열심히 살아가고 있습니다. 그러나 돼지 오 형제
이야기처럼 나를 잊은 채 무엇을 원하는지 모르고 살아가고 있습니다.
일이 너무 바빠서 자신을 잊으셨나요? 아니면 세상이 광대하고 경쟁이
심해 원하는 것을 이루기가 어렵다고 포기를 했나요? 어떤 이유인지
사람들 중 대부분은 자신이 무엇을 원하는지 잊어 버렸습니다. 우리는
어디로 가고 있는지를 잃어 버렸다고 말할 수 있습니다.

우리는 인생이 무엇인지 모릅니다. 그러니 내 인생을 어떻게 펼쳐야 하는지도 모릅니다. 꿈도 어떤 것이 내 것인지 잘 모릅니다. 내 인생을 모르니 내 꿈도 올바로 찾을 수가 없습니다. 어떤 꿈을 정하였다 하더라도 수시로 바꾸려고 하고 수차례 바꾸기도 했습니다. 꿈은 인생의 심장과 같은 중요한 보물입니다. 그 심장이 뛰지 않으니 인생이 점점 의미가 없어집니다. 어느 순간 인생은 심장이 뛰지 않는 죽은 인생처럼 변해 가고 있습니다. 물론 꿈이 없다고 아무 것도 하지 않는 것은 아닙니다. 꿈이 있는 자나 꿈이 없는 자 둘 다 살기 위해 일을 합니다. 친구를 만나 이런 저런 인생 이야기도 합니다. 취미로 놀이와 휴식을 갖기도 합니다. 하지만 꿈이 없으니 인생 자체는 재미가 없고, 의욕과 의미가 잃어 버린 메마른 삶이 됩니다. 그래서 가치 있고 의미 있는 인생은 꿈이 중심이 된다고 할 수 있습니다.

당신은 왜 살고 있나요? 삶이 주어졌으니 그냥 사는 것인가요? 아닐 것입니다. 대부분 사람들이 자신과 인생을 소중히 여기며 살아왔으며 살아갈 것입니다. 또한 한때는 무언가 이루려고 열심히 노력도 했을 것입니다. 그러면 당신은 지금도 그 목적을 향해 가고 있다고 할 수 있나요? 그래서 이번 장에서는 인생에서 잃어 버린 시점을 다시금 알아보려고 합니다. 우리는 지금 살아가고 있으니 어디든 가고 있는 것이 분명합니다. 가는 곳을 지금껏 몰랐다 하더라도 다시 정하면 되는 것입니다. 늦은 것이 아니니 걱정하지 말라는 것입니다. 씨앗이 준비되고 뿌리면 수확을 하게 되듯이 당신이 원하는 것을 이룰 수 있을 것입니다. 당신이 어디로 가고 있는지 알고 있나요? 답을 알면 수확할 시기가 언제인지 제대로 아는 사람입니다. 농부는 봄에 씨앗을 뿌리면 어떤 것은 여름에, 어떤 것은 가을에 수확하는지 알고서 기다립니다. 이렇듯 꿈이라는 씨앗을 정하고 뿌리게 되면 그것을 수확하는 시기가 분명해진다는 것을 믿어 주시기 바랍니다.

우리는 삶이라는 소풍을 출발했습니다. 태어나면서부터 소풍은 시작됩니다. 첫 호흡을 하고 죽음에 이르는 마지막 순간까지 항상 어딘가로 가고 있습니다. 산다는 것은 다른 의미로 시간을 쓰는 것이고 몸으로 어떤 역할을 수행하는 것입니다. 그래서 올바로 살고 있는지 점검이 필요합니다.

아기 때 과자는 행복이였을까요?
30대 좋은 배우자가 행복을 주었을까요?
90대에는 다음 생을 추구했으니 신에게서 답을 얻었는지 모르겠지만 죽음이 나를 다른 세계로 떠나게 합니다.

이 대목에서 당신에게 물어 보고 싶은 것이 있습니다.
나이별로 행복을 추구하는 것이 맞는 걸까요?
행복이 나이별로 달라진다면 진정한 행복이 맞는 걸까요?
태어나서부터 평생토록 행복을 원했다고 하면서 다음 생을 다시 추구한다면 진정한 행복은 언제 만날 수 있을까요?

시간은 신이 사람에게 주신 소중한 보물 중 하나이며 우리는 그것을 생명이라고 합니다. 신이 주신 생명을 아이 때는 과자와 바꿨고, 20대에는 직장과 바꾸었고, 60대에는 아름다운 노년을 위해 썼습니다. 당신은 생명이라는 비싼 비용을 들여 얻은 것들에 만족하시나요? 그동안 얻은 것이 진정한 행복이며 지금까지 하나도 아깝지 않다고 할 수 있을까요?

당신은 지금 어디로 가고 있나요?

지금 가고 있는 것이 제대로 가고 있는 걸까요?

인생을 한 번쯤 생각하고 돌아볼 시간이 되었을때 늘 저에게 하는 질문입니다. 이제 이 질문을 진정으로 다시 물어야 할 때입니다. 당신이 지금 가고 있는 인생이라는 소풍이 재미가 없다고 한다면 위의 질문을 떠올리고 찾아 보세요. 꿈이 없는 분들도 항상 물으셔야 합니다.

'너는 지금 어디로 가고 있는가'라는 이 질문은 당신의 삶에 온전히 집중하게 하고 자신을 제대로 보게 합니다. 자신에게 집중되고 온전하게 보게 된다면 자신을 이해하게 되고, 자신의 인생이 보인다고 말할 수가 있습니다. 인생이 보이니 당신의 보물인 꿈을 이제는 정할 수가 있게 됩니다. 꿈이 정해지니 삶의 목적과 이루는 시기를 정할 수 있게 됩니다.

이제는 인생이라는 밭에 꿈이라는 씨앗을 뿌릴 수가 있습니다. 꿈의 씨앗을 뿌리니 당신은 때가 되면 꿈을 얻는 수확하는 사람이 될 것입니다. 꿈을 이루게 되니 행복을 얻었다고 말할 수 있습니다. 꿈을 이루는 인생은 행복합니다. 꿈을 이루는 과정 역시 행복한 시간들로 변합니다. 꿈은 당신이 어디로 가고 있는 것을 알고 가는 것이니 매순간들이 기쁨으로 변하는 것입니다. 삶의 문제를 두려움이나 걱정으로 도망치지 않습니다. 오직 수확을 위해 모든 문제나 어려움을 해결합니다. 당신도 그렇게 할 수 있습니다. 이제는 꿈으로 살아야 합니다.

약 30년 전 이 책을 보았을 때 '너는 지금 어디로 가고 있는 가'라고
물으니 정신이 번쩍 들은 적이 있었습니다. 마음으로 돈보다
생명이라는 보물이 더 가치 있는 비용임을 알게 되니 진지하게 저를
돌아보게 되었습니다.

당신은 지금 숨 쉬고 있습니다.
매일 매일 살아가고 있는 것입니다.
당신은 지금 살고 있으니
그 어딘가로 가고 있는 것입니다.
당신은 지금 어디로 향하고 있나요?

이 질문이 당신에게 하나의 기회가 되길 빌어 봅니다. 아울러 인생에
대하여 분명하게 알아볼 수 있도록 제4장 인생의 4주기(학생기,
가주기, 임서기, 유랑기)에서 별도로 준비하였습니다. 인생을 잘보고
지금 어디로 가고 있는가를 늘 점검하여 행복을 얻으시기 바랍니다.

8. 한 권의 책이 운명을 바꾸어 놓는다.

깊은 산속에 성자가 살고 있었다. 어느 날 이웃 성자가 와서
그에게 경전 한 권을 주었다. 성자는 날마다 그 책을 소중히 여기고
읽기 시작했는데 며칠 뒤 쥐들이 경전을 갉아 먹은 것을 알게 되었다.
그는 쥐를 쫓기 위해 고양이를 키우기로 했다. 고양이를 키우자니
먹이로 우유가 필요해서 다시 암소를 키우게 되었다. 그러자 경전을
공부하면서 짐승들을 혼자 돌보기엔 벅찬 상태가 되어 암소를 돌볼
여자를 구했다.

산속에서 두 해를 보내는 사이 커다란 집과 아내, 두 아이, 고양이와
암소가 살림살이로 늘어 성자에게는 고민이 생기기 시작했다. 그는
혼자 살 때 얼마나 행복했는지 생각해 보았다. 이제는 신을 생각하는
대신 아내와 아이, 암소와 고양이를 생각해야 했다. 그는 어쩌다 이런
일이 벌어졌는지 곰곰이 되짚어 보았다.
한 권의 책이 이토록 커다란 세계를 만들었던 것이다.

『나는 왜 존재하는가』, 바바하리다스, 평단문화사

1989년 군 복무 중일 때 당시 베스트 셀러였던 『성자가 된 청소부』를
보고 인도의 요가 스승 바바하리다스의 여러 책들을 적극 구해 보던
때가 있었는데 이 책도 그러한 책 중에 하나입니다. 짧고 아름답지만
분명한 메시지와 가슴을 따뜻하게 해 주는 글들이 큰 매력이 되어
저뿐만 아니라 사람들을 끌어 당겼다고 생각됩니다. 그는 말을 하지
않고 칠판에다 글을 써 가며 가르침을 폈던 성자라고 알려져 있어서

독특하게 가르침을 전달하는구나라고 개인적인 생각이 들었던 스승입니다. 군인이었던 시절 인도 구도자들의 진리 탐구에 대한 이야기는 흔치 않아서인지 성자들의 가르침을 접하면 고된 훈련 뒤의 달콤한 아이스크림처럼 순수한 감동이 밀려왔습니다.

특히 제가 그동안 공부하고 있었던 논어, 맹자, 노자 같은 중국의 철학과는 달랐고, 어려운 인생을 해석하게 해 주는 메시지가 분명하면서도 알기 쉽게 해 주는 글들이 인상적이고 신기했습니다. 삶의 일상에서 일어나는 작은 일들에서 마치 누군가의 빛나는 선물을 받는 것처럼 그때는 설렘과 감동이 기쁨을 주고 만족으로 가득 채워 주었습니다.

7번 주제에서 당신은 어디로 가고 있는가?라는 질문으로 우리가 잊었던 자기 자신을 확인했고 자신을 잊음으로써 잃어 버렸던 꿈을 다시 생각하게 하는 계기를 마련했습니다. 이제는 진정으로 원하는 어떤 것에 대하여 선택하는 것을 배우려고 합니다. 선택은 인간이 살아가면서 매 순간 일어나는 일이라 가볍게도 볼 수 있지만 자신을 위해 하는 일이니 사랑과 정성으로 임해야 합니다. 그리고 자신을 위하는 자기 사랑은 남을 위해서 할 수 없는 사람의 본능이며 기본이 되는 것입니다. 아울러 내가 마음대로 할 수 있는 일(먹는 일, 입는 일, 자는 일처럼 내 몸에 있어서 마음대로 결정할 수 있는 것)과 마음대로 할 수 없는 일(인생의 꿈, 직업, 친구처럼 내 몸과 다른 것)로 구분할 수 있습니다.

선택은 크게 세 가지 특징이 있습니다. 첫째, 내 마음대로 할 수 없는 것들입니다. 내 마음대로 할 수 없는 것들은 모두 나와 다르기 때문에 내가 의견을 내면 상대방이 결정하는 것이 됩니다. 상대방의 입장에 따라 결정되니 내 마음은 아무런 힘이 없습니다. 두 번째는 책임을 요구합니다. 어떤 일을 선택하면 일은 순서를 밟아 실행됩니다. 실행은 반드시 어떤 결과가 만들어집니다. 결과는 내가 참여하고 실행한 행동이니 책임의 중심이 되는 것입니다. 세 번째는 선택의 결과(끝)는 미래의 일이라 알 수가 없다는 것입니다. 그래서 선택은 결과적으로 무척 어려운 일이라고 할 수 있습니다. 오죽하면 말과 행동을 섣불리하지 말고 신중하라는 의미로 가만히 있으면 중간이라도 간다는 옛말이 있겠어요.

우리는 프루스트의 가지 않은 길이라는 이야기를 들어 본 적이 있을 것입니다. 왼쪽 길을 선택하면 오른쪽 길을 갈 수가 없습니다. 반드시 둘 중에서 하나를 선택해야 합니다. 정말 무엇이 맞는 선택인지도 알 수 없지만, 선택하지 않은 길은 전혀 확인이 되지 않습니다. 그러니 우리는 선택을 하면 먼저 자신을 믿어야 합니다. 믿어야 흔들리지 않고 잃어 버리지 않습니다. 특히 선택은 자신의 믿음이 무엇보다도 중요합니다. 그 믿음은 결과가 만족스럽지 못하거나 예측한 것과 정반대의 상황이 일어났다 하더라도 다시 힘을 내어 그 선택(목적)을 이루기 위해 또 다른 시도를 할 것이기 때문입니다.

우리가 선택한 일에는 반드시 결과가 있습니다. 하지만 그 시작이 무엇으로 발단되었는지는 명확히 알지 못합니다. 또한 일의 결과에 따라 자신의 책임을 인정하지 않고 회피하며 변명을 하기도 합니다. '모두 하늘이 하는 일이야', '인연 따라 일이 일어나고 운이 없어 일이 안됐어'라면서 자신의 선택에 대한 책임을 피하고 아무 일도 안한 듯 행동합니다. 내 선택에 대한 책임을 가지고 있을 때만 권한이 있고 성취를 가져 갈 수 있습니다.

저는 이 이야기에서 두 가지의 배움을 얻었습니다. 먼저 시작은
사소한 사건이나 문제에서 비롯되었지만 자칫 더 큰 문제가 딸려 올
수 있다는 것을요. 문제 해결을 위해 무엇을 선택했으나 갑자기 더
큰 문제가 찾아오고 어느 순간 문제는 나를 꼼짝 못하도록 거대해져
버린다는 것입니다. 하나의 문제가 무한의 문제로 이끌어 갈 수
있다는 것입니다. 한 쪽에 감자를 심으면 여러 개의 감자를 얻을 수
있듯이 문제가 문제를 파생시키며 자라고 많아지게 된다는 것입니다.
그렇다면 무한의 문제가 일어나는 선택은 어떻게 다루어야 할까요?
첫 시작을 알아보고 이후의 일들을 조정하고 내려놓아야 합니다.
거대한 문제에서 빠져나올 수 있는 방법이니 기억해 두시기 바랍니다.

두 번째는 책 한 권이 당신의 인생을 달라지게 한다는 것입니다. 바로
어떤 선택 하나가 당신의 인생을 의도와는 다르게 전부 달라지게 할
수 있다는 것입니다. 우리가 사는 삶은 매 순간 선택이 일어납니다.
책 한 권을 지키는 사소한 선택일 수 있으나 어느 순간 공부하는
성자에서 아이와 아내를 부양하는 가장으로 살게 되는 것입니다.
인생에서 어떠한 선택이 얼마나 중요한지 알려 주는 대목입니다. 어떤
선택이 당신의 인생을 결정하게 될까요? 아마도 꿈, 결혼, 직업, 친구
같은 평생을 함께 보내야 할 것들입니다. 이러한 선택은 멀리 보거나
신중하게 고려해서 해야 할 것들입니다. 혹시 좋은 선배나 스승들이
있다면 물어 보시고 자신의 선택에 참고하시면 큰 도움이 됩니다.

선택이 얼마나 중요하고 어려운지 이제 아셨나요? 이번 이야기를
포함한 '돼지 오 형제, 너는 지금 어디로 가고 있는가'처럼 나를 위해

좋은 선택을 한다고 해도 불안전하다는 것입니다. 어떻게 해야 나의 인생을 행복으로 갈 수 있을까요? 나의 어떤 선택이 책 한 권처럼 인생 전체를 바꾸어 놓는다면 어떻게 피할 수 있을까요? 답을 지금 얻으면 좋겠지만 금방 얻고자 하는 질문이 아닙니다. 그저 위의 세 가지 이야기를 통해 나를 한번 돌아보았으면 하는 것이 바람입니다.

저는 만나는 사람마다 위의 세 가지 이야기를 자주 합니다. 짧고 간결한 이야기이지만 삶이라는 보물, 생명을 어떻게 써야 하는지, 인생에서 어떤 선택이 책 한 권이 될 수 있는지 돌아보게 하는 가르침들입니다. 본질적인 것을 질문하게 되면 본질적인 이유나 목적을 찾을 수 있게 합니다. 세 가지 이야기를 통해 당신의 현재를 알아내십시오. 당신이 잃은 것이 무엇이며 어디를 가고 있는지 확인하십시오. 그리고 어디로 가고 있는가에서 이유와 목적을 확인할 수 있다면 그것을 위해 처음 한 선택이 무엇이었는지 알아보십시오. 당신은 그 일을 통해 자신에 대한 믿음과 사랑이 강해지고 매 순간 숨을 쉬듯이 늘 함께할 것입니다.

그동안 자신을 돌보지 못했다면 이번 기회에 충분히 돌아보시면 좋을 듯합니다. 자신을 돌아보면서 마음이 한결 부드러워지고 여유가 생기기를 빕니다. 또한 이번 이야기로 세상을 살아가느라 경쟁하며 단단해져 있는 마음에 다른 인생을 그려 보시기를 바랍니다. 그래서 다음의 글들이 더욱 귀해지고 감동이 일어나기를 빕니다.

9. 내 뜻대로 할 수 있는 일과
할 수 없는 일을 구분하라

행복이나 자유는 이 하나의 원칙 즉 어떤 것들은 나의 뜻대로
할 수 있고, 어떤 것은 나의 뜻대로 할 수 없다는 것을 올바르게
이해함으로써 시작된다.

내 뜻대로 할 수 있는 것은 나의 의견, 소원, 욕망, 욕심이며, 이것은
우리의 주된 관심사이자 우리들의 영향력 아래에 놓여 있는 것들이다.

반면 내 뜻대로 할 수 없는 것들은 자신의 신체 조건, 집안, 혈연이나
다른 사람들의 평가와 사회 안에서 위상이 어떤지 하는 것들이다.
그것들은 외부의 것이라 우리의 관심사가 아니라는 것을 알아야 하며,
남의 것을 지배하거나 바꾸려고 한다면 고통만 초래하게 될 것이다.

자신의 힘 안에 있는 것들은 당연히 내 뜻대로 할 수 있다. 반대로
자신의 힘 밖에 있는 것들은 어떻게 할 수 없으며 다른 사람들의
기분이나 행동에 의하여 결정된다.

『지혜로운 삶의 원칙』, 샤론 레벨 엮음, 뜨란

인류의 스승 에픽테투스가 전하는 '최고의 인생 지침서'라는 찬사의
글이 책 표지 전면에 먼저 나옵니다. 에픽테투스는 명상록으로 알려진
아우렐리우스의 스승이자 스토아학파를 대표하는 철학자입니다.
그는 이 원칙을 자기 자신에게 몸소 실천했고 그 덕을 많이 본
스승이기도 합니다. 그의 성취는 세상의 관행을 깨고 노예의 신분에서

왕의 스승까지 올랐으니 대단한 업적입니다. 당신은 이제 인생의 최고 지침을 얻게 될 것입니다.

8번에서 선택의 중요성을 말씀드렸습니다. 선택을 했으면 이제는 책임을 지고 이루려고 노력해야 합니다. 인생에서 이뤄야 할 중요 요소들은 꿈, 결혼, 직업, 취미, 건강, 친구 등이 있습니다. 이와 같은 요소들을 선택함에 있어 당신에게 기쁨을 주고 만족하는 결과를 얻으려면 어떻게 해야 할까요? 수많은 답이 있지만 저는 '내 뜻대로 할 수 있는 것'과 '내 뜻대로 할 수 없는 것'을 구분하면 좋은 방안이 된다고 생각이 됩니다. 그것은 내가 할 수 있는 것은 내가 하는 것입니다. 그러나 내가 할 수 없는 일은 하지 않는다는 것입니다. 내가 할 수 있는 일은 내가 주도적입니다. 나에게 책임이 있고 권한도 있습니다. 내가 일하고 내가 주인이 됩니다. 내 마음대로 해도 기분이 좋고 자유롭고 행복합니다. 내 뜻이 내 마음대로이니 힘도 나고 인내도 할 수 있습니다. 모두 자신을 위한 일이 되며 내 것이 되게 합니다.

내 뜻대로 할 수 있는 것에 대해 쉬운 것 같지만 간과하는 부분들이 많아 조금 더 알아보겠습니다. 내 자신의 것만 내 마음대로 할 수 있다는 것은 세 살 먹은 아이들도 아는 단순한 말입니다. 특별히 더 첨가해서 설명할 부분이 없습니다. 그럼에도 불구하고 이토록 단순하고 명백한 사실을 우리가 실천하기 어렵고 잘못 사용하는 사람들이 대부분이라는 것입니다.

태어나면서부터 얻어지는 내 것은 무엇일까요? 몸, 감정, 생각, 지각 능력 그리고 세상과 소통하는 이름이 부가적으로 주어집니다. 몸은 내 것이니 내 마음대로 할 수 있습니다. 내가 주인입니다. 남이 내 몸에 대해 함부로 할 수 없도록 책임지고 지켜야 합니다. 몸을 건강하게 유지하려면 좋은 식사, 충분한 잠, 적당한 일 같은 것들이 있습니다. 몸을 건강하게 하려고 해도 적당한 식사의 양, 알맞은 수면 시간 등의 규칙들이 필요합니다. 이 규칙들을 마음대로 깨거나 어기다 보면 몸은 비만이 되거나, 감정에 상처를 받거나, 머리가 무겁고 늘 머릿속에 화(분노)가 있는 것처럼 두통이 있기도 합니다. 내 것임에도 적절한 사용법을 무시하거나 지키지 않으면 몸을 상하게 하고 불편을 겪기도 합니다. 이런 일들이 심해지기라도 한다면 병이 되어 신체 활동을 정상적으로 하지 못하도록 불편과 결함을 주기도 합니다. 몸과 마음은 나의 것이니 소중히 여기고 정성으로 대해 주면 좋겠습니다.

아이 때는 가진 것이 적습니다. 그만큼 책임도 작고 할 일도 적습니다. 하지만 점점 성장하면서 책임과 할 일이 늘어납니다. 학교에 다니고 어른이 되어 직장에 다니며 이성을 만나 가정을 꾸리기도 합니다. 직장과 가정을 꾸려 나가려면 집도 필요하고 차도 필요합니다. 돈을 벌어 내 것을 더 키워가기도 합니다. 아이가 생기면 부모로서 그 아이를 성인이 될 때까지 부양도 합니다. 내 몸과 마음만을 관리하다가 학생 시절을 지나 어른이 됩니다. 그러면 그때부터 세상이라는 곳으로 나가게 됩니다. 이때부터는 부모로부터 독립을 하고 스스로 관리하는 법을 배우게 됩니다. 내 인생 시작은 한 호흡에서 시작됩니다. 하지만 나이를 먹어 가면서 가정과 가족, 학교와 친구, 직장과 동료, 사회와 이웃처럼 수많은 관계와 역할, 책임과 권리가 넓어지고 확장됩니다. 그러면서 그 무게가 점점 커져 호흡이 끊어지는 죽음에 이르게 될 때까지 계속 되기만 합니다.

내 것을 구분하는 것은 매우 중요합니다. 하지만 내 것을 구분해서 유지, 관리하는 것이 더 중요합니다. 이 원칙을 조금 더 알아야 하고 받아들여야 합니다. 내가 세상에서 자라는 만큼 나의 것도 점점 커진다는 것을! 물론 내가 커진다는 것을 인위적으로 막을 수는 없습니다. 나이를 먹어 감에 따라 세상 경험이 늘어나듯이 그냥 자연스러운 일입니다.

그러면 내 것이 아닌 것 즉 남의 것은 무엇일까요? 나와 나의 소유물이 아닌 모든 것은 남이며 남의 것이 됩니다. 일단 나와 내 것을 인식하게 되면 내 것이 아닌 것들을 당연하게 구분할 수 있게 됩니다. 내 마음이 아니니 남의 마음일 것입니다. 내 몸이 아니니 남의 몸일 것입니다. 내가 주인이 아니니 남이 주인이 될 것입니다. 내 마음을 내 마음대로 하지 못한다면 남이 나를 마음대로 합니다. 남이 나를 마음대로 사용하니 나는 자유롭지 못합니다. 내 몸도, 내 생각도, 내 의지도, 내 마음도 남이 통제한다고 하니 슬프고 고통스러울 것입니다. 결국 내 인생이 고통이 될 것입니다.

그럼 내 것이 아닌 남의 것은 어떻게 대해야 할까요? 질문이 너무 쉬울 수도 있습니다. 내 것이 아니면 내 마음대로 할 수 없다는 것을 너무나도 분명하게 알 수 있습니다. 배가 고프면 내가 밥을 먹어야 합니다. 남이 먹는다고 나의 배고픔이 가시지 않습니다. 내 집이 아니면 내가 마음대로 쉬거나, 잠을 자거나, 가족들과 식사도 할 수 없습니다. 오래된 친한 친구가 있습니다. 그 친구를 오랫동안 알고 지내온 사이라 할지라도 어떤 선택이나 의견, 친구의 일, 친구의 역할을 대신하지 않습니다. 아무리 친하다 하더라도 내 것이 아니니 아무런 권한과 책임이 없는 것입니다.

이러한 사실을 모르는 사람은 없습니다.
그런데 인생을 살면서 왜 이러한 일들이 어려울까요?
내 것과 남의 것을 구분하지 않고 선을 자주 넘을까요?

내 것이 아닌 것을 내 마음대로 해서 그러한 일이 일어납니다. 그런데
내 것이 아님에도 내 마음대로하는 데에는 몇 가지 이유가 있습니다.

첫째, 착각하기 때문입니다. 어떤 사람을 잘 안다고 그 사람의 일을
대신해 주는 것이 자신이 잘한 일이라고 믿는 것입니다. 일단 가까운
가족들입니다. 오랜 시간 같이 지내다 보니 상대방의 특징, 성격,
기본적인 생활 패턴이나 기호처럼 다양한 정보를 알게 됩니다.
그러다 보면 상대방을 위한다면서 평소 보고 알았던 정보를 활용하여
대신하는 것입니다. 이것이 문제의 발단입니다. 상대방이 자신의
입장이나 의견을 밝히고 도움을 요청하면 내 생각대로 특히 상대방을
위한다고 아니면 자신의 이익이나 편리를 위해 상대방의 어떤 것을 내
것처럼 사용하거나 대신해 주는 것입니다.

둘째, 욕심이 있기 때문입니다. 남의 것을 대신해 주면서 남의 것을
내 마음대로 쓰려고 하는 것입니다. 내 것이 없거나 어떤 이익을
위해 허락 받지 않고 마음대로 하는 것입니다. 남의 뛰어난 의견을
마치 내 의견이라고 말합니다. 남의 것을 내 것으로 이용하면 많은
이익을 손쉽게 얻습니다. 공짜를 원하다가 우리가 얻는 것은 도둑이나
사기꾼으로 몰리고 취급 받는 것입니다. 다른 사람의 의견, 물건,
마음, 애쓴 공 등에 욕심 부리지 맙시다. 남의 것을 탐내면 그것이
올가미가 되어 당신을 구속하게 될 것입니다.

셋째, 남을 무시하기 때문입니다. 내가 더 잘나고 돈이 많고 힘이
세며, 더 많이 알고 있다고 믿고 상대방이 자신보다 못하다고
결정하는 행동입니다. 상대방을 가진 것, 학벌, 나이, 사회적 지위
같은 것을 이용해서 일방적으로 무시하는 것입니다. 호랑이는 토끼의
눈치를 보지 않습니다. 어른이 어린아이의 눈치를 보지 않으며 손님이
식당 주인의 눈치를 보며 주문하지는 않습니다. 내 것이 아니면 모든
것이 폭력이고 구속이고 지시일 뿐입니다.

내 것과 내 것이 아닌 것을 구분하는 일은 삶의 다양한 문제를
해결하는 혜안이 있습니다. 나를 지키듯 남도 지켜 주게 됩니다. 나를
소중히 여기듯 남도 존중하게 됩니다. 나와 남을 구별할 수 있으니
남과 다투지 않고 자신의 영역을 지키며 안전하게 일을 해결합니다.
이것이 나를 올바르게 살게 합니다. 나에게 집중하게 되어 내일을
쉽고 빠르게 이루도록 합니다. 살아가는 동안 이 원칙을 기억하면
좋습니다. 사는 동안 이 원칙을 소중히 실천하면 평안할 것입니다.
나를 지키듯 세상에서 남도 나를 도와 주고 지켜 줄 것입니다.

그러면 사는 일이 편안해집니다. 내 것을 내 마음대로 하는 이 삶의
원칙이 인생을 편안하게 살아가도록 해 주는 당신의 규칙이 되었으면
좋겠습니다.

10. 남(세상)의 소리에 늘 좌지우지되지 말라

나스레딘에게는 열세 살 난 아들이 있었는데 늘 자신이 못생겼다고
생각했다. 외모 콤플렉스가 심해 집 밖으로 나가려고도 하지 않고
끊임없이 '사람들이 날 비웃을 거야'라는 생각을 했다. 아버지는
아들에게 사람들은 험담하길 좋아하니 사람들 말에 너무 귀를 기울일
필요가 없다고 누누히 말을 했지만 도무지 들으려 하지 않았다.

어느 날, 나스레딘은 아들에게 장에 가자고 하고 다음 날 아침 집을
나섰다. 나스레딘은 당나귀를 탔고, 아들은 그의 옆에서 걸었다. 시장
입구에서 사람들이 잡담을 하고 있었는데 나스레딘과 아들을 보자
수근거리기 시작했다.
'저 사람 좀 봐, 자기는 당나귀 등에 편히 앉아 가면서 불쌍한 아들은
걷게 하다니! 이미 인생을 누릴 만큼 누렸으니 아들에게 자리를
양보해 줄 수 있을 텐데 말이야.'
그러자 아버지가 아들에게 말했다.
'잘 들었지? 내일도 나와 함께 시장에 오자꾸나.'

둘째 날, 나스레딘과 아들은 전날과는 반대로 아들이 당나귀를 탔고
나스레딘이 옆에서 걸었는데, 시장 사람들이 외쳤다.
'저 버릇없는 녀석 좀 보게. 당나귀 등에 유유히 앉아 불쌍한 노인네를
걷게 만들다니.' 그러자 나스레딘이 아들에게 말했다. '잘 들었지?
내일도 나와 함께 시장에 오자꾸나.'

셋째 날, 나스레딘 부자는 당나귀를 끌며 걸어서 시장에 도착하자

사람들이 그들을 보고 비웃었다.

'멀쩡한 당나귀가 있으면서도 타지 않고 걸어 다니다니. 당나귀는 사람 타라고 있다는 것도 모르나 봐.'

그러자 아버지가 아들에게 말했다.

'잘 들었지? 내일도 나와 함께 시장에 오자꾸나.'

넷째 날, 나스레딘 부자는 둘 다 당나귀 등에 걸터 앉아 집을 나서서 시장 입구에 도착하자 사람들이 야유를 보냈다.

'저 가엾은 짐승이 조금도 불쌍하지 않은 모양이군!'

그러자 아버지가 아들에게 말했다.

'잘 들었지? 내일도 나와 함께 시장에 오자꾸나.'

다섯째 날, 나스레딘 부자는 당나귀를 어깨에 짊어지고 시장에 도착하자 사람들이 웃음을 터뜨리며 말했다.

'저 미치광이 좀 봐. 당나귀를 등에 타지 않고 짊어지고 가다니!' 그러자 아버지가 아들에게 말했다. "사람들은 우리가 어떻게 하든 항상 트집을 잡고 험담을 할 게다. 그러니 사람들 말에 귀를 기울여서는 안 된다."

『이슬람의 현자 나스레딘』, 지하드 다르비슈, 현대문학북스

나스레딘은 이슬람 우화에 자주 나오는 수피의 성자입니다.
우리 자신이 보지 못하는 삶의 문제를 일상에서 일어나는 작은 사건들을 통해 명쾌하게 알려 주는 스승이기도 합니다.
책에서는 이야기 하나 하나마다 아름답고 지혜가 가득하지만 지금은 이 이야기로 함께하고 싶어집니다. 이유는 세상은 똑똑한 사람들이 너무 많아 내 인생길을 마음대로 결정하려 들기 때문입니다.

9번에서 내 것과 남의 것을 구별하는 법을 배웠습니다. 이제는 세상에 나가 내일을 실현시켜야 합니다. 세상은 인류 문화의 총체이며 보고입니다. 인류가 시작된 이래로 모든 사람들이 힘을 모아 오늘을 만들어 내었습니다. 그래서 세상의 모습은 보이는 문명과 보이지 않는 문화가 서로 연결되어 사람들은 그것들을 소중히 여기고 있습니다. 내가 있고 도시와 시민이 있고 나라와 국민이 있습니다. 도덕이 있고 예절이 있고 법이 있습니다. 이처럼 세상은 사람들을 편안하게 연결시켜 주고 도와 주며 성장시켜 주기도 합니다. 하지만 우리는 세상의 법칙을 따라야 하고 때로는 구속을 받기도 합니다. 이처럼 세상은 양면성이 있습니다. 또한 다양한 함정도 있습니다. 바로 이 세상의 황금률인 가치관, 문화 등을 통해 사람들이 나와 관계하면서 나를 움직이게 하고, 조정하려 들고, 게다가 내 인생을 흔들어 놓기도 한다는 것입니다. 세상에 나가 자신의 일을 해내려면 세상이라는 소리와 움직임에 대해서 한번쯤 돌아봐야 할 메시지가 오늘의 가르침입니다.

세상 사람들은 각자마다 자신만의 철학이 있습니다. 세상을 움직이는 법칙과 문화도 있습니다. 지금의 세상은 역사의 총화가 담긴 실현물입니다. 이 세상은 많은 사람들의 노고와 정성, 지식과 지혜의 산물이기도 합니다. 이 눈부신 성과를 이루어 주신 위인이나 이름 모를 조상, 선배들에게 고마움을 느끼고 그분들의 업적이나 성과를 자연스럽게 배우고 익히게 됩니다. 그러면서 어느 순간 나는 세상의 소리에 길들여지게 되고, 영향을 받게 됩니다. 어떤 순간이 되면 자기도 모르는 사이에 자신의 판단 기준을 세상의 기준이라고 믿게 되며, 그것을 거부하거나 거절하지 못하는 상태에 이르게 됩니다. 세상의 이야기가 다 진실이 되며, 가치 있는 사실이 되고, 따라야 할

규범이 되기도 하며, 때론 자신의 인생 지표가 되는 자신만의 철학이
되기도 합니다.

나는 나에 대해서 가장 많이 알고 있습니다. 왜냐하면 나는
태어나면서부터 내게 먹이고, 보고, 듣고, 잠자는 것을 해 주었습니다.
때론 책을 보면서 세상의 수많은 이야기를 해 주었고, 이웃들과 친구,
멀리 다른 도시와 다른 나라에 다니면서,
기쁨을 주고, 만족을 할 수 있는 수많은 학습과 경험을 선물하기도
했습니다. 오늘의 나를 있게 한 모든 것들은 내가 나에게 준
노력들입니다. 이것은 나만이 알 수 있는 것입니다. 그럼에도 나는
행복이라는 보물을 얻고자 그것을 가지고 있는 사람들에게 물어
보기로 했습니다.

먼저, 성공해서 유명해진 사업가를 찾아가서 만났습니다.
진지하게 '당신이 찾은 행복은 무엇에 있느냐'고 물었습니다.
사업가는 '성공한 사람의 모습이 보이지 않느냐'며 자랑스럽게 말을
시작합니다. 내게는 큰 빌딩, 수백 명이 넘는 직원을 거느린 회사를
가지고 있으며, 이 모든 것은 돈으로써 증명한다고 했습니다. 돈이
행복이라고 했습니다. 나의 비밀은 돈이니 너는 행복을 위해 돈을
추구하면 된다는 것이었습니다. 돈을 추구하는 것이 너에게 딱맞는
방법이라고 강조했습니다.

다음 날 조금 더 알아보고자 명의로 소문난 의사를 만나게
되었습니다. 그는 '내가 치료한 환자들이 수도 없이 많다'며 생명을
살리는 일이 얼마나 세상을 이롭게 하는지 자긍심을 드러내며 의사가
최고의 행복의 길이라고 알려 주었습니다. 이것이 '너에게 행복을

찾아 주는 잘 맞는 방법'이라며 크게 외치듯이 알려 주었습니다.

그다음 날, 더 알아보고자 훌륭하다는 정치가를 만나게 되었습니다. 그는 '이 나라의 국민들이 모두 잘 살고, 잘 사는 미래를 후손들에게 넘겨 줄 일을 준비하라며, 엄청난 자부심을 가지고 뽐내면서 정치가가 되는 것이 최고의 행복을 주는 길'이라고 말해 주었습니다. 이후 여러 사람을 만났는데 화가는 그림에서, 야구선수는 야구에서, 천문학자는 천문학에서, 종교가는 종교에서, 잘 맞는 옷처럼 행복을 맞춤형으로 줄 것이라 모두들 단언했습니다.

하지만 나는 그들에게 묻고 싶은 것이 있습니다. 그들이 찾은 해답이 과연 내가 찾는 답일까요? 왜냐하면 그들은 그들 자신을 알고 맞는 답을 찾은 것입니다. 그들은 나를 나만큼은 모를 겁니다. 그들의 답은 그들의 답인 것입니다. 나는 그들의 답을 참고하여 답을 결정하는 것이 나의 답을 찾는 일이 될 것입니다. 세상의 수많은 사람들은 자신만의 답을 세상 모든 사람에게 정답이라고 자랑하며, 자신의 답이 아니면 틀린 답이 될 것이라고 우기기도 합니다,

우리는 세상의 소리를 듣는 법과 사용법을 다시 재정립해야 합니다. 그러면서 자신의 소리인 자신만의 기준을 마련해야 합니다. 자신만의 가치관인 인생관이 필요합니다. 내 꿈을 지키고 내 인생을 행복하게 살기 위해서입니다. 나는 어떤 기준이 필요할까요? 나를 행복하게 하는 것은 무엇일까요?

나의 주인은 나입니다. 내 인생의 주인도 나입니다. 그러니 다음과 같이 행동하려고 합니다. 내 꿈의 주인이 나이니 내가 지키고

실현해야 합니다. 내 일의 주인도 나이니 내 꿈을 위해 일하고 땀의 노고가 쓰이도록 해야 합니다. 내 삶의 주인도 나이니 나를 행복하게 내 전부를 걸고 살아야 합니다. 나와 관련된 모든 것은 결국 나를 만드는 것입니다. 나를 나답게 사는 것이 내 행복이 되는 것입니다.

세상의 말이 중요하지 않다는 것이 아닙니다. 세상이 사는 목적과 개인이 사는 목적이 다르다는 것입니다. 세상의 기준은 세상의 목적입니다. 나의 기준은 나의 목적입니다. 나와 세상의 기준이 같을 때도 있고 다를 때도 있다는 것입니다. 그러면 답이 나올 것입니다. 나의 일에는 나의 기준을 우선하면 됩니다. 세상의 기준은 불편하거나 불이익을 주지 않을 만큼만 참고하시면 됩니다. 이것이 나의 인생을 당당하고 빛이 나게 하며 자랑이 될 것입니다.

금방 자신의 기준이 생기고 만들어지지 않을 수도 있습니다. 그렇다고 세상의 소리가 답이라고 성급한 선택을 하지 않길 바랍니다. 세상의 소리가 나의 기준이 아님은 분명하니까요. 세상의 소리에 좌지우지되지 않아도 충분합니다. 그러니 당신은 세상 사람들의 답을 인정은 하지만, 당신 자신의 답을 위해 천천히 알아보고 기다릴 수 있을 것입니다. 세상의 소리는 나의 메아리가 될 수 없습니다. 당신의 소리가 진정으로 자신의 메아리가 되어야 합니다. 그래서 나는 내가 진정으로 원하는 나로서 살게 할 것입니다.

당신은 당신 자신의 주인이며 당신 세계의 주인공입니다. 그래야 세상에서 편안할 것입니다. 세상은 세상대로 당신은 당신대로 멋지고 아름답게 어울리는 법을 충분히 보았다고 생각이 됩니다.

11. 말로 죄를 짓지 말라는 약속을 지켜라

말로 죄를 짓지 말라.
말로 죄를 짓지 않는다는 것은 자신에게 해로운 말을 하지 않는 것과
말을 자기 자신을 위해 진리와 사랑의 방향으로 에너지를 쓴다는
것이다.

이 말은 하나의 약속이지만 중요하고 또 매우 지키기 어려운
약속이다. 쉽고 간단하게 들리지만 강력한 힘을 가진 약속이라 당신은
행복이라고 부르는 단계로 뛰어 넘을 수도 있다.

　　말을 어떻게 사용하느냐에 따라 말은 우리를 자유롭게 할 수도
　　있고, 우리가 알고 있는 것보다 훨씬 더 우리를 속박할 수도
　　있다.

　　『네 가지 약속』, 돈 미구엘 루이스 지음, 씨앗을 뿌리는 사람

돈 미구엘 루이스는 수천 년 전부터 내려오는 멕시코 톨 텍
인디언들의 가르침을 계승한 사람입니다. 그에게 있어 인생의 행복
비결은 단순하며 네 가지 약속만 지켜 내면 이룰 수 있다는 것입니다.
'아무것도 자신과 관련시켜 받아들이지 말라, 추측하지 말라, 언제나
최선을 다하라'라는 나머지 세 가지 약속도 모두 중요하지만 '말로
죄를 짓지 말라'는 약속은 이 세 가지 약속을 실현하기 위한 기초가
되며, 지키도록 힘을 주는 약속이라고 합니다. 그래서 그 네 가지 약속
중에서 가장 먼저 나오며 중요하게 다루고 있는 첫번째 약속 '말로

죄를 짓지 말라'는 약속만 알아보겠습니다.

당신은 말에는 정말 힘이 있다고 믿으십니까?
좋은 말은 좋은 생각에서 비롯합니다. 생각은 자기 자신과 가장
일치하며 가장 근접한다고 말할 수 있습니다. 그러므로 좋은 생각은
자기 자신을 좋은 사람으로 만들어 주는 강력한 힘이 될 수가
있습니다. 말은 자신의 생각에서 비롯하여 자신의 행동을 변화시켜
주는 행위가 됩니다. 그러니 말은 일종의 행위라고 할 수 있습니다.
나와 일치하는 생각을 밖으로 드러내는 것이 말입니다.

이제는 말을 다른 사람에게 해 보세요.. 당신의 의견이나 요구인 말에
따라 상대방이 행동하고 있을 것입니다. 반대로 상대방이 당신에게
어떤 질문, 의견, 요구, 건의 등을 하면 당신은 또한 따라합니다.
당신과 뜻이 다르면 다르게 행동합니다. 말은 이처럼 나와 상대방을
움직이는 엄청난 힘이 있습니다. 말은 남에게 하는 행위이자 자신에게
하는 행위입니다. 말에는 힘이 있다는 것을 받아들일 수 있을까요?

앞장 10번에서 세상의 소리를 잘 알아들어야 하나 자신만의 기준을
가지고 중심을 잡아야 한다고 하였습니다. 세상의 소리에 흔들리지
않는 자는 자신의 기준을 지키는 사람이며 소중히 여기는 사람입니다.
그러한 사람은 자기 자신을 믿는 사람이며 자기 자신을 사랑하는
사람이기도 합니다. 자신을 믿는 사람은 자신에게 믿음을 주는 말을
합니다. 자신을 사랑하는 사람도 자신에게 사랑을 주는 말을 합니다.
말의 기능을 확대하다 보면 자신과의 만남도 일어나며 때때로 약속이
되기도 합니다. 당신의 생각을 당신에게 전하니 약속이 됩니다.
생각이 드러나니 말이 되고 말은 행동이 되어야 끝이 납니다. 당신이

당신에게 해주는 말은 당신을 변화시켜 줄 것입니다. 좋은 말을 해주면 좋은 사람이 될 수 있을 것입니다. 이처럼 말은 당신 내면을 키워주는 보약이 됩니다.

본문에 들어가기 전 '말'에 대하여 조금 더 알아볼까 합니다.

말이 왜 중요할까요? 요가에서 최초의 소리는 옴(Aum)이라고 하며 생명 에너지의 발현을 나타내는 소리라고 합니다. 옴 소리 이후에 진동이 생기고 생명체와 현상이 생기고, 말이 생기고, 이름이 생겼다고 합니다. 그래서 말은 소리라는 생명 에너지를 바탕으로 만물을 잉태하는 힘이 있다고 아주 옛날부터 전해져 옵니다.

말은 소리나 문자를 통해 사람과 사람을 연결하고 이미지를 소통하는 것이 기본이 되며 중요한 기능이기도 합니다. 하지만 더 중요한 부분은 자신을 표현하고, 생각하고, 인생의 본질을 알아보고 정리할 수 있도록 해주는 특별한 기능도 가지고 있습니다. 특히 말하는 자가 선의를 가지고 한다면 약이 되어 행복으로 안내하지만 반대로 적의를 가지고 한다면 독이 되어 고통으로 변하기도 합니다. 우리는 스스로에게 약을 줄 수도 있지만 반대로 자신을 해치거나 세상을 해롭게 할 수도 있습니다. 이처럼 말의 힘을 염두에 두면서 글을 시작하겠습니다.

말로 죄를 짓지 말라, 다른 표현으로 '좋은 말을 하라'는 것입니다. 말은 위에서 소개했듯이 창조의 힘을 가진 마술처럼 강력한 도구입니다. 사람들이 태어나면서 부여받은 능력이 말하는 것입니다. 말을 잘 쓰면 당신이 원하는 세상으로 만들어 갈 수 있는 것입니다.

반대로 말을 잘못 하면 당신은 원하지 않는 세상이 되어 고통을
만들어 내기도 합니다.

이처럼 말은 강력한 효력과 힘을 가진 도구인데 어떻게 사용하면
행복으로 갈 수 있을까요? 말로 죄를 짓지 않으면 되는 것입니다.

말로 죄를 짓는 것은 무엇일까요?
먼저 자신에게 해로운 말을 하는 것입니다.

두 번째는 진리와 사랑의 반대 방향으로
말의 힘을 쓰는 것입니다.

자신에게 해로운 말은 자신을 부정하는 모든 말입니다. 자신을 믿지
못하고 말로써 자신에게 해를 가하는 것이며 공격을 하는 것입니다.
생각은 하루 오만 번 이상 일어난다고 하니 매일 매일 오만 번 이상
말(생각)의 공격을 받는다면 정신이 상처 받지 않는 사람은 없을
것입니다. 한 방울의 물이 바위를 뚫는다는 말이 있습니다. 작은
힘이라도 꾸준히 지속되면 거대한 바위라도 뚫을 수 있는 강력한
파괴력을 보여 주는 구절입니다.

사람들이 매일 자신의 머리 안에서 일어나는 말(생각)의 공격을
감당할 수 있을까요? 감당해서도 안되고 감당하려는 시도 자체가
없어야 합니다. 그러면 어떻게 해야 할까요?
신은 자신을 대신하려고 '인간'을 세상에 만들었다는 이야기가
있습니다. 오직 위대한 신만이 인간에게 생명을 주어 만든 작품인
것입니다.

인간은 신의 작품입니다. 그러니 한 사람 한 사람 인간은 신이
빚은 신의 작품인 것입니다. 자신을 부정하는 일은 신을 부정하는
일입니다. 신을 이기려고 부정하는 인간은 세상 그 어디에도
없습니다. 신은 인간이 할 수 없는 위대한 일을 할 수 있기 때문에
신인 것입니다.

먼저, 자신을 믿어야 합니다. 자신이 신에 의해 생명을 부여받은
특별한 존재이며 은총 받은 인간임을 받아들여 보세요. 그냥 신이
하는 일이니 완벽하다고 믿으면 되는 것입니다. 그리 되면 당신의
머리 안에서 자신은 신의 아들이니 세상에 하나밖에 없는 인간임을
인정하고 자각하게 될 것입니다. 그러면 당신의 머리 안에서 일어나는
말(생각)은 자신을 특별하게 생각하며 존중하게 하는 말을 하게 될
것입니다. 그다음은 높은 곳에서 낮은 곳으로 물이 흐르듯 '자신을
인정하면서, 존중하고, 사랑하면서, 자신에게 말을 걸고 들려 줄'
것입니다. '말로 죄를 짓지 말라'는 비밀은 자신을 믿는 것에서
시작함을 잊지 말아 주세요.

두 번째는 진리와 사랑의 방향으로 말하는 것입니다. 인간에게 진리와
사랑은 무엇일까요?
나는 신의 작품이니, 신의 또 다른 작품인 다른 사람을 인정하는 것이
진리입니다. 또한 신의 선물인 다른 인간을 사랑하려면 우리는 어떻게
해야 할까요? 그냥 존중하면 되는 것입니다. 레오나르도 다빈치,
미켈란젤로와 같은 위대한 작가의 작품은 사람들로부터 위대한
작품이라고 칭해지며 오늘날에도 존경을 받고 있습니다. 사람의
작품임에도 존경을 받는 것입니다.

하물며 신의 작품인 인간을 어떻게 해야 할까요? 존경하고
존중하면 되는 것입니다. 그것이 사랑입니다. 인간이 신의 작품임을
인정하고 인간을 존경하는 것입니다. 그리고 존중으로 대하는 것이
사랑입니다.

오늘은 자신에게 말하는 법을 배우게 되었습니다. 또한 인간이 신의
작품이라는 진리를 배우게 되었으며, 신의 작품을 존경하는 것이
사랑임을 배우게 되었습니다. 먼저 자신은 신의 아들이며 작품인 것을
인정하고 자신의 모든 것을 믿으라는 것입니다. 그리하면 자신에게
어떠한 말로도 죄를 짓지 않게 될 것입니다.

다른 사람들도 신의 아들이며 작품인 것을 인정하고 그 사람들을
존경으로 대하면 되는 것입니다.
당신은 신의 아들이며 작품입니다. 말로써 신의 품격을 깎아
내리지 말아 주세요. 또한 말로써 신의 다른 작품인 모든 사람들을
존경하세요.

12. 한 인간이 여기에 살고 있다.

인간이 인간으로 불리기 위해서는 신 앞에 바치는
하나의 선물로서 자신의 삶을 살지 않으면 안된다.

하루에 단 한 시간만이라도 자기 자신의 존재를 위해서
쓰지 않는 사람은 사람이라고 할 수 없다.

삶에서 어떤 길을 걸어가든지
늘 그대가 어디로 가고 있는가를 생각하라.
그리고 '나는 누구인가'라는 근본적인 질문에서
벗어나지 말라
슬프면 슬피 울라. 그러나 무엇이 참 슬픈가를 생각하라
그대가 어디로 가고 있는지도 모르고,
또 자신이 누구인가를 알려고 하지 않는 것,
그것이 참으로 슬픈 일이다.

한 인간이 여기에 살고 있다.
한 인간이 여기에 살고 있다.

『성자가 되기를 거부한 수도승』, 마르틴 부버, 푸른 숲

여기 성자가 되기를 거부한 엉뚱한 인간들이 있습니다.
인생을 하나의 춤으로 여기며 춤추고 노래하는 삶을 사는 사람들을
유대 신비주의 수도승 하시드라고 합니다.

수피라는 이슬람 신비주의 수도승처럼 춤과 노래와 외침으로 존재의 환희를 체험하고 진리를 춤으로 살다간 사람들입니다. 이들의 이야기 속에는 인간을 하나의 신으로 알며 일상적인 삶을 긍정했으며 세속에서 아름답게 꽃피우며 살아가는 것이 은총이라는 하시드 말처럼 신에 대한 예배이며 진리의 증거로서 살았던 사람들입니다.

하시드의 신은 무엇일까요? 바로 인간이었습니다.
하시드의 진리는 무엇일까요?
자신을 신으로 알고 자신을 신으로 대하는 것입니다.

이제 세상 마인드의 마지막 장입니다. 작은 아이로 태어나 독립된 성인이 되었습니다. 하나의 인간이 된 것입니다. 인간이란 무엇일까요? 인간을 이해하려면 삶이라는 인생을 이해해야 합니다. 인생에 대해서는 그 옛날부터 여러 사람들이 말해 왔습니다. 인생은 미완성이라고 합니다. 인생은 나그네 길이며 사람은 하숙생이라고 합니다. 인생은 하나의 꿈과 같다는 분들도 있습니다. 인생은 모르는 길을 가는 것이라는 분도 있습니다. 인생은 알 수 없는 하나의 신비라고 하는 분들도 있습니다. 수많은 답들이 있습니다. 살아가는 사람마다 자신들의 답이 있습니다. 사람들은 모두 다르고 인생도 각자마다 다르니까요. 그렇지만 내가 사람들의 답을 듣고 참고한다고 해서 나에게 적용하기는 쉽지 않습니다.

그래서 다르게 답을 찾아 보려고 합니다. 예전에 인기 있던 유행가 가사 중 내 인생은 나의 것이라는 노랫말이 있습니다. 그 뜻이 가슴에 와닿는 표현이라 많은 사람들이 즐겨 부르고 좋아했던 것 같습니다. 나는 나의 것입니다. 내 몸은 내가 주인입니다.

내가 살아가는 모든 일들을 내가 결정합니다. 그러니 내 인생은 나의 것이 당연합니다. 그런데 내 인생이 내 것인데 무엇이라고 말하기 어렵습니다. 내 이름은 이것이다. 내 직업은 이것이다. 내 취미는 이것이다. 내 집은 '이곳이다'라고 말하기 쉽지만 내 인생은 '무엇이다'라고 말하는 사람은 보기 드뭅니다.

결정이 안 되기 때문일까요? 보이지 않아서일까요? 인생은 모두 살아 봐야 아는 것일까요? 물론 내 인생은 야구 선수다. 내 인생은 작가다. 내 인생은 도예가다. 내 인생은 '국어 선생이다'라고 말하는 분들도 보았습니다. 대부분 직업으로 표현합니다. 그것은 직업이 꿈과 동일한 것이라 꿈을 직업을 통해서 실현하는 사람들인 것 같습니다. 내 인생을 꿈과 직결한다는 것이 쉬울 것 같기도 합니다. 내 꿈은 '이것이다'라고 여러 개를 한번 적어 보세요. 그리고 오늘의 식사 메뉴를 정하듯 정해 보세요. 1년 후에, 5년 후에, 10년 후에, 30년 후에도 자신을 편안하게 해 주는 무엇이 남아 있을 것입니다. 최소 30년 동안 자신을 즐겁게 해 줄 것이라면 인생을 결정하는 것으로 정해도 무리가 없다는 생각이 듭니다.

나의 이야기를 하자면 다음과 같습니다.
'내 인생은 명상가라고 20대 초반에 정했다. 명상가를 위해 직업을 얻었고 일을 마치고 50살이 넘어 명상가의 길을 가고 있다. 명상가가 되기 위해 마인드 요가를 배우고 익혔으며 사랑했다. 20대 초반부터 무려 30년이 지난 지금에서야 세상에서 명상가로서 살아가고 있다. 배움이 길었고 기다림도 길었다. 하지만 그 동안의 모든 시간이 기쁨이고, 설렘이고, 감사이고 만족이었다. 내가 되려는 명상가가 내가 살아온 인생의 시간을 빛나고 사랑스럽게 만들어 주었다. 내가 꿈으로 정했던 명상가가 내 인생이 되었고 내 삶 전체를 살아있게 하고 감동으로 충만하게 해 주었던 것이다. 한 어린 아이로 왔다가 성숙한 인간으로서 살았다고 말하고 싶다.'

나는 명상가로서 한 인생을 산 것입니다. 나의 이야기에서 한 인간이 되는 것을 말했습니다.

이제 하시드라는 수도승들의 가르침을 시작할까 합니다.

인간이 인간으로 불리기 위해서는 신 앞에 바치는 선물로서 자신의 인생을 살라고 합니다. 자신의 모든 인생이 신에게 바치는 선물이니 어떻게 살아야 하는지 알려줍니다.

오래전 왕에게 진상하던 물건들은 어떠했을까요? 마을에서 귀하고 이름난 것들이거나 구하기 힘든 산삼이나 금처럼 그 지역에서만 나거나 귀한 물품이었습니다. 그렇다면 신에게 바치는 선물을 어떻게 준비해야 할까요? 이집트 신화나 인도 신화에 보면 왕들의 주인이 '신'이었습니다. 우리는 신에게 받치는 선물처럼 자신의 삶을 살아야 하니, 아름답고, 모범이 되며, 훌륭하게 살아내야 할 것입니다. 신에게 선물을 잘못 준비하여, 신의 노여움을 산다면 어떻게 될까요? 아마도 신이 고통이라는 벌을 줄 것입니다.

삶(인생)으로 신의 선물을 준비하기 위해 하시드들은 몇 가지 방법을 친절하게 제시하여 줍니다.

먼저 나는 누구인가?라는 자신의 근본을 찾는 질문을 끊임없이 하라고 합니다. 그것이 중요한 규칙이 됩니다. 무척 어려운 질문이고 한 번에 답을 내지 못해 평생을 찾아야 하는 물음이기도 합니다.

하지만 그것이 자신을 바르게 살게 하는 소중한 열쇠가 될 것입니다. 질문을 이어가다 보면 어떠한 답이 명확하게 전달될 것입니다. 자기 자신에 대한 어떤 목적과 이유가 반드시 찾아질 것입니다.

두 번째는 지금 하고 있는 일에 대하여 항상 그 이유를 알라고 합니다. 이유를 모른다고 하면 자신이 지금 무엇을 하고 있는지, 어디로 가고 있는지를 전혀 모르고 눈을 감고 세상을 떠도는 일이 될 것입니다. 아무것도 모른 채 시간만 보내는 바보가 될 것입니다. 아무일도 하지 않은 채 밥만 먹는 생활을 하게 될 것입니다. 눈을 뜨고 자신이 하는 일을 분명하게 알아봐야 할 것입니다. 그것이 자신이 하는 일에 대한 진정한 자각이며 그 자각이야말로 자기 자신에 대한 사랑을 키우고 크게는 행복이라는 세계로 내 인생을 만들어 갈 수 있기 때문입니다.

이 두 가지 규칙을 배우고 익히지 않으면 인간이 되지 못하고 될 수도 없게 됩니다. 이 규칙은 자기 자신을 위해 사는 것이며 비로소 한 인간이 되는 길입니다. 인간으로 왔으니 인간으로 떠나야 합니다. 이제 우리 자신에 대한 질문이 있어야 합니다.

한 인간이 여기에 살고 있습니다.
인간으로 와서 온전한 인간으로 떠날 수가 있을까요?
인간으로 와서 인간으로 산다는 것은 무엇일까요?
인간으로 우리는 지금 살아가고 있는 것일까요?

여러 규칙들을 보고 배웠습니다. 돼지는 나는 무엇을 모르는지를 모른다. 나는 지금 어디로 향하고 있는가? 나는 문제를 해결한다고 문제에 갇혀 평생을 잃어 버리고 있지 않은가? 나는 내 것을 알고

있으며 제대로 주인처럼 쓰고 있는가? 나를 신의 작품으로 존경하고
말로 죄를 짓지 않고 있는가? 인간으로 태어나 인간으로 온전하게
살다가 인간답게 떠나갈 수 있는가?

지금까지는 나와 인생 그리고 사람과 세상에 대한 이야기입니다.
내가 알고 있는 나와 인생, 사람과 세상을 여기 있는 메시지와
안내를 통하여 다시 한 번 주의 깊게 보아야 합니다. 나에게서
소중한 나를 보게 되었으면 좋겠습니다. 내 인생을 다시 사랑하게
되었으면 좋겠습니다. 나는 다른 사람들을 다시 존경하게 되었으면
좋겠습니다.

위의 가르침들을 받아들여 지금까지 알지 못했던 '나'와 인생에 대해서
다시 생각했으면 좋겠습니다. 그리하여 내면의 요가를 위한 준비와
지금 살고 있는 세상에서 더욱 행복한 시간을 가졌으면 좋겠습니다.

제3장

요가 마인드

요가는 자아(마음)를 넘어 빛의 세례를 받는 것입니다.
당신이 얻어야 할 삶이 아트만(참 자아)의 세계입니다

요가 마인드는 마인드 요가의 본 단계에 해당합니다.
본 단계는 내면의 세계를 다루는 기술입니다.
사람에게는 마음(자아)이 내면의 세계가 됩니다.

참 자아를 찾아가는 과정이 8가지 단계로 소개되어 있습니다.
첫째, 자신(참자아)을 어디에서 찾아야 하는가? 자기 내면
둘째, 자신을 보지 못하게 하는 것이 무엇인가? 자아
셋째, 내면세계의 실체란 무엇인가? 브라만
넷째, 내면세계에서 바라본 보이는 세상은 무엇인가? 마야
다섯째, 내면세계에 이르게하는 방법이 무엇인가? 명상
여섯째, 명상으로 자기 자신과 만남이 일어나는가? 참자아
일곱째, 요가의 최고 가르침이 무엇인가? 우파니샤드
여덟째, 세상과 내면에서 조화롭게 사는 사람을? 명상가

요가의 길은 세상과는 전혀 다른 방식으로 작동합니다.
여러 선배들이 밝혀 낸 빛의 안내에 따라 천천히 따르세요.

어둠과 고통에서 빛과 지혜로 비상이 일어날 것입니다.
몸은 세상에 살고 있으나 마음은 세상의 초월이 일어납니다.

내면의 요가로 참 자아를 제대로 알아 진정한 자유와 지혜를 얻을 수
있기를 바랍니다.

13. 나를 어디에서 찾으려 하는가?

벗이여, 너는 어디서 신(아트만)을 찾으려 하느냐.
나는 사원에도 모스크에도 없다.
어떠한 종교 의식 속에도, 요가와 명상 속에조차
그리고 이 세상을 떠나는 그 결단 속에도 나는 없다.
그대여, 진정한 구도자라면 지금 나를 볼 수 있을 텐데!

벗이여, 살아 있을 동안 그(아트만)를 찾으라.
살아 있을 동안 그(아트만)를 알라.
삶의 이 자유가 계속되는 동안,
살아 있을 동안 이 속박이 풀리지 않는다면
죽은 후에 자유를 원해서 또 무엇을 하겠는가?

　　지금 그를 발견하라. 지금 그와 하나가 되라.
　　보라, 나(신, 아트만)는 그대 옆에 있다.

　　　　　　　　　『까비르 명상시』, 라즈니쉬 강의, 일지사

까비르라는 이름은 우리나라 사람들에게는 익숙지 않은 생소한
이름이라 생각됩니다. 하지만 인도에서는 수피즘(회교 신비주의)인
박티(신에 대한 헌신) 운동을 대표하는 스승 중의 한 분입니다. 특히
까비르 시에서 영감을 받아 '기탄잘리'라는 시로 노벨상을 받은 타골의
정신적인 스승이며 인도 민중 문학의 아버지로 불리기도 합니다.
그는 1440년경 베나레스에서 과부의 사생아로 태어나서 평생을

묵묵히 베를 짜다 간 사람입니다. 학교 교육을 받지 못해 전혀 글을 몰랐던 사람이었으나 자기 자신에게 주어진 삶에 충실했던 사람이기도 합니다. 하지만 그처럼 신을 깊이 체험한 사람도, 그처럼 열렬하게 깨달음을 체험한 사람도, 그처럼 절실하게 이 삶을 살았던 분은 없었다고 합니다. 까비르는 위의 소개에서처럼 평생 신의 품 안에서 살다가 생을 떠난 축복 받은 스승이었습니다.

제2장에서 올바른 인간이 되는 길을 주로 안내하였고 제3장에서는 신의 길인 '요가의 길'을 안내합니다.

첫 번째 문장입니다.
벗이여, 너는 어디서 신(아트만)을 찾으려 하느냐.
나는 사원에도 모스크에도 없다.
어떠한 종교 의식 속에도, 요가와 명상 속에조차
그리고 이 세상을 떠나는 그 결단 속에도 나는 없다.
그대여, 진정한 구도자라면 지금 나를 볼 수 있을 텐데!

신의 길은 어떠한 길인가요?
신을 만나고 신이 되는 길입니다.

그럼 신은 무엇일까요? 요가에서는 흔히 아트만(참자아)이라고 합니다. 보이는 세상을 알고 살아가는 부분적인 자아(에고)에서 자아의 구름을 걷어 내고 지혜를 얻어 태양(깨달음, 자유, 해탈, 참나)을 만나는 것이 신을 만나는 일이라고 합니다.
신이 무엇인 줄 알았다면 이제는 신을 찾으려고 합니다. 맨 먼저 신의 집이라고 하는 사원에서 찾습니다. 하지만 그곳에는 없다고 합니다.

다음에는 사람들이 신을 만나는 종교 의식에서 찾았으나 역시 없다고
합니다. 다음으로 요가와 명상 속에서 찾으려고 했으나 역시 없다고
합니다. 마지막으로 모든 것을 포기하는 죽음을 걸고 시도해 보지만
왜 찾지 못하고 만나지 못할까요?

그런데 진정한 구도자라면 지금 신을 볼 수 있다고 합니다.
진정한 구도자가 무엇인데 지금 그토록 간절히 원하는 신을 볼 수
있을까요? 진정한 구도자는 진리의 세계를 믿고 자신을 온전히 바친
사람입니다. 불교에서 흔히 말하는 삼귀의를 한 사람에 해당한다고
생각이 됩니다. 거룩하신 부처님, 거룩한 불법에, 거룩한 스님께
자신을 온전하게 바친다는 마음의 다짐입니다.

요가의 아트만을 찾는 구도자도 어떤 준비가 필요하다는 것입니다.
먼저 신(아트만)이 있다는 것을 믿는 것입니다. 신이 있다고 진정으로
믿으면 신의 세계가 드러납니다. 신의 세계는 바로 당신의 내면에
아트만이 있다는 것입니다. 아트만은 태어나지도 죽지도 않는 오직
자유이며 행복이며 존재하는 것이라고 합니다. 당신 내면에 원래부터
아트만이 있다는 것입니다. 그것을 진정으로 믿고 그것이 실재함을
느끼며 사실로 인정하는 것입니다. 이것이 바로 진정한 구도자의
자세라고 합니다. 당신은 진정한 구도자입니까?

보이는 세상을 외면이라고 합니다. 반대로 보이지 않는 세계를
내면이라고 합니다. 요가의 길은 보이지 않는 세계를 찾아내고 그
길을 간다고 합니다. 사람들이 보통 이 부분에서 어려움을 겪고
있습니다. 왜 내면의 세계는 그 길이 보이는 않는 것일까요? 왜 그
길을 가려고 해도 전혀 감을 잡지 못할까요? 길을 모르면 한 발자국도

움직일 수 없습니다. 앞의 문장처럼 종교에서, 사원에서, 의식에서, 명상에서, 심지어 자신의 전부를 걸어 시도를 해 보지만 찾을 수 없다고 하였습니다.

내면이 진정 무엇일까요?
내면의 세계는 어떻게 드러날까요?

사람들은 흔히 생각하는 것을 '마음이 하는 일'이라고 알고 있습니다. 마음은 보이지 않으니 내면의 일이라고 생각합니다. 그러면서 마음의 세계가 내면의 세계라고 생각하고, 생각하는 일이 내면의 세계를 만나는 일이며 그 길을 간다고 생각합니다. 하지만 요가에서는 생각하는 일이 마음의 세계인 내면의 세계에서 일어나는 일이 아니라고 말합니다.

마음의 세계를 '자아'에서 쓰면 모두 자아의 세계라고 인식하며, 자아를 벗어나야 비로소 마음의 세계인 내면의 세계를 공부한다고 합니다. 내면이라는 세계는 자아라는 나를 벗어나야 가능하며 진정한 내면의 탐구를 할 수 있는 기회가 주어지는 것입니다.

내면의 길을 발견해야 내면의 길을 갈 수 있는 것입니다.
이 말이 아주 중요합니다. 내면을 찾아내지 못하면 한 걸음도 나아갈 수가 없습니다. 수많은 사람들이 진정한 나를 찾고 마음의 평화를 얻고자 내면의 길을 간다고 합니다. 그리고 평생 동안 마음공부를 하지만 내면이라는 세계의 공부는 아무 것도 일어나지 않습니다. 대부분 마음공부를 했다는 지도자나 심지어 스승이라는 이름으로 세상에서 활동을 하는 분들도 자아의 세계에서 공부를 지도하면서,

내면이라는 세계를 보여 준다고 강의와 안내를 하고 있습니다.

예를 들자면 높은 하늘에서 우리나라와 중국을 보면 붙어 있는
듯 가깝습니다. 그러나 우리나라와 중국은 다른 나라입니다.
우리나라에서 중국을 생각하고 이해한다고 해도 중국에서 사는 일이
아닙니다. 이처럼 외면이라는 세상과 내면이라는 마음은 우리나라와
중국처럼 지역이 전혀 다른 나라입니다.

그래서 눈으로나 생각으로는 이동할 수가 없는 것입니다. 마음(자신,
생각)을 내면으로 이동시키는 명상이라는 기술이 필요합니다. 마인드
요가는 5천 년 이상 전통을 유지하며 이어 온 명상 방법을 전문적으로
가르치는 시스템입니다. 나에게 '까비르 명상시'는 그러한 마인드
요가의 전통을 만나는 순간이라고 생각이 듭니다. '진정한 구도자라고
한다면 지금 신을 만날 수 있다'라는 그 말이 나의 맨 정신에 번개가
치듯 진정한 믿음이 일어났습니다. 그리고 나의 가슴에서는
신(아트만)은 진실이며 온전한 사실임이 가득 채워져, 용광로의 불이
활활 타오르듯이 내안의 불신과 의심의 눈을 녹였습니다. 나에게
그러한 체험은 25살 봄날에 일어났습니다. 소경이 마치 눈을 뜨고
마침내 빛을 보고 세상을 보게 된 것처럼 내면의 눈이 열리고 내면의
세계를 보았습니다. 한 순간에 도약이 일어납니다. 눈을 뜨면 내면의
세계가 보입니다. 눈은 언제나 있었습니다. 그래서 신은 사원, 의식,
명상에서조차 없다고 하였는지 모릅니다.

사람마다 다르겠지만 진정한 구도자의 요건을 갖추게 된다면 당신은
내면의 눈을 가렸던 눈꺼풀이 움직일 것입니다. 그리고 분명히 볼 수
있을 것입니다. 그러면 당신은 시작할 수 있습니다. 그래야만 진정한

요가의 길을 걸을 수 있습니다.

그리고 다음 문장입니다.
벗이여, 살아 있을 동안 그(아트만)를 찾으라.
살아 있을 동안 그(아트만)를 알라.
삶의 이 자유가 계속되는 동안,
살아 있을 동안 이 속박이 풀리지 않는다면
죽은 후에 자유를 원해서 또 무엇을 하겠는가?

지금 그를 발견하라. 지금 그와 하나가 되어라,
보라, 나(신, 아트만)는 그대 옆에 있다.

우리는 아트만을 언제 찾아야 할까요? 살아 있을 때 찾으라고 알려
줍니다. 아울러 살아 있을 동안 알라고 합니다. 당신이 아트만을
찾고 알아야 할 시간은 바로 생명이 유지되는 시간임을 기억하라고
알려 줍니다. 그리고 지금 만날 수 있다고 합니다. 그 어디에 있는
것이 아니라 당신 내면에 당신과 함께 있다고 합니다. 잘 간직하며
기억하세요.

〈보충이야기 1, 길을 만나다〉

제가 9살 되던 해 아버지를 죽음이라는 다른 나라로 떠나 보내고
11살부터 찾아온 새아버지는 빛의 세상을 고통이라는 어둠으로
장막을 치게 했습니다.

하루하루 살아가는 고통에 숨이 막혀 학교가 끝나면 자전거를 타고
동네 곳곳을 돌아다녔습니다. 매일 이곳저곳을 헤매다 깜깜한 밤이
되어서야 집에 들어가는 방황하는 아이가 되었습니다.

11살 이후 방황은 계속되었고 내 눈앞에서 사라진 빛의 세상을 찾고자
명심보감, 단전호흡, 노자와 장자 같은 동양 철학을 공부하면서
간절하게 노력했습니다.

제 나이 25세, 그 당시 내 인생에서 큰 문제 두 개가 있었습니다.
하나는 집안의 장남이자 가장으로서 돈을 벌어 가난의 짐을 벗어나는
것이었고, 또 하나는 새아버지에게 눌려 바위처럼 무거워지고
두려웠던 마음의 병을 치료하는 것이었습니다. 인생 최대의 선택
기로에 있을 때였습니다. 그 노력과 정성이 하늘에 닿았는지 처음
직장에 다녔을 때입니다. 다른 직장에서 파견 나온 동료에게 인도의
성자 오쇼 라즈니쉬를 소개받았습니다. 당시 서점에 가서 구한
책이 『까비르 명상시』(일지사, 1991)였는데 이 책이 나의 인생을
결정하도록 한 책입니다.

나와 이 책과의 만남은 아버지의 죽음 이후 지옥 같은 고통에서

벗어나려는 노력으로 진정한 빛의 세계가 있다는 것을 처음으로
확인했던 순간이었습니다. 인생 전부를 걸고 고통의 현실 너머
깨달음이라는 신의 세계를 찾고자 의지가 강렬히 솟아 오르기도
하였습니다. 특히 두 개의 문장이 나를 신의 세계가 있다는 것으로
도약하게 하였습니다.

'신은 아트만이며 그 어디에도 없고 오직 너 자신 안에 있다. 아트만을
찾는 일은 오직 살아 있는 동안 알고 찾아야 한다.'

번개가 치니 잠시 이 세상 고통이 사라지고 빛으로 환해졌습니다.
머릿속에서 어떤 평화가 나도 모르게 한순간 일어났습니다. 아버지를
하늘로 보내고 처음으로 맛보는 마음의 고요이며 자유였습니다.
세상의 시간이 잠시 멈춘 것처럼 내 마음속에서 꺼지지 않던 불길의
멈춤이 일어났습니다. 고통이라는 불이 타오르지 않는 세계를 만나고
맛보게 된 것입니다. 그래서 신(아트만)을 찾는 일이 내 사명이 되고
살아가는 계기가 되었습니다.

젊은 나이에 아무 것도 모르고 그저 고통이라는 불을 벗어나려는
힘겨운 몸짓이었다고 생각이 됩니다. 그렇게 요가의 길을 가고자
남은 인생을 건 결심의 순간입니다. 신의 축복이라고 할 수밖에 없는
저편의 세계가 잠깐 보여 주는 신비가 펼쳐지는 순간이었습니다.

아침의 태양이 지난밤 어둠을 몰아내듯 내 마음은 어둠만이 있는
동굴에서 한 줄기 빛이 동굴 밖 빛의 세계를 보여 주었습니다. 나도
모르게 인생의 힘든 책임과 두려움이 잠시 사라지며 가슴에서 뜨거운
결심의 열기가 일어났습니다.

나는 남은 인생을 아트만(신)을 찾는 것에 보내겠습니다.
지금부터 제 모든 것을 아트만(신)을 찾는 데 쓰겠습니다.

이후 오쇼 성자의 많은 책들을 찾았고 그때부터는 매일의 일과가
달라졌습니다. 가르침을 보고 익히는 것을 중요하게 여기고 일이
끝나는 순간 집으로 돌아가 매일 매일 밤이 늦도록 공부했습니다.

가르침이 그 동안의 고통을 진정시켜주고 조금씩 조금씩 어둠이
옅어지면서 빛이 밝아지듯이 나아졌습니다.

어둠에서 빛으로 향했고 가르침이 빛이 되어 나를 이끌어 주었습니다.
신기하고 신비했습니다. 참으로 특별한 순간임이
지금도 생생할 뿐입니다.

내가 알았던, 내가 살았던 세상이 달라지고 있었습니다.
그렇게 신(아트만)을 찾는 과정을 시작하게 되었습니다.
그렇게 신(아트만)을 공부하게 되었습니다.
그렇게 어둠에서 빛을 향하게 되었습니다.

이 구절과 책을 소개할 수 있어서 감사하게 생각합니다.
이 책처럼 어떤 순간이나 어느 가르침의 구절, 경전에서 보게 되는
행운이 있기를 빌어 봅니다. 아울러 신의 손길이 그대에게 전해지길
빕니다. 그래서 신의 세계인 아트만(참나)의 모습이 확인되는 기회가
찾아 들기를 빌겠습니다.

신은 간절하면 손길을 내어 줍니다.
신은 항상 그대의 내면에 있습니다.

14. 자아란 무엇인가?

자아란 어떤 의미인가요?

나는 자아를 다음과 같은 의미로 사용합니다.
관념 · 기억 · 결론 · 경험 · 축적된 기억, 모든 형태의 의도,
무엇을 하거나 하지 않으려는 의식적인 노력 등과

무엇인가 되려고 하는 욕망, 그것을 추구하는 노력, 경쟁심
같은 정신 작용의 전체가 자아입니다. 또한 이와 같은 정신 작용은
자기를 타인으로부터 분리하고 분리시킵니다.

그래서 자아는 우리를 항상 〈무엇인가가 되려고〉 하는 의지에
사로잡혀 행동하도록 하고 있으며 또한 〈저렇게 되고 싶다〉라는
끊임없는 갈등이라는 관념으로 우리를 괴롭히고 있습니다.

『자기로부터의 혁명』, 크리슈나무르티, 범우사

인도에는 근현대에 걸쳐 세 분의 큰 스승이 있습니다. 오쇼 라즈니쉬,
라마나 마하리쉬, 크리슈나무르티입니다. 보통 마음공부나 요가를
공부한다는 사람이라면 반드시 만나게 되는 스승 중에 한 분이
크리슈나무르티입니다. 그는 어린 나이에 미래 구원자인 미륵불의
화신으로 선택받아 신지학의 여러 스승들에게 요가를 배웠던
분이며 대부분의 가르침이 논리적이며 분석적이라 이해가 빠르고
분명하게 가르침을 보여 줍니다. 특히 그분의 위대한 점은 18년 동안

메시아로서 추앙받으며 세계의 스승으로 즉위하려던 자리에서 '모든 사람들이 자신만의 진리를 찾으라'고 연설합니다. 그러면서 자신을 기르고 배움의 모든 것을 주기도 한 신지학회라는 단체가 추구하는 것도 진리 추구에 반한다며 별의 교단 해체를 선언한 것은 진리를 공부하는 모든 사람들에게 지표가 되는 가르침이라고 생각됩니다.

이번 가르침은 자아입니다. 신의 세계를 발견하면 신의 세계에 살고 싶어집니다. 하지만 신의 세계로의 이동 방법은 몸이 아니라 마음인지라 물리적 공간 이동은 없습니다. 신의 세계를 막고 있는 자아의 정체가 무엇인지, 어떻게 활동하는지 알고 이해해야 합니다. 그러면 창문을 덮고 있는 커튼이 열리면 빛이 들어오고 밝은 세상이 보이듯이 자아라는 커튼이 아트만을 막고 있다는 것을 알면 열 수 있게 됩니다.

신의 세계에 살고 싶으십니까? 왜 가서 살고 싶을까요? 신의 세계는 고통이 없기 때문입니다. 첫째 몸의 고통이 없다고 합니다. 우리가 흔히 알고 있는 삶과 죽음이 없다고 합니다. 그리고 병이나 늙음이 없다고 합니다. 또한 일이라는 육체의 의무나 할 일이 없다고 합니다.

두 번째는 감정의 고통이 없다고 합니다. 사람을 만나서 사랑하고 헤어지는 고통이 없습니다. 물건이나 사람을 소유하려는 욕심이 없습니다. 세상에서 기쁘고 성내고 사랑하고 즐겁고 슬프고 미워하는 감정의 혼란이 없다고 합니다.

끝으로 마음의 고통이 없다고 합니다. 생각이 주는 모든 고민이 없다고 합니다. 자기 자신을 부정하는 일이 없다고 합니다. 진정한 자기 자신을 보고 안다고 합니다.

그래서 신의 세계인 아트만을 찾게 되고 운이 좋아 우연히 만나거나 보는 기회가 주어진다면 신이 은혜를 주었다고 감사하게 되는 것입니다.

그러면 신의 세계인 내면세계를 가기 위해 우리는 어떻게 시작을 해야 할까요? 대부분의 요가를 공부하는 사람들 특히 내면세계가 있다는 것을 생생하게 느꼈다고 한다면, 큰 결심을 하게 됩니다. 신(아트만)을 찾는 공부를 하는 사람에게 내면세계 또는 신의 정체인 아트만을 진정으로 인식하게 되면 신의 큰 은혜이며 축복처럼 느낄 수밖에 없습니다. 신을 느끼는 것은 자신의 생각이나 의지적인 노력으로 찾을 수 있는 것이 아니기 때문입니다.

이렇듯 내면의 길을 가는 데까지는 몇 번의 큰 경험이 있는데 이것은 첫걸음을 시작(계기, 기회, 길이라는 경계)한다는 이정표가 됩니다.

그래서 자아를 벗어난 경험을 한 사람들은 '운'이 좋다고 생각하며 내면의 길을 시작하겠다는 결심을 하게 됩니다. 보이지 않는 세계의 실체가 있다는 실마리를 찾았으니 전력을 다해 그것을 찾고자 정성을 다하고자 합니다.

그렇지만 내면의 길에서 무언가를 찾기란 꺼진 등불 아래서 바늘을 찾는 것처럼 어렵습니다. 선배들의 가르침이 더욱 필요한 시기가 이때입니다. 그래서 수많은 선배들의 가르침을 찾고 보게 됩니다. 수많은 시도 중에 우연히 다른 이정표를 확인하고 한 걸음 더 나아갈

수 있는 실체를 발견하게 됩니다. 대부분 그 실체는 우리가 흔히 알고
있는 '자아'입니다. 신의 세계가 있다고 하지만 신의 세계(아트만,
태양)를 보지 못하게 하는 '구름'이 있다는 것을 찾아내게 됩니다.
구름이 무엇인지 선배들의 가르침에서 정확히 알려 줍니다. 그것은
바로 '자아'라고 명시되어 있습니다.

신은 내면에 있다고 확인을 하였습니다. 세상 그 어디에 있는 것이
아니고 우주에 있지도 않았습니다. 오직 내 마음 안에 있다고
하였습니다. 신이 내 안에 분명히 있다고 하였는데 왜 보지 못하고
만나지 못할까요? 무엇이 가로막혀 보지 못하게 할까요? 만나게 하지
못하는 벽은 무엇일까요? 바로 몸을 나 자신이라고 여기는 '자아'
때문입니다.

첫 번째 문장입니다.
자아란 어떤 의미인가요?
나는 자아를 다음과 같은 의미로 사용합니다.
관념 · 기억 · 결론 · 경험 · 축적된 기억, 모든 형태의 의도,
무엇을 하거나 하지 않으려는 의식적인 노력 등과
무엇인가 되려고 하는 욕망, 그것을 추구하는 노력,
경쟁심 같은 정신 작용의 전체가 자아입니다.

자아는 대개 7살이 되면 형성이 된다고 합니다. 그때부터 몸과
이름을 나라고 확정한다고 합니다. 나가 확정되면서부터 나와 다른
것을 구분하게 됩니다. 몸을 나라고 여기는 생각이 하나로 모여
'자아'라고 합니다. 자아는 그때부터 적극 활동합니다. 세상의 모든
것을 보고 익히며 자아 속에 기억하고 무한정 축적하고 확장시킵니다.

내가 속한 가족, 학교, 사회뿐만아니라 오직 자신을 이롭게 하고
안전하게 지키며 살려고 합니다. 만일 타인이 나를 불편하게
하거나 손해를 입힌다면 자아는 심하게 자극을 받고 상대방에게
해를 입히거나 공격하는 등 자아의 마음이 풀릴 때까지 끊임없이
활동합니다.

이와 같이 자아는 몸과 이름을 나라고 여기며 살아가는 동안 모든
자신의 역사이며 활동입니다. 우리들의 인생 모든 것이 자아의
활동이며 자아의 역사인 것입니다. 자신이 가장 소중하면서
귀하게 여긴 자신이 자아의 본신이 되는 것입니다. 자아의 정체를
이해하셨나요? 내가 귀하게 여겼던 것이 이제는 아트만을 가로막는
장벽임을 배우게 됩니다. 이제 그것을 진정으로 받아들여야 합니다.
자아가 바로 벽입니다. 아트만을 가리는 장막의 정체입니다. 이것이
중요한 핵심입니다. 요가의 길에서 발견한 위대한 이정표입니다.

아트만의 나라에 가지 못하게 하는 것이 바로 나라고 여기던 자아임을
분명하게 받아들여야 합니다.

두 번째 문장입니다.
자아의 활동은 타인으로부터 자기를 분리하고, 자기 자신을
분리시킵니다. 그래서 자아는 우리를 항상 〈무엇인가가 되려고〉
하는 의지에 사로잡혀 행동하도록 하고 있으며 또한 〈저렇게 되고
싶다〉라는 끊임없는 갈등이라는 관념으로 우리를 괴롭히고 있습니다.

아트만은 존재하는 모든것의 내적인 본질이 같다는 불이일원론에
근거를 두고 있습니다. 하지만 위의 문장에서 말했듯이 몸을 진짜로

여기니 모든 것이 나와 다르다고 합니다. 그래서 다른 누구보다도 뛰어나려고 합니다. 돈을 많이 벌거나 명예나 권력을 추구하기도 합니다. 남들을 자기보다 밑에 두려고 합니다. 남보다 많이 가져야 마음이 편안합니다. 나와 타인은 경쟁자이며 적이 되는 관계라는 것으로 확정합니다. 살아가는 순간이나 만남에서 경쟁이나 전투를 치르니 모든 일에서 고통을 느끼고 마음에 평화가 없습니다.

늘 끊임없는 불안, 걱정, 고민들이 고통이라는 포탄을 만들어 자아라는 자신안에서 공격합니다. 이제 자아의 활동은 살아가는 모든 시간 동안에 장벽만 쌓는 활동입니다. 자신을 지킨다며 한순간도 쉬지 못하게 하는 고통의 강도를 점점 늘리게 되는 것입니다.

우리는 태어나서 지금까지 살아오면서 몸과 이름을 나라고 여기며 살았습니다. 그러니 자아를 보이는 세계에만 쓰고 살았다고 할 수 있습니다. 자아는 보이는 세상에서 이롭게 쓰는 것입니다. 하지만 요가의 길에서는 내면의 세계에 아트만이 존재합니다. 이때 자아는 부분적인 세계, 보이는 세상에만 작동합니다. 내면에 살고 있는 아트만을 보기 위해서는 자아를 쓰는 법을 하나 더 배워야 합니다. 자아를 쓰는 방법을 고급화시켜야 할 단계입니다.

〈보충이야기 2, 길을 막는 장벽이 자아이다〉

9살 이후 고통의 뿌리를 뽑고자 신의 세계를 찾아서 오랜 시간
동안 노력하고 정성을 다한 끝에 드디어 보고 만나게 되었습니다.
마치 외딴 섬에서 살던 사람이 도시에 와서 멋진 빌딩이나 백화점,
자동차처럼 신세계를 보고 그곳의 생활상을 보게 되니, 간절히
도시에서 편안한 생활을 하고 싶어지는 것이나 마찬가지입니다.
도시에서 돈을 많이 벌어 섬에서 고기 잡는 일로 고생하시는 부모를
도시로 이사하여 살게 하고 싶어지기도 합니다.

섬사람이 도시 구경을 하고 다시 섬에 돌아와도 오직 도시
생각만으로 가득하여 다른 생각이 나지 않는 상황처럼 느껴졌습니다.
이제는 반드시 도시에 가서 살아야 하는 것이 운명이 됩니다.
저도 마찬가지로 힘들고 고통스러운 시기를 보냈습니다. 까비르
명상 시를 통해 은혜를 입고 힌트를 얻었습니다. 그래서 조금 더
알아보고자 직장이 끝나면 매일 스승들의 책을 정독한 후에 정좌하고
내면 성찰(명상의 세계가 아니라서 성찰로 표현함)에 몇 시간씩
정성을 다했습니다. 하지만 혼자서 무언가를 하려고 해도 전혀
진전이 없었습니다. 그렇다고 달리 무언가를 해야 할지도 모르는
시기였습니다. 정말 많이 답답하고 시간이 지나면서 한심해지기도
했습니다. 어떤 힌트를 얻어야 내면의 길을 갈 수 있을까 하면서 자나
깨나 방법을 찾고 찾아보았습니다.

크리슈나무르티는 내가 오쇼를 공부하다가 발견한 또 다른
인도의 성자입니다. 어려운 시기에 봉착해서 한참을 헤매던 시절

'자기로부터의 혁명'은 그 빛을 찾게 해준 가르침입니다. 내 모든
고통의 원인이 되었던 '자아(자의식, 에고)'가 어떻게 만들어지고
활동하는지 철저하게 분석하여 알려 주었습니다. 지금도 운이 참
좋았다는 생각이 듭니다. 요가의 길을 가기 위해 장벽이 되는 어둠의
정체를 발견하고 대하는 법을 배울 수 있게 되었기 때문입니다.

빛과 어둠의 경계는 무엇일까요?
고통(인간의 요소)과 해탈(신의 요소)의 경계는 무엇일까요?
어둠이 무엇이고 빛은 무엇일까요?
고통에서 해탈로 나아가는 것은 무엇일까요?

빛과 어둠의 경계는 나(자아)였습니다. 고통과 해탈의 경계도
나(자아)였습니다. 어둠은 나라고 여기는 것이 활동하는
시간대였습니다. 빛은 나라고 여기는 것이 잠들어 있는
시간대였습니다.

육체를 나라고 여기며 살았습니다. 몸에 감정, 생각, 마음이라는
것으로 이름을 붙이니 나였습니다. 나라고 여기는 것이 태어나면서
순간순간 매일매일 살아 있는 모든 만남과 관계에서 흡수하며
성장했습니다. 그것을 우리는 '자아' 또는 '자의식'이라고 합니다.
그것을 우연히 찾게 되고 고통의 근원을 찾았으니 치료가
시작되었습니다. 약은 세상에 있지 않았습니다. 나의 내면을
가로막는 자의식(자아)이 문제였습니다.

신의 세계가 있다는 것을 확인하고, 마인드 요가의 길을 가고자
결심하면서 처음 만나는 것은 '자아'입니다. 우리가 흔히 말하는

태양(신)을 막는 것이 구름(자아, 무지)이듯이 자아가 바로 신을 보지 못하고 가지 못하게 하는 장애물임을 배우게 됩니다. 자아는 우리가 말하여지는 단순한 것이 아닙니다. '자아'의 정체를 확인하면 당신은 다음 발자국으로 나아 갈 수가 있습니다. 내면세계의 공부는 보이는 세상의 공부와는 전혀 다릅니다. 한 가지를 배워야 다음 발자국을 내딛을 수가 있습니다.

나의 사적인 경험을 보충하여 적어 놓는 것은 오랜 시간 동안 공부해도 어렵고 아무런 감도 잡을 수 없었기에 부득이 첨가하게 되었습니다. 다음 번에도 요가의 길에 대한 이해를 도와 주고 작은 힌트라도 드리고자 체험을 이야기하고자 합니다. 개인적인 일이지만 길 안내를 위해 숨기지 않았음을 이해하여 주시기 바랍니다.

15. 이 모든 세계는 브라만이다.

이제 그대에게 알지 않으면 안 될 불멸에 이르는 지혜.
존재도 아니고 비존재도 아닌 '그것',
시작이 없는 브라만에 대해 말해 주겠다.

그는 모든 것이며 모든 것 속에 있다.
그는 보이지 않으며 볼 수도 없다.
그가 존재들을 생성시키는 창조자이고, 존재들을 지탱하는
유지자이며, 존재들을 소멸시키는 파괴자이다.
그는 모든 빛의 원천이며 어둠을 초월해 있다.
그는 모든 존재의 가슴속에 영원히 머물고 있다.

　　이런 그를 아는 것이 지혜의 목표다.
　　그는 모든 지혜의 대상이자, 목표이자, 지혜 그 자체다.
　　언제 어디서나 앎의 궁극 목표는 브라만인 '나'를
　　찾는 것이 참다운 앎이며,
　　'나' 아닌 다른 것을 추구하는 것은 무지다.

　　　　　　　　『바가바드기타』, 석지현 뜻풀이, 일지사

인도인이 좋아하는 대표적인 고전 중에 하나이며 세월이 흘러도
사랑받는 이야기가 바가바드기타입니다. 우리가 대부분 알고 있는
비폭력의 대가이며, 카르마 요가의 성자인 간디께서 평생을 옆에 두고

마지막 숨이 다할 때까지 간직했던 소중한 경전이라고 합니다. 또한
이 경전에 대한 소중함과 사랑으로 해설서를 직접 쓰기도 하였으며,
인도인의 삶에서 자신을 성장시키는 가르침과 교훈으로 방향키
역할을 하는 경전이라고 합니다.

먼저 이 경전에 들어가기 전에 몇 가지 힌두에 대한 간단한 설명과
인도 철학에 대한 상식적인 이야기를 먼저 하려고 합니다. 힌두라는
말은 인더스 강의 산스크리트어인 신두(큰 강)에서 시작되었습니다.
영국이 인도를 식민지화하면서 인도를 지배하고 관리하기 위해
힌두라고 쓰다가 프랑스 같은 유럽에서 널리 퍼져 지금은 일반적으로
쓰이게 되었습니다.

오늘날 힌두라는 말은 베다에 뿌리를 둔 다르마(진리)에 따르는
체계를 말하며 인도는 지명적인 한계만 뜻하기도 합니다. 힌두는 인도
신화, 6대 철학, 마누법전처럼 베다를 중심으로 하는 문화 체계를
따르는 것을 말하며 인도를 벗어난 다른 나라 국가의 사람들도 이를
통용하고 있습니다.

인도 철학은 크게 8개 학파로 되어 있습니다.
이 중 베다의 교리를 중심으로 하는 정통학파로
6개(상키야·요가·니야야·바이세시카·미맘사·베단타학파)가
있고, 베다를 부정하는 비정통학파 2개(불교, 자이나교)가 있습니다.
그리고 인도 철학에 대해 깊이 있는 공부를 원한다면 라다크리슈난의
인도 철학사를 추천합니다. 이 책의 저자는 인도의 대통령이자
철학자로서 세계적인 명성을 지닌 지성적인 인물입니다.

다음은 그들의 경전입니다. 6대 학파는 그들의 경전을 신성시 여기고
존중하는 의미로 두 가지로 분류하고 있습니다. 먼저 신이 주신
가르침인 슈루티(천계서)라고 칭하며 4개의 베다와 우파니샤드가
해당되며 신에 대한 이야기기를 중심으로 전해집니다. 그래서
베다는 신의 지혜라는 뜻으로 알려져 있습니다. 다른 하나는 깨달은
현자(리쉬)가 그들(인간)의 기억에 의한 가르침인 스무르티(전승서)로,
마하바라타, 라마야나, 바가바드기타, 마누법전 등이 대표적이며
인간들의 삶에 대한 실용적인 가르침들이 해당됩니다.

6대 학파의 관점은 세상의 배경을 브라만이라고 합니다. 모든 창조의
배경을 '브라만'이라 하고, 신의 의미를 강조하며 바가바드기타 같은
여러 경전에서 이를 보여 주고 있습니다.
인도인의 관점인 브라만이라는 세계는 낯설 수 있어서 우리에게
익숙한 불교로 대체해 표현하자면 삼법인이라 생각되며 '일체개고,
제행무상, 제법무아'라고 할 수 있습니다. 불교의 가르침은 모두
인간적인 관점에서 시작합니다. 일체개고는 태어난(만들어진) 것은
죽음(사라짐)이 있어 모두 고통이며, 제행무상은 태어난 것이 행하는
모든 것은 조건이 다하면 (그래서) 사라지며, 제법무아는 결국 모든
것에 나라고 여길 만한 무엇(자아)이 없다는 것입니다.

까비르의 명상시를 공부하면서 오쇼 성자를 알게 되고 그러면서 그의
강의 중에 하나인 반야심경도 공부하게 되었습니다. 이 세계는 모두
'공(空, 수냐)'이라는 불교 경전을 공부하면서 반야(공성)의 세계에
대한 개념과 실체를 만나게 되었습니다. 그처럼 반야에서 말하는
'공성'이 요가에서는 '브라만'이라고 합니다. 브라만은 반야심경에서
말하는 의미와 같은 의미로 위의 지문을 보면 비슷하다는 것을 알

수가 있습니다.

사실 6대 학파와 불교, 자이나교는 서로 서로 영향을 받았습니다.
우리나라 사람들에게는 인간 중심의 관점으로 세상을 보는 불교
방식에 익숙한 반면, 신을 중심으로 하는 힌두의 견해가 낯설고, 매우
생소할 것 같아 약간의 상식과 이해를 더했습니다.

이제 경전으로 들어가겠습니다. 이 경전은 산스크리트어로
바가바드기타라고 하며, 신성한 노래라는 의미를 담고 있습니다. 가족
간의 전쟁을 통하여 신인 크리슈나가 인간인 아르쥬나에게 인간에게
있어 중요한 삶과 죽음을 대하는 방법과 죽음을 초월하는 가르침이 잘
표현된 서사시입니다.

인간의 길에서는 육체가 중요하며 자아가 주인으로 활동합니다.
자아만 알고 제대로 사용하면 됩니다. 하지만 신의 길은 이와는
방향이 달라져 자아는 주인으로서의 자격을 모두 잃어버리게 됩니다.
진짜 주인이 아니기 때문입니다.

이 책 본문에는 육체의 세계를 '들판'이라는 말로 이야기하고, 자아의
세계는 감각 기관, 대상, 인식, 자아의식 같은 여러 가지 복합적인
작용으로 활동을 하는 것으로 말하고 있습니다.

또한 '들판을 아는 자'를 밝힘으로써 '들판' 즉 육체(자아)는 주인이
아님을 드러나게 합니다. 이 점을 깊이 생각해 보고 받아들여야
합니다. 인간(자아, 보이는 세상)의 관점에 익숙한 세계에서는 상상도
할 수 없는 가르침입니다.

지금까지 나라는 세계 전체를 이끌어 오고, 오직 나(자아)만이
존재한다고 여기고 살아왔는데 어떻게 그것을 부정할 수 있을까요?
마치 눈앞의 현실을 보고 있는 눈의 기능을 부정하는 것과 같습니다.
지금까지 보았던 모든 것이 진실이 아니라고 말하는 것입니다. 빨간
색안경을 쓰면 세상이 모두 빨간색으로 보입니다. 이것처럼 우리는
자아라는 것이 어떤 색이 입혀져 있다는 것을 밝히는 것입니다.
빨간색이 진짜가 아니 듯 진짜 나(아트만)가 있음을 받아들이는
것입니다.

이제는 신이 무엇인지 구체적으로 알아보아야 합니다. '들판'과
'들판을 아는 자'로 구분하여 육체는 결코 주인이 아님이
분명해졌습니다. 우리는 육체를 알고 있다고 하지만 여러 가지의
인식 작용, 자아의식, 욕망과 지성들이 모두 포함된 것이라고 받아
들였으면 좋겠습니다.

들판이라는 육체(몸)가 아주 거대한 세계라서 사람으로서는 관리하기
어려운 대상(몸, 감정, 생각 등)임을 인정해야 합니다. 그리고 육체는
결국 '들판을 아는 자'에 의해 제대로 관리될 수 있음을 명확히 밝히고
있습니다.

첫 번째 문장입니다.
이제 그대에게 알지 않으면 안 될 불멸에 이르는 지혜.
존재도 아니고 비존재도 아닌 '그것',
시작이 없는 브라만에 대해 말해 주겠다.

'이 세계는 모두 브라만이다' 이 선언은 우리에게 가장 중요하다고

여기는 앎의 목표 즉 불멸에 이르는 지혜는 '브라만'을 아는 것이
비밀임을 밝히는 문장입니다. 이것이 근원적 앎입니다. 불멸에
이르는 지혜는 브라만을 알아야 한다는 것입니다.

두 번째 문장입니다.
그는 모든 것이며 모든 것 속에 있다.
그는 보이지 않으며 볼 수도 없다.
그가 존재들을 생성시키는 창조자이고, 존재들을 지탱하는
유지자이며, 존재들을 소멸시키는 파괴자이다.
그는 모든 빛의 원천이며 어둠을 초월해 있다.
그는 모든 존재의 가슴속에 영원히 머물고 있다.

이런 그를 아는 것이 지혜의 목표다.
그는 모든 지혜의 대상이자, 목표이자, 지혜 그 자체다.
언제 어디서나 앎의 궁극 목표인 브라만인 '나'를
찾는 것이 참다운 앎이며,
'나' 아닌 다른 것을 추구하는 것은 무지다.

이 문장의 가르침이 무엇을 밝히고 있는지 느껴지시나요?
브라만은 모든 존재들의 창조, 유지, 파괴를 하는 자이며,
존재도 비존재도 아닌 태어나지도 죽지도 않는 존재 그 자체.

이해하려고 하지 마세요. 그냥 읽고 받아들여 주세요.

크리슈나라는 신이 아르쥬나라는 인간에게 직접 전해 주는
가르침이니 의심을 두지 말고 그냥 읽어 보세요. 그러다가 어느

순간 그 문장이 신비로운 힘을 발휘하여 당신의 가슴을 열어 흘러
녹아지기를 빌 뿐입니다.

신이 말하는 최고의 지혜는 브라만을 아는 것입니다. 이 모든 세계는
브라만입니다. 그러므로 이 모든 존재는 브라만입니다. 당신이 바로
브라만입니다. 브라만이 아닌 다른 것을 추구하는 것은 모두 무지라고
합니다. 무지는 고통을 유발합니다. 모든 활동이 영원한 숙제로 남아
윤회해야 합니다.
브라만을 추구하면 무지의 구름을 제거하고 자유로울 수 있게 되는
것입니다,

신의 길을 가기 위해 브라만을 느껴야 하고 감이 잡혀야 합니다.
그러다가 브라만이 그대 가슴속에서 일어나야 합니다.
어떤 신비로운 힘이 브라만을 영접하도록 할 것입니다. 그렇게 당신의
가슴에 살고 있고 신의 비밀을 밝혀 당신에게 전해지길 빕니다.

〈보충이야기 3, 브라만이 모든 세계의 실체다〉

자의식을 보게 되면 자의식 밖의 세계가 자신도 모르게 찾아옵니다. 산을 넘으면 또 다른 산이 있듯이 자의식의 경계를 넘으면 바로 브라만(불교에서 같은 의미로 쓰이는 말이 공성의 세계임)이라는 것을 내면에서 보는 행운이 찾아옵니다.

실제로 자아의 정체를 확인한 후 태어나 처음으로 구름이 태양이라는 밝은 세계(어둠이나 고통이 없는 세계)를 모두 막고 있다는 것을 받아들였고 이제는 확인이 필요했습니다.

이때에 배워야 할 가르침이 브라만입니다. 브라만에 대해서 오쇼 성자께서 강의하였던 바가바드기타와 반야심경의 공(空, 수냐)을 통해서 확인하고 볼 수 있게 되었습니다.

육체의 눈으로 구름이 없는 맑은 하늘만 보아도 마음이 저절로 편안해지고 자유로워집니다. 하지만 내면에서 구름 없는 세계를 본다는 것은 신비하기도 하고 경이롭기도 합니다.

자아의 구름이 바가바드기타의 경전을 통해 옅어지고 내면에서 어떤 자유가 일어났습니다. 생각을 넘어서는 편안함, 모든 것이 내(자아)가 있어서 일어나는 책임이라는 무게, 마치 프로메테우스가 짊어진 지구의 무게 같은 무거운 짐을 내려놓게 되었습니다.

브라만이라는 세계를 보는 것은 평생 동안 아주 특별한 경험 중

하나입니다. 마치 지구 밖 우주로 나가서 경험해 보는 것과 같다는 생각이 들었습니다. 내가 자아가 아니라는 것은 실제로 지구 밖으로 내가 벗어난 것처럼 느껴집니다. 지구인이 아니라 중력이 없는 우주에서, 마치 생사가 없는 신의 세계처럼 그 속을 경험해 보는 것입니다. 이처럼 진정한 경험은 영원히 잊을 수 없습니다. 마치 하늘에서 첫눈이 내리는 날에 우연히 아름다운 첫사랑을 만나듯 신기한 경험이며 축복 받은 순간입니다.

소속은 지구인이지만 지구 밖을 여행한 우주인입니다. 고통이 있는 인간이지만 신들의 몸인 브라만이 내 몸임을 보게 되는 순간입니다. 이 순간이 이 세상의 시간이 아님을 느꼈습니다. 내가 전혀 모르는 신세계가 펼쳐졌습니다. 경험은 말로 말하여지는 것이 아니라 온몸으로 생생하게 살아 있는 체험이라는 것을요. 내 앞에 그토록 많은 선배들의 헌신과 노력들이 느껴져 존경의 눈물이 저절로 흘러 나왔습니다. 당신도 브라만이라는 세계 앞에 서 있기를 빌어 봅니다.

브라만의 세계 즉 공성의 세계가 펼쳐져 있을 때 당신은 진정한 진리의 구도자가 됩니다. 그러면서 요가의 길을 가는 공부하는 자격을 얻게 되는 중요한 순간임을 알게 됩니다. 인간으로 태어나서 이처럼 큰 영광은 없을것 같습니다. 인간의 세계에서 신의 세계로 가는 첫걸음을 비로소 시작하는 것이니까요. 저에게는 그렇게 느껴졌으며 요가를 공부하는 많은 선배들도 이러한 경험이나 순간을 비슷하게 경험하고 표현을 같이하고 있습니다.

힌두 경전인 바가바드기타처럼 반야심경이 불교의 심장 같은 경전임을 그때에 알게 되었습니다. 그리고 금강경이 지혜라는 빛의 칼로 어둠을 모두 베어 버리는 다이아몬드 같은 귀한 가르침의 경전임도 알게 되었습니다. 요가를 배운다는 일념하에 오쇼 성자의 가르침을 보이는 대로 배우는 중에 찾게 된 정말로 다시 없을 순간이었습니다.

또한 선배들의 안내서인 경전의 가르침이 어둠을 사라지게 하며 얼마나 큰 빛이 되는지 알게 되었습니다. 어둠과 빛의 세계가 같은 장소이나 오로지 가르침이라는 지혜의 등불을 스스로 사용하거나 이해했을 때 자신의 내면에서 도약이 일어나게 해 준다는 것을 말입니다.

지금 이 순간이 고통(어둠, 무지)이었으나 빛이 내리면 천국으로 변합니다. 밤이 지나고 아침 태양이 세상을 비추기만 하면 어둠이 걷히고 밝게 빛나는 세계를 보여 주는 일이 일어납니다. 브라만이라는 가르침이 저를 관통했습니다. 어둠의 몸을 지혜라는 빛이 관통합니다. 신이 빛으로 이 세상을 비추듯 그것이 일어나면 특별한 일이 일어납니다.

당신의 자의식은 '나는 몸'이라고, '나는 감정'이라고, '나는 생각이며, 기억이며, 마음이라는 이름'으로 늘 함께 축적된 것입니다. 그 자의식에 축적된 모든 것이 '나'이며, 그 '나'라고 여기는 동일시에 처음으로 틈이 생기게 됩니다.

한 줄기 빛이면 모든 것이 달라집니다. 그 작은 틈으로 빛이 들어옵니다. 빛을 내는 가르침의 한 순간이 자아라는 정체를 보여 줍니다. 그러면서 자신만이 알고 있는 고통의 정체를 거울 속에서 얼굴 대하듯 볼 수 있게 됩니다.

파란 하늘이 보입니다. 땅이 포근합니다. 나는 빛의 세례를 받아
자유의 세계를 보았습니다. 그 길을 따르며 갈 것을 다짐했습니다.
그 길을 가는 것이 사명이 되었습니다.

16. 보이는 모든 세계(자아가 보는)는 진짜가 아니라 가짜이다

우리는 왜 속박 속에서 살고 있는가? 인간의 에고 그 자체가 마야이다. 에고는 신이라는 태양을 가리는 구름과 같아 신의 빛을 가리며 스승의 자비에 의해서 구름이 제거되면 신은 그의 모든 영광을 드러내게 될 것이다.

마야의 환영이 옆으로 비켜서지 않는 동안은 창조물인 인간은 창조주인 신을 볼 수 없다. 마치 구름이 태양을 가리듯이 마야가 신을 가리고 있고, 구름이 걷히면 태양을 다시 볼 수 있듯이 마야를 걷어내면 신이 드러난다.

> 브라만을 알게 하는 것은 마야다. 마야가 없다면 누가 브라만을 알려 주겠는가? 높은 지혜의 성취와 저 영원한 결정을 우리들에게 가능하게 하는 것이 오직 마야가 있기 때문이다. 마야가 없다면 어떻게 이 모든 것을 꿈이라도 꿀 수 있겠는가? 이중성과 상호 연관성은 마야로부터 샘솟으며 이를 넘어서면 기쁨의 대상도 없고 기쁨을 느끼는 자도 없다.

> 『산다는 것과 믿는다는 것』, 마헨드라나드 굽타 기록, 일지사

이 책은 신에 대한 헌신으로 깨달음을 성취한 성자 라마크리슈나의 가르침을 기록한 책입니다.
라마크리슈나(1836~1886)는 인도의 역사에서 수많은 성자나 깨달은 분 중 가장 중요한 세 봉우리 중 하나라고 합니다. 크리슈나, 붓다에

이어 영혼의 하늘에 오른 세 번째 별이라고 니칼라 난다가 칭송하듯
인도 정신세계에서 독보적인 역할을 한 스승입니다. 특히 그는 제자
비베카난다가 1893년 세계종교회의에서 인도의 베단타 철학과
요가를 전 세계에 알리는 중요한 역할을 하도록 가르침을 전수한
공로가 있습니다.

이번에는 보이는 모든 세계가 마야 즉 이 세상이 모두 가짜이며
환영이라는 것을 직시하도록 알려 주는 것으로 구성했습니다.
바로 직전 15번 글에서 모든 세계의 실체가 브라만이라고 강조하여
이야기했습니다. 그런데 갑자기 어떤 깨달은 성자가 정반대의
가르침을 주고 있으니 혼란스러울 것입니다.

브라만 세계를 마음으로 받아들였고 그 세계가 존재한다는 사실을
믿음으로써 커다란 자유를 얻는 기쁨을 가졌습니다. 그 기쁨이
사라지기도 전에 이 세계가 모두 가짜라며 믿음을 뺏어 버리니 공부를
하라는 것인지 더욱 혼란스럽습니다. 이유가 무엇일까요? 브라만을
자신 안에서 받아들였다 하더라도 육체를 가지고 현실 세계를 사는
것은 다시 배워야 하기 때문입니다.

태어나 아이일 때 육체가 내 몸이지만 몸을 쓰는 법을 배우는 것이
중요합니다. 사람은 평생 서서 활동해야 하므로 서는 것과 걷는 것을
배우게 됩니다. 브라만이 자신의 내면에 있다 하더라도 내 현실
속에서 다시 익혀야 합니다. 만약 지금 나이가 30~40대라고 하면
대부분 결혼을 했을 것입니다. 직업도 있고 아이도 있고 형제도 있을
것입니다. 세상이라는 곳에서 물건도 사고 동료와 밥도 친구와 차도
마시고 때론 여행도 같이 갑니다. 보이는 세계에서 나는 어떤 역할을

날마다 해야 합니다. 역할을 하려면 생각을 해야 하고, 사는 일은
이 세상에서 끊임없는 생각으로 활동합니다. 마음에서 브라만을
보았다고 한다면 이 세상도 브라만이 되어야 하는데 어떻게 해야
할까요?

14번 글 자아란 무엇인가에서 자아를 배웠습니다. 그리고 15번
글에서 이 세상 실체는 브라만이라고 보았습니다. 16번 글에서는
보이는 세상은 모두 가짜이고 환영이라고 소개합니다.
자아란 무엇인가를 통해서 내가 보는 방법에 문제가 있음을
확인했습니다. 이 세상의 실체가 브라만이라고 하면서 진정한 평화와
자유가 있는 본질의 세계가 있음을 받아들이고 믿게 되었습니다.
그런데 왜 보이는 세상이 마야이고 가짜일까요? 이것의 의미는
브라만 세계의 눈으로 이 세상을 다시 보아야 한다는 것입니다.

보이는 세계는 물질 세상입니다. 사람이 있고 물질로 만든 문명과
정신으로 만든 문화가 있습니다. 지구 안에 산과 바다, 강과 동식물
등이 함께합니다. 그런데 자아가 진짜일 때에는 보이는 모든 세상이
실재한다는 것으로 보았습니다. 하지만 이제는 달라져야 합니다.
자아가 주인이 아니니 자아가 알았던 세계와 관계나 인식이 달라져야
합니다. 몸도 마음도 만들어진 것으로 알았습니다. 몸과 마음으로
연결된 하나를 나로 여기며 이 세상을 보았습니다. 몸과 마음으로
만든 나가 보는 세상은 어떻게 될까요? 진짜가 아니라 가짜가 됩니다.
보이는 모든 세상이 가짜이니 환영이라 해도 진실이 됩니다.

브라만을 보았다 하더라도 공부하는 사람은 그동안 자신이라고
여겼던 자아가 이 세상과 다시 관계해야 한다는 것을 찾아내지

못합니다. 브라만이 주는 가르침이 너무 크고 강렬하여 그것이 마치 공부 과정이 끝난 것처럼 느끼기도 합니다.

그런데 현실로 돌아오면 이 세상을 다시 보아야 합니다. 아트만(참나)의 눈으로 이 세상을 다시 보아야 합니다. 아트만은 만들어지지 않았다고 합니다. 그러니 처음부터 태어나지도 않고 죽음조차도 없게 됩니다. 시간이 아트만을 구속하지 못하고 공간조차도 가두어 둘 수 없다고 합니다. 그래서 아트만(브라만과 동일)의 세계에서 보는 세상은 결국 가짜라고 드러납니다.

이 세상을 다시 보아 주십시오. 자신을 자아로서 보지 말고 브라만의 일부로 보아 주십시오. 그래서 이 세상을 진짜라고 믿는 것에서 느슨해지십시오. 자신이 하고 있는 역할 즉, 나, 남편, 아들, 부모, 남자, 직업인처럼 세상과 관계된 모든 직함이 주는 활동에서 편안해지고 다시 관계하십시오.

이 장에서 이야기하려는 마야의 가르침이 조금 느껴지시나 모르겠습니다. 마야라는 환영이 그래서 필요한 것입니다. 브라만이라는 내면의 세계를 보았다 하더라도 인간은 몸을 가지고 현실 속에서 활동합니다. 내면의 세계를 이 세상에서 구현시켜야 합니다. 보이는 세계에서 자신이 평화로워야 합니다. 브라만의 세계를 현실 세계에서 몸으로 다시 인식해야 합니다. 참고로 브라만이나 브라흐만은 번역들이 다르게 표현하지만 같은 말임을 알려드립니다.

첫 번째 문장입니다.
우리는 왜 속박 속에서 살고 있는가? 인간의 에고 그 자체

가 마야다. 에고는 신이라는 태양을 가리는 구름과 같아
신의 빛을 가리며 스승의 자비에 의해서 구름이 제거되면
신은 그의 모든 영광을 드러내게 될 것이다.

마야의 환영이 옆으로 비켜서지 않는 동안은 창조물인
인간은 창조주인 신을 볼 수 없다. 마치 구름이 태양을
가리듯이 마야가 신을 가리고 있고, 구름이 걷히면
태양을 다시 볼 수 있듯이 마야를 걷어내면 신이 드러난다.

우리는 왜 속박이라는 고통 속에 살고 있을까요? 인간이 신을 보지
못하게 하는 것은 마야 때문이라고 합니다. 마야의 정체는 인간의
에고라고 명시하고 있습니다. 태양이 세상을 아무리 밝게 비춘다
하더라도 구름이 하늘을 덮으면 태양을 볼 수가 없습니다. 이것은
신이라는 빛나는 태양을 에고라는 구름이 보지 못하게 하는 것과
마찬가지입니다. 자아가 바로 에고입니다. 에고는 14번 자아란
무엇인가에서 밝혔습니다. 자아란 몸과 동일시하면서 살아온 모든
기억, 입장, 생각, 경험. 관계와 같이 사람의 인생 전체라고 할 수가
있습니다.

15번에서 이 모든 세상이 신의 세계 브라만이라고 했습니다. 하지만
이번 장은 보이는 모든 세계는 환영 즉 진짜가 아니라고 완전히
부정하고 있습니다. 사실 이 세상 모든 것이 브라만이라고 해도
혼란스럽습니다. 하지만 다시 보이는 모든 세상이 진짜가 아니라
환영이라니 무슨 황당무계한 이야기 입니까? 두 가지로 세상 보는
법을 어떻게 이해해야 할까요? 이 세상을 브라만에서는 모두
진실이라고 말하고 있습니다. 다른 하나는 보이는 세상 전체가 마야

즉 환영이라고 하니 정말로 답답해지고 막막해집니다. 우리는 왜 속박 속에서 살고 있을까요? 인간의 에고(자의식), 그 자체가 마야라고 합니다. 이 에고가 구름이 되어 신을 가리고 있다고 합니다.

마야는 실재하지 않는 환영이라고 합니다. 하지만 보이는 이 세상, 사람, 건물, 산과 강, 바다와 지구 같은 모든 것들이 환영이라고 하니 어찌 놀라지 않을 수 있겠습니까? 그것을 어떻게 쉽게 받아들일 수 있겠습니까? 이것은 마치 천동설을 믿던 중세에서 갈릴레오가 발견한 지동설 즉 지구가 태양 주변을 돈다는 것과 같은 경우입니다. 지동설과 천동설처럼 브라만의 세계와 마야의 세계는 내가 그동안 알고 있는 모든 가치관을 깨는 엄청난 사건입니다.

'요가'라는 책을 지어 세계적으로 요가를 널리 알리는 데 공헌을 한 미르치아 엘리아데는 인도의 문화에서 중요한 4요소가 있는데 카르마(업), 마야(환영), 요가(방법), 모크샤(해탈)라고 했습니다.

인도인의 정신세계나 모든 생활 문화에서 마야도 큰 축을 이루는 기둥입니다. 요가의 세계관인 '마야'는 우리나라 사람에게는 마치 중세의 지동설처럼 낯설지만 이제는 세상 사람들이 지동설을 일반적으로 받아들이는 것처럼 한 번쯤 마야라는 사상도 돌아보아야 할 것입니다.

두 번째 문장입니다.
브라만을 알게 하는 것은 마야다. 마야가 없다면 누가 브라만을 알려주겠는가? 높은 지혜의 성취와 저 영원한 결정을 우리들에게 가능하게 하는 것이 오직 마야가 있기 때문이다.

마야가 없다면 어떻게 이 모든 것을 꿈이라도 꿀 수 있겠는가?
이중성과 상호 연관성은 마야로부터 샘솟으며 이를 넘어서면 기쁨의
대상도 없고 기쁨을 느끼는 자도 없다.

에고(자의식)가 존재하는 것은 보이는 세계가 마야 즉 환영이라는
것입니다. 자의식의 기능은 구름이 되어 태양을 직접 볼 수 없게
만듭니다. 거대한 태양이 있다 해도 구름이 가리면 볼 수가 없습니다.
태양의 혜택을 누릴 수 없고 사용할 수 없게 됩니다. 이 말은
사람에게도 온전히 참된 세계인 브라만 세계를 전혀 만나지 못하게
하고 그 속에서 살아갈 수 없도록 하는 것입니다. 신기하게도 마야는
신을 보지 못하게도 하지만 진정 신을 찾게도 합니다.

라마크리슈나는 신을 보기 위해서는 다음과 같이 신에게 헌신하라고
알려 줍니다. 오직 신에게 헌신하십시오. 오직 신에 대한 열망하는
가슴과 신에 대하여 집중하는 마음 그리고 신에 복종하기 위한 명상
수련을 하라고 합니다.

마야는 신을 알게 합니다. 이것을 잊지 마세요. 마야라는 환영을 벗어
던질 때 브라만은 이 세상이라는 현실에서 다시 드러나는 것입니다.
마야가 신을 만나는 하나의 길이며 다리임을 제시하는 것입니다.

〈보충이야기 4, 보이는 세계는 모두 환영이다〉

브라만을 보고 난 후 나는 다른 사람이 된 줄 알았습니다. 우주에
나가서 지구를 보니 우주인이 된 것처럼 나는 그 체험이 지구 즉
현실로 돌아와도 유지될 줄 알았습니다.

그때의 체험은 한 6개월 정도 지속되었습니다. 직장을 다니면서도
모든 것이 평화롭고 여유로웠습니다. 아마도 27살 정도 되었을
쯤인데 아버지가 돌아가신 9살 이후 처음으로 편안한 잠을 잘 수가
있었습니다. 이제는 더 이상 배울 것이 없는 것처럼 느껴졌던 어느
날, 친한 동료가 나의 어떤 일을 지적한 후, 그로 인해 나는 감정에서
무언가가 일어났습니다.

6개월 동안 지속되었던 고요함이 깨진 것입니다. 이 세상에 다시
돌아오게 된 것이죠. 예전처럼 나를 힘들게 하지는 않았지만
세상의 규칙, 범주, 시간, 성별, 직업, 이름, 관계들이 여전히 단단히
묶여 있음을 인식했습니다. 물론 분명히 틈이 벌어져 있었지만
그것조차 불편했습니다. 더 배워야 할 것이 있는 것을 알았고 공부가
부족하다는 생각이 강하게 들었습니다.
그래서 다음 발자국의 자리를 찾아야 했습니다. 그렇게 여러 달을
고민하여 찾은 것이 이 세상은 '마야'라는 즉 환영(환상)이라는
가르침을 만날 수 있게 되었습니다.

앞에서 반야심경에서 말하는 공성이 브라만과 같다고 하였는데
마야는 금강경의 가르침 '이 세상은 이슬과 같고, 꿈과 같고, 신기루와

같다'는 것과 아주 유사합니다. 모두 이 세상이 환영(마야)이라는
가르침을 강조하고 있습니다.

보이는 세상을, 아니 이 세상에 살고 있는 '나'라는 구름이, 세상을
다시 보아야 하는 것을 알게 되었습니다. 지구 밖에서 중력 없는
곳에서 보는 것이 아니라 중력의 영향을 받는 나, 나와 세상과의
관계를 다시 시작해야 함을 배워야 한다는 것을 인식했습니다.
직장에 다니면서 감정의 기복이 일어나고 시비가 마음에서 일어나
평화가 깨집니다. 아직은 나의 배움이 계란처럼 연약하였는지
그냥 깨지고 만 것입니다.

직장에서 브라만을 잊지 않으려면 어떻게 해야 할까요?
돈에서 브라만을 기억하려면 어떻게 해야 할까요?

내가 하고 있는 아들, 남편 같은 역할에서 브라만을
기억하려면 어떻게 해야 할까요?

음식이 주는 맛의 쾌락에서 브라만을 기억하려면 어떻게
해야 할까요?

사람과 사람의 만남에서 자신을 위한다는 시비나 이해관계,
사랑과 미움, 성냄과 다툼같은 감정의 소용돌이에서 브라만을
기억하려면 어떻게 해야 할까요?

건물, 차처럼 보이는 물질이나 산과 바다 같은 자연의 혜택이나
불편에서 브라만을 기억하려면 어떻게 해야 할까요?

자신의 죽음이나 병, 늙어지는 것에서 브라만을 기억하려면
어떻게 해야 할까요?

이 세상의 실체가 바로 브라만의 세계임을 잘 배우시고 소중하게
간직하시면 됩니다. 그리고 브라만이라는 세계의 배움을 간직하면서
보이는 세계를 다시 보기 바랍니다. 그렇게 이 세상을 다시
보았습니다. 다시 보고 브라만의 실체에서 보이는 세상을 보니 시간이
모든 것을 알려 주었습니다.

시간이 지나면(조건이 다하면) 모두 사라진다. 그러니 모든 것은 결국
하나의 꿈과 같다. '모두 환영이다'라는 가르침이 진실이 되었습니다.
보이는 세상이 주는 여러 혜택이나 불편에 이끌려 혼란스럽지 않게
되었습니다. 그렇게 보이는 세상에서 구속받는 것이 무엇이며 그
구속에서 붙잡히지 않는 법을 배우게 되었습니다.

17. 쉬바 신의 112가지 명상 비법

쉬바여, 그대의 실체는 무엇인가?
형상으로 충만한 그리고 형상을 넘어선 이 삶은 무엇인가?

시간과 공간 저 너머 그리고 이름과 모양의 저 너머에
어떻게 하면 이를 수 있겠는가?

> 명상법 1
> 빛의 근원, 이에 대한 경험은 숨을 마시고 내뿜는
> 두 호흡 사이에서부터 시작된다.
> 숨이 들어오고, 들어온 이 숨이 다시 밖으로 나가기 직전,
> 바로 거기가 축복이 가득 찬 곳이다.

> 명상법 2
> 그대 앞에 오직 한 개의 대상만을 느껴라
> 〈이것〉 이외의 모든 대상들은 없는 것처럼 느껴라
> 그런 다음 이 대상에 대한 〈느낌〉마저 버려라
> 그리하여 자각만이 홀로 불타게 하라
> 이를 깨달으라.

『명상비법』, 오쇼 라즈니쉬, 일지사

탄트라에서는 '하는 것'이 '아는 것'입니다. 비그야나 바이라바
탄트라(Vigyana Bhairava Tantra)란 책의 원제목이며, 비그야나는

의식을, 바이라바는 초의식의 경지를, 탄트라는 방법을 의미합니다.

이 책은 5천 년 전부터 내려온 세계에서 가장 오래된 고대인도의 명상서로 어떠한 주의(主義)나 이념도 내세우지 않는 고도의 실천적인 방법만이 들어 있는 경전입니다. 대부분 사람들에게 익숙한 호흡 명상법부터 여성 분들을 위한 명상법까지 세상에 존재하는 모든 명상법을 112가지로 구분 소개하고 있습니다.

인도신화를 대표하는 3대 신 중에서 가장 사랑받는 신 중 하나가 쉬바입니다. 쉬바 신에게 시간 너머, 공간 너머, 신성의 세계에 이르는 방법을 질문하면서 이 책은 시작됩니다. 명상에 이르는 112가지 다양한 명상법 중에서 호흡을 이용한 명상법과 마음을 이용한 명상법으로 2개의 방법을 선택했습니다. 개인적으로 명상 방법을 접근하는 데 쉽고 활용이 용이한 방법이라고 생각이 들어서입니다.

첫 번째 문장입니다.
쉬바여, 그대의 실체는 무엇인가?
형상으로 충만한 그리고 형상을 넘어선 이 삶은 무엇인가?
시간과 공간 저 너머 그리고 이름과 모양의 저 너머에
어떻게 하면 이를 수 있겠는가?

이 세상에서 존귀한 쉬바 신이여, 당신의 실체는 무엇입니까? 그러한 질문을 먼저 한 이유는 그 답을 주고자 함입니다. 그러면서 쉬바의 실체를 밝히기 위해 '형상으로 충만한 그리고 형상을 넘어선 이 삶은 무엇인가?'라고 합니다. 이 세계는 형상인 모양으로 모든 실체를 드러냅니다. 그런데 모양을 넘어선 이 삶은 무엇인가에서 모양을 넘어서는 것이 진정한 실체임을 말해 줍니다.

그 실체를 조금 더 밝히기 위해 시간, 공간, 이름과 모양 너머에
실체가 있다고 답을 줍니다. 시간은 무엇일까요? 시간은 만물을
존재하게 하며 생명을 주관하는 신이라고 합니다. 과거, 현재,
미래라는 몸으로 활동하며 세상이 나타나고 유지되며 사라지게도
합니다. 빛으로 세상을 보여주며 어둠으로 감춰지게도 합니다.
봄, 여름, 가을, 겨울로 자연을 움직이며 생, 노, 병, 사로 사람을
움직입니다. 태양과 달을 운행시켜 낮과 밤을 만들어 일하고 쉬게
하는 생명 에너지의 끊임없는 계속성입니다. 시간을 넘어서는 것은
위의 조건을 벗어나는 것입니다. 과거, 현재, 미래라는 흐름이 끊기고
빛과 어둠이 없으며 애초에 생로병사가 없는 것입니다.

다음은 공간입니다. 공간은 보이지 않는 허공의 세계이며 물질을
현상에 드러나게 하는 바탕이 되는 것입니다. 보이는 공간도 물질이고
보이지 않는 허공도 물질입니다. 물질이 현상으로 나타나는 것이
형상이며 허공이 현상으로 드러나는 것이 빈공간입니다. 형상의
지속성이 바로 공간입니다. 공간을 넘어서는 것은 무엇일까요?
보이는 물질과 보이지 않는 물질인 허공을 넘어서야 할 것입니다.
형상의 지속성이 없는 여기라는 곳이 바로 공간을 넘어서는 것입니다.

이름과 모양은 무엇일까요? 이름은 사람이 만들었다고 합니다.
소리를 도구로 삼아 사람에게 유용하고 소통하기 위해 사용하는
것이 이름입니다. 형상이 세상에서 쓰일 수 있도록 하는 기술이
이름입니다. 모양은 시각을 통해 들어오고 인식하여 보이는
실체입니다. 모양에 소통하도록 표시를 하니 이름입니다. 세상에서

이름과 모양은 거의 한 몸입니다. 사람이 만들지 않아야 이름과
모양을 넘어서는 것입니다. 모양이 세상에서 쓰이지 않아도 모양을
넘어서는 것입니다. 지구 밖 우주라면 모양이나 이름이 중요하지
않게 될 것입니다. 우리나라에서는 국어가 꼭 필요하지만 미국에서는
소용이 없을 것입니다. 지구 안에서는 모든 인식체계가 소통이 된다
하더라도 우주인에게는 어떤 말을 해야 소통이 될까요? 이름과
모양은 둘 다 지구 안에서만 영향을 줄 수 있습니다.

시간, 공간, 이름, 모양을 넘어서는 것은 처음부터 만들어지지 않아야
합니다. 과거, 현재, 미래라는 몸의 지배에서 벗어나야 합니다. 아울러
지구 밖에 존재해야 합니다. 이러한 조건을 갖춘 세계가 바로 존재의
본체 즉 쉬바라고 합니다. 시간, 공간, 이름, 모양을 모두 넘어서게
하는 방법을 바로 명상이라고 합니다. 명상은 이렇게 대단하며
바로 신이 되게 하는 방법입니다. 존재 그 자체로 가는 방법이며
지구의 중력을 벗어나 인간이되 인간을 벗어나는 방법인 것입니다.
그러면서 지구 위의 모든 인류를 위해 친절하게도 112가지 명상
방법을 소개하고 있습니다. 이번에는 두 가지 명상법만을 소개하려고
합니다. 나머지 방법은 필요하신 분이나 관심이 생기신 분이 있다면
추가로 알아보셔도 좋을 듯 합니다.

두 번째 문장, 명상법 1입니다.
빛의 근원, 이에 대한 경험은 숨을 마시고 내뿜는
두 호흡 사이에서부터 시작된다.
숨이 들어오고, 들어온 이 숨이 다시 밖으로 나가기 직전,
바로 거기가 축복이 가득 찬 곳이다.

먼저 호흡을 이용한 방법입니다. 태어나자마자 모두가 저절로 익히는 것이 호흡입니다. 아무런 노력 없이도 할 수 있는 것이 호흡입니다. 또한 자연스럽게 아무런 저항도 없는 것이 호흡입니다.

여기 소개된 명상법은 단순합니다. 숨이 들어오고 나가는 사이(곳)가 빛의 축복이 있는 곳이라고 합니다. 숨을 들이쉴 때 그리고 숨을 내쉴 때 의식적으로 들어오고 나가는 한 순간(공간)을 찾으면 되는 것입니다. 이 방법에서는 숨이 들어오고 나가는 사이의 어떤 장소가 중요합니다. 두 눈을 감고 숨을 들이쉬고 내쉬면서 오직 그 장소를 찾아보시기 바랍니다. 어느 순간 그대는 빛을 만나며 도약이 일어납니다.

에너지가 들어오고 나가는 그곳에서 그대의 참된 에너지를 느낄 수 있습니다. 에너지가 들어오는 곳, 숨과 숨이 나가는 지점은 그대의 자의식(나라고 여기는 의식의 힘)의 힘이 작동되지 않는 곳(공간)이며 이곳에서 아트만(참 자아)이 작동하는 곳(공간)이 열리는 곳입니다. 당신이 바위처럼 단단하게 여기고 있는 '어떤 존재', 자신이라는 느낌이 사라지면, 그 순간 다른 무엇이 그대의 힘을 깨워주고 사용하도록 해줍니다.

세 번째 문장, 명상법 2입니다.
그대 앞에 오직 한 개의 대상만을 느껴라
〈이것〉 이외의 모든 대상들은 없는 것처럼 느껴라
그런 다음 이 대상에 대한 〈느낌〉마저 버려라
그리하여 자각만이 홀로 불타게 하라
이를 깨달으라.

다음은 마음을 이용한 명상법입니다. 먼저 그대 앞에 하나의 대상을
선택하고 오직 그 대상만 의식하라고 합니다. 이것은 집중 명상의
모태이며 시조가 됩니다. 그냥 하나의 대상만 의식하는 것이 바로
비밀입니다. 마음의 힘을 한 곳에 모으게 되면 마음은 하나의 의식이
되고 나라는 자의식이 어느 순간 작용을 할 수가 없게 됩니다.
자의식이 하나의 대상으로 잠시 사라지는 순간 내면의 공간이 열려
명상의 세계가 일어납니다.

그저 하나의 대상이 될 때까지 집중하여 경험하시기 바랍니다. 생각이
하나의 대상에 이르게 되면 생각은 그대의 기억에서 나오지 않게
되어, 생각이 또 다른 생각을 만들어 내지 못하게 됩니다. 높은 절벽
길을 걷게 되면 한 눈을 팔 수 없듯이, 오직 당신이 정한 대상에게 한
생각도 일어날 수 없게 하는 집중력이 어느 순간 일어나게 됩니다.
그러다가 감정, 생각, 마음, 기억이나 지각이 당신안에서 아무런
자극을 주지 못하게 됩니다. 그러면 그대 안은 그것으로 인한 더
이상의 불안, 불편, 미움, 좋음들의 흐름이 사라지고 그저 고요하고
평화로울 뿐입니다.

우리는 호흡과 마음을 익숙하고 편리하게 많이 씁니다.
태어나면서부터 죽음에 이르기까지 떠나지 않는 것입니다. 이 두
가지 중 하나라도 선택해서 방법을 배우면 인생을 편안하게 보낼 수
있습니다.

물론 이 책에는 두 가지 이외에도 110가지의 다른 명상법도 있으니
소개한 방법이 어렵거나 끌리지 않는다면 다른 방법을 찾아 주기를
바랍니다.

명상법은 신의 세계로 가는 이동 수단입니다. 내면의 세계이자 신성의 세계로 이동하려면 명상법 중 하나라도 익혀 사용해야 합니다. 외면의 몸이 육체라면 이제는 내면의 몸인 마음을 변형시켜야 합니다. 몸에 비만이 있듯이 내면 속의 생각도 비만이 있습니다.

태어나서 지금껏 살아온 모든 생각이 자아라는 한점으로 모여 당신이라고 여기는 것이 만들어집니다. 육체라는 몸을 중심으로 이름, 가족 관계, 자신의 이력, 성별, 친구와 직장처럼 나와 연관된 모든 것의 역사가 '나'라고 여기는 것이 됩니다. 태어나면서 아무것도 없던 나에게 나를 둘러 싼 살이 되고 비만이 되었습니다. 이것을 요가에서는 마음의 군살이라고 합니다. 이제는 나에게 덧붙어서 만들어진 그 살들을 빼야 합니다.

명상은 마음에 덧붙은 살인 생각이라는 군살을 빼는 최고의 방법입니다. 자아의 군살이 빠지면 바로 직전에 이야기한 '구름'이 옅어지고 작아지고 사라지게 되는 과정이 일어납니다. 이제부터가 진정한 수행이 시작되는 것입니다. 마음의 변형이 진정으로 일어나는 것입니다.

명상이 어떤 역할을 하는지 아래의 예와 체험을 통해 한 걸음 또 한 걸음을 나아갔으면 합니다.

〈보충이야기 5, 내면세계의 진정한 도약이 명상이다〉

지구 밖으로 나가려면 우주선이 필요합니다. 내면은 어찌 보면 또 다른 우주이기도 합니다. 또 다른 우주로 가는 데 명상은 비용이 아주 저렴합니다. 그저 당신의 호흡을 이용하거나 마음을 이용하면 되는 것입니다.

명상의 비용으로 쓰는 것은 시간, 관심이나 의지, 방법을 실천하는 것입니다. 당신도 자신에게 자유를 찾아 주는 명상이라는 우주선을 이용하시기 바랍니다. 중력이 없어 자신의 몸무게를 전혀 느끼지 못하는 지구 밖 우주처럼 자의식이 없는 내면으로 여행하여 아트만 (참 자아)에 이르기를 빌겠습니다.

지구에서 보이는 형상을 가진 생명체들은 움직이고 관계하고 성장했다가 사라집니다. 특히 보이는 세계에서 사람은 자신을 주인으로 여기며 살아가는 것이 '나'라고 합니다. 그리고 몸과 가슴, 마음을 통합하여 태어나면서 주어지는 이름 속에 모두 저장하고 축적된 그 전체를 나라고 하며 '자아'라고 합니다. 또한 자아를 의식하는 매 순간의 이어지는 활동을 '자의식'이라고 합니다.

보이는 현실 세계를 쓰는 법이 자아입니다. 자신을 모든 것의 주인이라고 여기며 살아갑니다. 물질과 사람과의 관계 그리고 자신의 몸, 가족, 일상생활을 위해서 하는 활동이 나 중심, 자기 위주로 끊임없이 자신을 위하며 사는 방식입니다. 몸이 있으면 생·노·병·사가 있듯이 몸과 함께 끝이 난다는 죽음의 고통을 태어나면서부터 운명으로 받았습니다.

아울러 현실 세계에서는 먹고 입고 자고, 자식을 부양하는 힘든 일을
해야 합니다. 또한 가족의 성장과 유지, 계승을 위해 치열하게 각자의
일터에서 살아가고 있습니다. 내가 사는 세상의 온갖 위협, 위험에
대한 두려움을 이기고 자신의 힘과 열정, 능력을 동원해 이해관계의
법칙에서 우위를 점하는 방식으로 사는 것이 우리의 세상이기도
합니다.

하지만 지구 밖에 우주가 있듯이 땅과 분리된 하늘은 예로부터
천국이나 죽음이 없는 곳이며, 요가에서는 모크샤, 불교에서는
니르바나인 자유세계로 대부분 사람들이 원하고 꿈꾸는 이상
세계였습니다.

서양에서는 현실 세계를 벗어나고자 지구 밖으로 우주선을 발사했고,
달에 인류의 발자국을 남기기도 했습니다. 특히, 우주를 관찰하는
천문학과 점성학, 현재에 이르러서는 허블 망원경을 필두로 성능 좋은
전파 망원경이 사용되고 있습니다.
사람이 먼저 가고 다음으로 수많은 위성을 쏘아 날씨를 관찰하고,
지형과 세상의 모습들을 낱낱이 우주 공간에서 보고 활용하고 있는
시대입니다.

동양에서는 일찍부터 우주의 세계를 내면이라는 곳으로 이동시켰고,
그곳을 찾은 이들을 스승이라 부르며 마치 서양의 과학자처럼
전문가이자 박사로 존경을 받았습니다. 그들은 탐구, 수행,
깨달음이라는 성취를 통해 고통 받는 땅위의 세계를 벗어나 천국을

실현했습니다. 이후 사람들을 만나고 다른 이웃들이나 멀리 타향이나 타국의 외국인까지 가르침을 널리 알리기도 했습니다.

빛의 세계를 보면 그 빛의 세계에 가고 싶어지고 살고 싶어집니다. 마치 천국을 바로 내 눈앞의 현실에서 구현하고 싶은 것이죠. 동양은 이처럼 몸에서 내면의 세계로 이동하여 자유로워지고 참된 자신을 발견하는 방법을 '명상'이라고 하였습니다.

명상은 집중 명상과 통찰(알아차림) 명상이 대표적입니다. 집중 명상은 마음을 하나의 대상에 집중하고 몰입하는 것이며, 통찰 명상은 마음이라는 내면세계에 오고 가는 현상들을 몸, 감정, 마음, 인생, 기억, 경험, 느낌이라 여기지 않으며 오직 제3자로 통찰하고 알아채는 방법입니다.

나에게 명상은 현실 세계를 뛰어넘는 위대한 장치이며 실천할 수 있는 방법이었습니다. 어찌 보면 모든 곳에 고통이 있는 이 지구를 벗어나는 진정한 우주선이며 위성이기도 했습니다.

'명상 비법'은 고대 인도의 명상 방법을 집대성한 위대한 요가 경전 중에 하나입니다. 명상을 공부하는 사람들에게는 세상에 나와 있는 모든 명상법의 시조이며 몸과 마음으로 할 수 있는 방법을 112개로 나열하여 놓았습니다. 자신에게 맞는 방법을 선택하고 해 보면 됩니다.

자의식의 정체를 알아채고 명상을 할 수 있게 되면서 나는 달라졌습니다. 눈으로 볼 수 있는 보이는 세상이 전부가 아니라 내

마음 안에는 내면의 세계가 존재하며, 그 세계를 살고 있는 또 다른
나가 있음을 알게 되었습니다.

이때부터 나는 세상을 제3자가 되어 볼 수 있었습니다. 내 앞에서
일어나는 모든 것들에서 마치 내가 기사가 되어 바둑을 두고 있으나
관객이 된 것처럼 분리감이 일어나고 동일시를 할 수가 없어졌습니다.

나의 생각, 감정, 심지어 먹을 때나 사람을 만나면서도 온갖 반응들이
하나의 외투처럼 나와 다른 실체가 느끼고 사용하는 것처럼 변화하고
있었습니다. 그러면서 모든 것에서 일어나는 동일시에서 순수하게
깨어나고 사용될 수 있게 노력했습니다. 내면 세계의 스승이라는
분들의 가르침을 되새기며 집에서 홀로 있는 시간을 오로지 명상하고
명상하며 계속해서 익혀 나갔습니다.
오쇼라는 스승을 접하고 불교, 선, 기독교, 수피즘, 하시드즘, 도교를
공부했습니다. 그동안 전혀 알지 못했던 시크교, 자이나교, 인디안
가르침, 이집트 전통인 헤르메스, 구제프와 신지학도 찾아보게
되었습니다. 심지어 과학, 철학, 소설, 생물학, 고고학, 신화, 성,
의학등 다양한 분야에서 인간의 뿌리가 무엇인지 찾고 찾았습니다.

그러는 중에 때때로 이름난 국내의 수행자들도 찾아가 그들이
추구하는 다양한 방법과 내면세계를 직접 확인하고 배우는 시간도
가졌습니다.

그렇게 명상이라는 내면의 세계를 가고 또 갔습니다. 매일 매일
배우고 또 배웠습니다. 때로는 확인하고 조정도 하면서 한 걸음씩
나아갔습니다. 그러다가 어떤 이정표나 힌트를 만나 한 걸음이라도

나아가는 것을 확인하면 마치 사막에서 오아시스를 만난듯 갈증이
해소되고 황홀했습니다. 그렇게 실력을 쌓아 가며 높은 산을 오르듯
올라갔습니다.

18. 참나(진아)는 무엇인가?

참나(진아)는 무엇일까요?

그것 안에서 이 모든 세계가 존속하며,

그것이 이 모든 세계를 소유하며,

그것으로부터 이 모든 세계가 일어나며,

그것을 위하여 이 모든 것이 존재하며,

그것에 의하여 이 모든 세계가 존재하게 되었으며,

그것이 실로 이 모든 것이기도 한 것,

오직 그것만이 존재하는 실재이다.

『진아여여』, 데이비드 가드먼 편, 자기 탐구회

이 책은 침묵의 성자이며 베단타 요가의 스승이기도 한 라마나
마하리쉬와 그의 가르침을 받기 위해 아쉬람으로 찾아온
구도자들과의 문답을 정리한 책입니다. 오쇼, 크리슈나무르티와
더불어 현대 인도의 3대 영적 스승입니다. 요가를 하는 사람이라면
대부분 이름을 한 번쯤 듣거나 접한 성자입니다.
국내에는 탐구사라는 출판사에서 라마나 마하리쉬의 대부분의 저작을
전문적으로 소개하고 있습니다. 요가의 세계에서는 너무나 잘 알려진
스승이라 소개는 이 정도로 하겠습니다.

하지만 나에게는 너무나도 귀한 스승입니다. 진정한 참자아의 세계를
일러 주신 스승입니다. 저의 모든 고통을 진정으로 멈추게 해 주신

스승입니다. 아마도 많은 분들이 도움을 받았다는 생각이 듭니다.
그분의 얼굴은 널리 알려져 있으며 눈을 보고 있으면 명상의 세계가
열리기도 합니다. 그분을 직접 대하지 않았다 하더라도 그분의 사진을
본 사람들은 신기한 힘이 자신을 침묵으로 인도하며 깊은 명상을
체험하도록 한다는 것입니다. 나도 비록 사진이지만 그분의 얼굴을
대면하고 침묵이 일어나는 것을 느꼈습니다. 특히 제 나이 37살쯤
'라마나 마하리쉬와의 대담'이라는 책을 약 백 일 동안 읽고 매일
명상을 하였는데 그때 어떤 세계가 나를 비약하도록 하였습니다.
오랜 세월 고통 속에서 살았던 내가 다시 태어났다는 것이 맞는 것처럼
편안했습니다. 머리 안의 생각이 참으로 멈췄다는 것을 느꼈습니다.
하늘이 파랗고 바람이 시원했습니다. 그렇게 마하리쉬의 가르침이
나를 완전히 달라지게 했습니다. 나에게 진정한 평화를 선물로
주신 가르침을 큰 감사와 존경을 담아 절을 올리며 여러분들에게
부족하지만 나의 의견을 보이도록 하겠습니다. 먼저 본문입니다.

참나(진아)는 무엇일까요?

그것 안에서 이 모든 세계가 존속하며,
그것이 이 모든 세계를 소유하며,
그것으로부터 이 모든 세계가 일어나며,
그것을 위하여 이 모든 것이 존재하며,
그것에 의하여 이 모든 세계가 존재하게 되었으며,
그것이 실로 이 모든 것이기도 한 것,
오직 그것만이 존재하는 실재이다.

진아란 무엇일까요? 진아 안에 모든 세계가 존재한다고 합니다.

진아만이 모든 것을 소유한다고 합니다. 진아로부터 모든 것들이
일어난다고 합니다. 진아를 위해서 모든 것들이 존재한다고 합니다.
진아에 의해서 모든 것이 존재하게 되었다고 합니다. 진아만이 결국
모든 것이며 오직 진아만이 존재하는 실재라고 합니다. 진아는 바로
아트만입니다. 오직 진아밖에 없다고 합니다. 알아야 할 모든 것이
진아입니다. 진아를 알면 결국 모든 것을 알게 되는 것입니다. 나는
누구인가? '나는 진아다'가 답이 됩니다.

그러면 당신에게 질문을 드리겠습니다. 당신은 누구입니까? '나는
진아입니다'라고 답이 되겠습니까? 모든 것의 시작이 진아입니다.
모든 것의 끝도 진아입니다. 물론 시작과 끝을 말하려고 하는 것이
아니라 오직 진아만이 실재한다고 말을 하려는 것입니다. 이해하는
모든 것이 진아입니다. 배워야 할 모든 것이 진아입니다. 다른 것이
없다고 합니다. 진아만이 있다고 합니다. 그런데 우리는 왜 그런
진아를 전혀 보지 못할까요? 이번 기회에 마하리쉬의 가르침을 잘
보아 주셨으면 좋겠습니다.

신을 만나기 위해서는 자아(에고)라는 무지의 구름을 날려 보내고
걷어 내야 합니다. 구름에 작은 틈이나 구멍이라도 생긴다면 태양
빛은 그 틈새를 통과해 땅에 도달합니다.

나는 누구인가요? 태양(브라만)의 빛이 나에게 전달되면 내면의
'진아'가 드러납니다. 자아라는 구름은 항상 존재하지만, 어느
순간 지혜의 바람이 불기 시작하면 틈이 생기기 시작합니다. 또
다른 경우는 구름이 점점 옅어져 빛의 열기나 빛이 비춰져 자신이
에고라는 것을 고집할 수 없게 만듭니다. 자아(에고)를 녹여 마치

아침의 이슬처럼 순간 빛으로 사라져 버리도록 합니다. 아지랑이나 무지개처럼 아무런 이유가 없이 본래 없었던 것처럼 어느 순간 사라져 버립니다.

이 세상 모든 사람들에게 '나는 누구인가'라는 질문을 하게 되면, 나는 존재하는 자각 즉 '참된 앎'만이 남게 됩니다. 마치 용광로에 원석을 넣으면 순수한 철만이 남아 있듯이! 그럴 때 지혜의 요가에서는 그것을 '진아(아트만)'라고 합니다.

진아에 도달하면 이 세상의 모든 공부는 끝이 납니다. 요가의 완성이자 깨달음을 표현하는 살아 숨쉬는 세계의 살아 있는 실체를 담고 있는 표현입니다.

진아는 자아의 반대말이 아닙니다. 부분적인 작은 세계에서 우주적인 넓은 세계로, 자유와 평화만이 존재하는 전체적인 세계로의 확장입니다. 아트만(진아)은 개인 내면에 존재하는 신성이며, 브라만은 우주 전체 즉 이 세상 모든 것에 존재하는 '우주적 진아'입니다. 한 개인으로 볼 때에는 아트만(진아)이라고 하는 것이고 이것을 얻기 위해 요가를 하는 것입니다. 요가의 마지막이 진아의 세계입니다. 꼭 그 세계를 만나기를 기원드립니다.

〈보충이야기 6, 참나를 비로소 만나다〉

명상법을 배우고 나서 나는 요가의 목적이 분명해졌습니다.
내게 요가는 부분적인 자아에서 전체적인 자아로 확장하는 것이
되었습니다. 보이는 세계에서 보이지 않는 신성의 세계까지 넓어지는
것이 되었습니다. 구름에 가려 제대로 보지 못했던 세계를 태양의
빛이나 지혜의 빛 또는 명상이라는 방법을 통해 구름을 날려 버리는
것이 되었습니다.

그때부터 살아 숨 쉬는 일이 달라지게 되었습니다. 한 인간으로
왔다가 인간을 초월하는 세계로 이동하는 것입니다. 나에게는 그
과정이 다음과 같이 일어났습니다.

명상의 시간이 삶이 되었고 삶이 이제는 명상이 되었습니다. 직장을
다니면서도 나의 내면은 점점 고요해졌습니다.

당시 어느 경전을 공부하던 중에 만났던 구절입니다. '이 세상은
잠시도 쉬지 않고 불타고 있다. 당신의 몸이, 감정이, 그리고 마음이
불타고 있다. 그러다가 생명이 불타고 나면 아무것도 남지 않는다'는
가르침을 간직하면서 늘 나를 채찍질 하였습니다. 그렇게 단 한
순간도 쉬지 않고 정성을 담아 공부를 했습니다.

명상의 세계를 찾은 이후 오로지 내 삶은 참자아를 발견하는
것이었습니다. 아버지가 돌아가신 후부터 생긴 마음의 병을 반드시
고치고 건강해지고 싶었습니다.

살아 있는 동안에 무언가를 알고 싶었습니다. 그런데 잠시도 쉬지 않고 목숨이 불타고 있다는 두려움의 불길이 생생하게 이글거리는 집중이 되고 공부가 되어 한 순간도 쉬지 않고 가르침에 매진했고, 경계를 넘어 내면의 소리가 들려왔습니다. 그때에 내 안에서 일어났던 소리입니다. (『쉬운 명상』, 좋은땅 출판에 소개되어 있습니다.)

있다는 것은 그대를 아는 것

무엇이 있으면 항상 무엇보다
먼저 있는 것은 그대(아는 자)이다

그대가 있어야 그다음이 있다

그대가 없으면 그다음이 없으며
결국 모든 것이 없는 것이 된다.

그대가 있을 때
무엇이 생기며
무엇이 모여 세상이 된다.

그대가 없으면
모든 것은 사라진다.
아무 것도 남김없이
그러면 실제 있는 것은

무엇인가

바로 그대이다.

2004. 6. 여름날에

나는 나였지만 내면이 바뀐 나를 보면서 눈물이 났고, 가르침과
배움의 시간을 통해 진정한 나를 찾고 보게 되었습니다. 그동안
살아오면서 배움의 시간들이 흘러갔습니다.

9살, 아버지를 보내고 가장의 책임을 무겁게 지었습니다.
11살, 새아버지가 찾아오고 현실이 지옥이 되었습니다.
15살, 마음이 너무 아파 '적극적 사고방식'이라는 책에서 '긍정'이라는
약을 처음으로 먹었습니다.

16살, 채근담이라는 책에서 상처로 날카로워진 감정을 따뜻한
'화기'라는 것을 통하여 따뜻하게 감사하도록 하였습니다.
17살, 하타 요가 책을 통하여 아사나 동작을 수련했고, 이때부터 단전
호흡을 전문적으로 수련했으며, 논어를 비롯 동양 철학과 도가의
경전을 배우는 시간이었습니다.

23살, 군대에서 인도 요가 성자인 바바하리다스 '성자가 된 청소부'의
가르침으로 정화를 배웠습니다.
24살, 제대 후 직장을 잡아 가족들을 부양하면서 살아가는 생존
능력을 겸비했습니다.

25살, 성자 오쇼 라즈니쉬를 소개받아 '까비르의 명상시'를 구해
보다가 명상의 길을 가고자 결심했습니다.
27살, 크리슈나무르티의 '자기로부터의 혁명'과 '아는 것으로부터의 자유',
오쇼의 반야심경, 라마나 마하리쉬의 '나는 누구인가'를 통하여 내 고통의
원인인 자아를 발견하고 참자아를 찾는 것을 시작할 수 있었습니다.

28살, 요가경과 금강경, 바가바드기타, 명상 비법 같은 경전을 보면서
주시(통찰) 명상이 일상에서도 가능해졌습니다.
37살, 마하리쉬와의 대담, 마하라지의 '아이 앰 댓(나는 그것이다)'
이라는 가르침을 배워 '나는 있다는 것이다'라는 것을 비로소 체험하며
명상가로 다시 태어나게 되었습니다.

38살, 우파니샤드, 바시슈타 요가, 불이해탈이라는 갸나 요가의
가르침으로 다른 사람들과 나눔의 시간을 본격 가졌습니다.
39살, 후배를 만나 같은 길을 가게 되었으며 후배의 삶의 짐을
해결하고자 시간을 가졌습니다.

50살, 세상의 의무에서 벗어나 명퇴를 하고, 임서기 휴식의 시간을
가지게 되었습니다.
53살, 명상가로서 라자(명상)요가와 갸나(지혜) 요가를 세상에서
가르치는 유랑자의 역할을 정하고 '쉬운 명상, 땡큐 명상, 노사부의
행복 노래'라는 3권의 책을 통해 배운 것을 세상에 보여 주고 소통하며
전달할 수 있는 도구를 마련하였습니다.
58살 현재, 요가의 세계로 명상가의 길을 가고 있습니다.
물이 흐르듯이 구름이 바람에 날리듯이 이리저리 움직이고 있습니다.
삶이 명상이며 명상이 삶이 되어 살아갑니다.

19. 무엇을 알아야 모든 것을 알 수 있습니까?

불멸의 참자아 브라만은
모든 것을 주시하고 있는 자이며,
모든 것을 아는 자이다.

그 자신 속에서 모든 것을 보며
모든 존재 속에서 그 자신을 보는 사람,
이 모든 존재와 자기 자신을 나라고 느끼는 사람,
브라만의 이 동질성을 깨달은 이에게는
그 어떤 환영도 슬픔도 더 이상 없다.

　참자아를 완전히 깨달은 사람은
　삶에 의문이 생기지 않는다.
　그들은 에고의 의지를 내 버림으로써
　완전한 평화의 상태에 이른다.
　그들은 모든 것 속에서 브라만을 보며
　무슨 일을 하든지 브라만을 위해서 일한다.
　그들은 브라만 속으로 들어가
　영원히 그와 하나가 된다.

　　　　　『우파니샤드』, 석지현 역주, 일지사

지구 위에 태양이라는 빛을 선물하고 사람들에게 자유라는 선물을
찾아준 보물 같은 스승들이 있습니다. 길가에 들풀처럼 아무런 이름을

남기지 않은 스승들입니다. 바람처럼 왔다가 먼지처럼 사라져 간 스승들입니다. 아무 것도 없는 곳에서 왔다가 아무 것도 없는 곳으로 사라진 듯합니다. 수많은 이들이 있었습니다. 한 사람이 아니라 모두가 이름을 남기지 않았습니다. 이들의 숨결이, 손짓이, 몸동작이 만들어 낸 인류의 위대한 등불이 우파니샤드입니다. 우파니샤드는 우리말로 '스승 곁에 아주 가까이'라는 뜻입니다. 베다는 신의 지혜라는 뜻이며, 이 경전은 인도인들이 어려서부터 배우고 평생을 익히며 살아가는 지침입니다.

인류의 시작과 끝, 세상의 창조와 소멸의 법칙, 죽음이라는 세상의 사라짐, 부분적인 자아와 전체적인 참자아를 보여 주며 찾는 방법까지 다양하게 보여줍니다. 위대한 가르침이자 성자들의 성지가 바로 우파니샤드입니다. 성지는 성자가 태어나는 곳뿐만 아니라 가르침이 살아 숨쉬는 경전입니다. 경전이 살아 있는 곳이 성지이며 사원입니다.

인류가 찾아 낸 가장 중요한 성지 중에 하나가 이곳입니다. 동서양을 구별할 것이 없습니다. 인도라는 특정한 곳의 소유물이 아닙니다. 모든 인류의 것이지요. 그래서 이름조차도 남기지 않았는지 모르겠습니다. 누구도 소유권을 주장할 수 없게끔 처음부터 이 책들의 모든 저자는 이름을 쓰지 않았습니다.

당신이 이 성지의 주인이라고 말해도 괜찮습니다. 이 성지는 인류 전체의 것이며 만일 당신이 찾은 성지는 당신만의 자유를 선물할 것입니다. 인류 공동의 성지입니다. 명상 세계의 성지가 존재하는 방식이기도 합니다.

첫 번째 문장입니다.

불멸의 참자아 브라만은 모든 것을 주시하고 있는 자이며,

모든 것을 아는 자이다. 그 자신 속에서 모든 것을 보며

모든 존재 속에서 그 자신을 보는 사람,

이 모든 존재와 자기 자신을 나라고 느끼는 사람,

브라만의 이 동질성을 깨달은 이에게는

그 어떤 환영도 슬픔도 더 이상 없다.

브라만은 우주적 진아입니다. 개인적인 진아는 아트만이라고 합니다.
브라만과 아트만은 그 성질이 모두 같습니다. 단지 이름에 따른
세계의 구별이 다를 뿐입니다. 달리 말하면 보면 아트만이 브라만이며
브라만이 아트만입니다. 영원한 참자아 브라만은 모든 것을 주시하며
모든 것을 아는 자입니다.

그 자신 속에서 모든 것을 보며, 모든 것에서 그 자신을 보는 사람이
브라만을 아는 사람입니다. 브라만을 아는 사람은 브라만의 동질성을
알며 그것은 모든 슬픔이나 환영을 더 이상 없게 한다고 합니다.
브라만을 아는 것이 결국 모든 우주를 아는 것입니다. 모든 우주를
알면 모든 우주에서 자유롭게 됩니다. 그래서 어떤 마야(환영)나
슬픔도 브라만을 아는 사람을 건들지 못한다고 하는 것입니다.

두 번째 문장입니다.

참자아를 완전히 깨달은 사람은 삶에 의문이 생기지 않는다.

그들은 에고의 의지를 내 버림으로써 완전한 평화의 상태에 이른다.

그들은 모든 것 속에서 브라만을 보며

무슨 일을 하든지 브라만을 위해서 일한다.

그들은 브라만 속으로 들어가 영원히 그와 하나가 된다.

브라만을 아는 사람은 삶에 대한 모든 의문이 사라져 더 이상 생기지
않는다고 합니다. 에고가 완전히 버려져 완전한 평화의 세계에
존재한다고 합니다. 그러면서 오직 브라만을 보며 브라만을 위해
일하고 브라만 속으로 들어가 완전히 하나가 된다고 합니다. 브라만이
되면 오직 브라만의 활동만이 가능해집니다. 사람이지만 브라만이
되는 것입니다. 사람의 행동이나 의지, 선택, 결정들이 모두 브라만이
되는 것입니다. 우파니샤드 경전의 종지이니 믿어도 될 것입니다.
우리는 사람으로 왔지만 브라만속으로 녹아서 하나가 되어야 합니다.
모든 가르침의 끝이 이 문장에 모두 담겨져 있습니다. 이보다 더 높고
더 완벽한 가르침은 세상에 없다고 합니다. 인류 최고의 경전이며,
인류 최상의 가르침입니다. 이제 배움이 모두 끝이 납니다. 이 이상의
가르침이 없기 때문입니다.

명상이 무엇일까요?
나의 내면에 잠들어 있는 참나를 다시 만나는 것입니다.

명상가는 어떤 사람일까요?
일상에서 참나로 살아가고 때가 되면 떠나는 자입니다.

사람들은 작은 아이로 태어나 참다운 인간인 명상가가 되어야 합니다.
만일 명상가가 된다면 이것보다 신에게 감사한 일이 더 없는 것처럼
의미가 특별합니다. 이러한 일들은 모두 이 세상에 먼저 와서 빛의
세계를 발견한 스승들의 덕분이라고 생각됩니다.

명상가로서 우파니샤드의 성지를 밝히는 것이 너무 감사합니다.
아무것도 모르는 자로 왔다가 아는 자로 살 수 있도록 한 가르침의
선배들이 감사합니다. 모든 인류가 이 성지를 발견하고 그 곳의
가르침을 통해 빛의 세계에 살기를 바랍니다.

이 장에서는 다른 설명은 하지 않고 저의 4편의 시(존재, 명상은
『노사부의 행복 노래』에서 선정, 좋은땅)로 대신할까 합니다. 요가의
체험과 공부가 깊어졌을 때 적은 글들로 잠시 쉬어 가면서 마인드
요가에 도움이 되고자 하였습니다.

존재

그저 있음이다.
있다는 것이다.

있음의 있다는 것의 자각이다.
있다는 것은 자각의 다른 표현이다.

모든 것의 시작은 존재, 있다는 것이다.
모든 것의 끝도 존재, 있음일 뿐이다.

존재를 나라고 하면 나는 있다는 것이다.
나는 있다는 것의 자각이다.

하나인 것은 시작과 끝, 하나이며 전체이다.
모양과 분리, 만들어진 것이 아무 것도 없다.

아무 것도 알 수 없는 것이 있다는 것이다.
오직 하나이며, 있다는 것의 자각일 뿐이다.

지혜

요가에서 사람의 4번째 신체이며 빛이라 이름합니다.
지혜(빛)는 자아(구름)를 벗어나게 하며
자아의 정체를 바르게 볼 수 있게 하는 힘입니다.

태양(아트만)에 의해 내면에서 일어나는 것이 빛(지혜)이라
내면세계를 알아볼 수 있게 하는 힘이 되며,
구름(자아)의 구속인 동일시(몸, 감정, 생각, 마음 등)에
틈을 만들고 해체 작용을 합니다.

나를 몸, 감정, 마음이라고 여기는 동일시(감옥, 고통)에서
벗어나게 하니, 사람들과 부딪치지 않고 섞이지 않으며
제3자로 자신을 대하듯 세상에서 관찰자로 살 수 있습니다.

신이 주신 지혜(인간의 4번째 신체)를 쓰게 될 때
진정으로 자신을 보게 되어 자유로워지고,
참나(아트만)의 활동과 혜택을 경험하게 됩니다.

이때부터 지혜를 쓰는 명상가라고 부르며
삶과 일상이 명상이 됩니다.

지혜는 모든 사람들의 권리이며 의무입니다.
당신이 지혜이며 빛이 되어 살아가게 됩니다.

명상

대상과 하나 되어 자의식이 없어지는 흐름이다.
내면의 나를 만나 세상이 사라지는 공간이다.

음악을 들으면 소리가 되는 것이다.
춤을 추면 춤이 되는 것이다.

걸으면 걸음이 되는 것이다.
차를 마시면 차가 되는 것이다.

꽃을 보면 꽃이 되는 것이다.
가르침을 들으면 가르침이 되는 것이다.

눈을 감으면 텅 빈 허공이 되는 것이다.
숨을 쉬면 숨과 하나 되는 것이다.

뜻을 생각하면 뜻이 되어 흐르는 것이다.
대상이 무엇이든지 대상의 공간이 되는 것이다.

명상은 나일 때 나만 남는 것이다.
대상을 대하면 오직 대상만 있을 뿐이다.

나에서 대상으로 하나가 되는 것이다.
나는 없어지고 자각, 깨어 있음만 활동한다.

마인드 요가

참나를 아는 것입니다.
내면의 태양(아트만)을 밝혀 빛(지혜)으로 사는 것입니다.

자아는 보이는 세상의 주인입니다.
하지만 태양(아트만)을 가로막는 구름입니다.

마야는 보이는 세계입니다.
자아가 경험하는 모든 세상입니다.

명상은 자아가 구름임을 알게 합니다.
태양(아트만)이 존재하는 내면세계에 이르게 합니다.

빛(지혜)은 구름(자아)을 흩어지거나 사라지게 합니다.
내면에서 일어나는 새로운 세계이며 경험입니다.

태양(아트만)은 내면세계와 빛의 주인입니다.
사람에게 신성의 세계를 보여주는 모든 것입니다.

삶이 명상이며 명상이 삶이 되는 방법이
마인드 요가입니다.

20. 세상과 그대

세상

나는 그대에게 지금 있는 이곳이 유일한 세상이라고 선언한다.
사후 어딘가에, 일곱 빛의 하늘 너머 천국에 다른 삶이 있을
거라고 생각지 말라. 그것은 환상일 뿐이다. 다른 세상이란
존재하지 않기 때문에 모든 노력도 수포로 돌아갈 것이다.
따라서 어떤 구도자도 세상을 떠나서는 안 된다. 이곳에서
도망쳐서는 안 되며, 이곳에서 깨달음을 얻어야 한다.

그대

명심하라. 신은 그대를 창조했다. 그대는 불필요하거나 우연한
존재가 아니며 또 다른 '그대'는 세상에 없다. 그대는 세상에
하나뿐인 존재이다. 신은 전에도 그리고 앞으로도 그대와
똑같은 사람을 만들지 않을 것이다.

『더 북』, 오쇼 라즈니쉬 지음, 들녘

처음과 끝은 시작이자 완결을 의미합니다. 처음과 끝은 동전의
양면처럼 떨어져 있지 않고 항상 붙어 있습니다. 사람과 세상도 결코
분리되어 있지 않습니다.
사람에게 이 세상은 유일합니다. 또한 세상도 사람이 유일합니다.

몸과 마음처럼 사람과 세상은 결코 분리되지 않습니다.

첫번째 문장, 세상입니다.
나는 그대에게 지금 있는 이곳이 유일한 세상이라고 선언한다. 사후 어딘가에, 일곱 빛의 하늘 너머 천국에 다른 삶이 있을 거라고 생각지 말라. 그것은 환상일 뿐이다. 다른 세상이란 존재하지 않기 때문에 모든 노력도 수포로 돌아갈 것이다. 따라서 어떤 구도자도 세상을 떠나서는 안 된다. 이곳에서 도망쳐서는 안 되며 이곳에서 깨달음을 얻어야 한다.

세상은 당신이 살고 있으며 살아가는 유일한 곳이라고 합니다. 죽음 이후 천국도 없고 다른 삶도 없습니다. 그러니 사람이라면 반드시 살아 있는 동안 깨달아야 한다고 합니다. 요가를 하는 사람이라면 아트만을 알아야 하는 것입니다. 어떤 요가를 하더라도 오직 살아 있는 동안에 가능하다는 것을 잊지 말았으면 합니다. 당신에게 주어지는 유일한 기회라고 선언하고 있습니다.

두 번째 문장, 그대(당신)입니다.
명심하라. 신은 그대를 창조했다. 그대는 불필요하거나 우연한 존재가 아니며 또 다른 '그대'는 세상에 없다. 그대는 세상에 하나뿐인 존재이다. 신은 전에도 그리고 앞으로도 그대와 똑같은 사람을 만들지 않을 것이다.

신이 당신을 창조했다고 합니다. 당신은 우주에서 오직 하나뿐인 특별한 존재이며 사람입니다. 그리고 앞으로 당신 같은 사람은 영원히 없을 것이라고 합니다. 당신은 특별합니다. 당신이기에 특별합니다.

그것이면 됩니다. 그러니 당신이 살아 있는 동안에 당신은 아트만을 만나고 알아야 하는 것입니다. 신이 당신을 창조한 이유는 오직 아트만을 알아야 하기 때문입니다. 세상과 당신은 결코 분리되지 않았음을 알아야 합니다. 당신과 세상은 새로운 의미로 살아야 하며 관계하고 존재하여야 합니다. 이제 지나온 가르침이라는 발자국을 돌아 볼 것입니다.

제2장 세상 마인드에서 '나는 내가 무엇을 모르는지 모른다'에서 우파니샤드의 '무엇을 알아야 모든 것을 알 수 있습니까'라는 지혜의 완성까지 어떤 커다란 흐름을 보았습니다. 아무것도 알 수 없는 처음(모름)에서 모든 것의 완결이며 끝을 알려주는 브라만까지 보았습니다. 그럼에도 나는 다시 지금 이곳에 서 있습니다.

참 아이러니합니다. 완성의 자리이나 바로 시작의 자리로 돌아온 것입니다. 시작의 자리가 끝을 결정하고 도달하게 하지만 끝은 또한 다른 무엇의 시작이자 처음이 되는 것입니다. 이렇게 모든 만물은 순환합니다. 결코 멈추는 법이 없습니다. 그러니 그 흐름 속에서 자유로워야 합니다.

세상은 우리에게 자신을 진정으로 아는 기회를 깨달음이라는 것으로 제공하고 있습니다. 자아라는 장치를 통해 구름으로 덮인 마야의 세계(보이는 세상)를 마음껏 알아보도록 하였으며 또한 마음대로 살게 하도록 합니다.

세상의 길에서는 마야나 자아의 세계가 진실이고 답이 됩니다. 하지만 내면의 길에서는 아트만(진아)이나 브라만이 답이 됩니다. 마음을 가진 세상의 길과 마음을 넘어서는 내면의 길을 걸어 보았습니다.

배움이 깊어지고 완성되면 그대는 자신의 삶을 유랑기의 지도자인 명상가의 삶으로 살아가야 합니다. 세상 속에 살아가나 세상을 벗어나 신성의 세계이자 내면의 주인인 아트만을 중심으로 살아가는 것입니다. 웃을 때 웃고 울 때 울음이 됩니다. 말할 때 말하고 들을 때 듣게 됩니다. 사랑할 때 사랑이 되고 미워할 때 미움이 됩니다. 삶의 길에서 그대는 흔적이 남지 않습니다. 그냥 푸른 하늘의 구름처럼 바람에 날려 살아가게 됩니다,

어떤 이유가 찾아오면 그 답을 비추어 줍니다. 어떤 목적이 찾아오면 그 이유를 돌려줍니다. 어떤 사람이 찾아오면 그 사람의 인생을 알려 줍니다. 어떤 구도자가 찾아오면 그 사람 내면의 신성을 비춰 줍니다.

그대는 누구인가요? 신이 이 세상에 그대를 창조했습니다. 그대는 신의 아들입니다. 그러니 그대는 또 다른 신이 됩니다. 인간이지만 신이기도 합니다,

인간은 세상의 삶을 선물로 받아 학생기와 가주기에서 보내게 됩니다. 배우고 익혀 가족을 얻고 자신만의 세계를 열어 세상의 의무를 배우게 됩니다.

세상의 길이 끝나면 그대는 내면의 길인 아트만을 만나는 길을 가게 됩니다. 세상을 떠나 숲속에 들어가 자연에서 살아가면서 자신의 내면을 탐구하게 됩니다. 그러면서 내면의 보물인 아트만을 얻게 됩니다. 그러면 다시 세상에 나와 신의 길을 걷게 됩니다. 세상

사람들에게 지혜의 등불로 아트만이라는 태양을 비추어 구름과
어둠을 지우거나 사라지게 해줍니다.

우리에게 주어진 것은 세상입니다. 또한 우리에게 주어진 것은 우리
자신(아트만)입니다. 인간의 길인 세상과 신의 길인 내면의 길을
살아야 합니다.

요가의 길은 이 세상을 부정하지 않습니다. 또한 내면의 세계만을
추구하지도 않습니다. 부분에서 전체로 나아가면 됩니다. 그 어떤
세계도 부정되어서는 안됩니다. 그리고 그 어떤 인간도 부정되어서도
안되는 것입니다.

세상과 그대는 언제나 연결되어 있는 한 몸입니다.
세상이 그대이고 그대가 바로 세상이기도 합니다.
육체가 바로 마음이고 마음이 바로 몸이기도 합니다.
인간이 바로 신이고 신이 바로 인간이기도 합니다.
자아가 바로 아트만이고 아트만이 바로 자아이기도 합니다.

모든 것은 분리되어 있지 않습니다. 단지 구분이 있을 뿐입니다.
구분은 모든 것을 이롭게 하기 위해서입니다. 이롭다는 것은 신이 이
세상을 창조하는 이유입니다. 모든 것을 다 잘되게 하는 것입니다.

참으로 먼 길을 걸어 왔습니다. 인간의 길에서 신의 길을 보았습니다.
인간의 세상에서 신의 세상을 보았습니다.

인간(자아)으로 살아도 아름답습니다. 물론 신(아트만)으로 살아도

아름답습니다. 사람이 바로 삶입니다. 삶은 흐르는 물처럼 끊임없이
흐르며 바다처럼 넓고 끝도 없는 신의 에너지입니다.

신의 에너지는 영원합니다.
시작도 없고 끝도 없지요.

오직 존재함이 있을 뿐입니다.
오직 삶이 전부일 뿐입니다.

생명이 세상에 보여 주는 모든 행동이
춤이 되고 노래가 됩니다.

당신은 자신이라는 꽃을 이 세상에 활짝 피우고
향기는 영원 속에 남겨야 합니다.

제4장

인생의 4주기

인생은 신이 주는 선물이며 보물입니다.
사람은 4주기 배움으로 인생을 완성해야 합니다.

인생은 큰 산이며 알 수 없는 신비입니다.
학생 때는 산 너머 세상이 궁금합니다.
장년은 높은 산을 힘겹게 올라 정상에 오르려고 합니다.
노년이 되면 산을 내려와 숲에 머물러 휴식합니다.
휴식이 끝나면 산이 놀이터가 되어 놀다가 사라집니다.

인생은 신의 선물이지만 그 의미를 찾아야 합니다.
그 선물을 찾도록 알려 주는 것이 요가의 인생 4주기입니다.

학생기(태어나 세상을 배우는 시기),
가주기(가정을 책임지며 사회 활동을 하는 시기),
임서기(세상일을 마치고 숲에 들어가 명상을 배우고 자신을 찾고 아는
시기),
유랑기(내면의 신성을 찾은 명상가가 되어 세상에서 빛처럼 길을
밝히며 자유로이 바람처럼 노니는 시기)입니다.

인생 각 주기에는 인생의 신비와 보물이 담겨져 있습니다.
인생을 잘 알고 이해하면서 자신의 보물을 찾아내서
평안하게 가길 바랍니다.

아울러 인생의 4주기를 쉽게 이해하도록 우리 실정에
맞게 조정했습니다.

21. 학생기(1~30세)

사람이 태어나 처음으로 맞이하는 시간입니다.
먼저 무엇을 해야 할까요?
배움입니다.

신의 축복과 부모의 사랑으로 한 인간이 태어납니다. 인간처럼
약하게 태어나는 생명은 드물지만 지구에서 모든 생명체들의 주인이
되었습니다. 인간이 한 일은 아주 위대합니다.
이 글을 대하는 당신도 위대한 인간입니다.

신의 축복으로 인간이 받은 선물이 생명이라고 했습니다. 생명은
사람으로 보면 하나의 인생이 됩니다. 신의 선물이며 부모들의
사랑의 결정체는 인생이 됩니다. 그래서 인생은 찬란하게 그 꽃을
피우는 것이 당연합니다. 그런데 하나의 꽃을 피우기 위해 봄, 여름,
가을, 겨울의 시간이 필요합니다. 태양빛도 필요하고, 비와 바람도
필요합니다. 한 인생이 꽃이 되려면 수많은 시간, 정성, 헌신과
노력, 학습과 실천, 이해와 행동이 반복된 결과라고 생각됩니다.
한 인생이 아름답고 찬란하게 사는 법을 알기 위해 인생의 4주기를
준비했습니다.

인생은 하나의 큰 산이라고 말할 수 있습니다. 큰 산은 크기나
높이가 넓고 거대하여 시작만 보이고 끝은 보이지 않습니다. 특히
중앙의 꼭대기 부분은 멀리서만 보이고 감이 잡히지 않아 쉽게
알아볼 수가 없습니다. 그래서 어린 시절에는 동네의 작은 산에서

놉니다. 그러면서 저 멀리 큰 산을 동경하게 됩니다. 큰 산은 꽃과
나무들, 약초, 호수, 동물, 식물, 새들 같은 여러 세계가 자신만의 삶을
살아갑니다. 우리는 인생이라는 곳에서도 도시, 문화, 역사, 경제,
철학과 종교, 과학처럼 멋진 선물이 있음을 알고 있습니다. 사람에게
인생은 넓고 높이가 보이지 않는 큰 산입니다. 참으로 넘기가
어렵습니다. 때론 낙오자가 생기기도 하지만 우리는 잘 오르고 쉽게
넘어갈 수가 있습니다. 인생의 주기를 이해하면 인생 전체의 모습과
흐름을 알아볼 수 있기 때문입니다.

인생 4주기에 대하여 맛보기로 조금 소개하고 세세한 부분은 네 개의
장으로 구분하여 함께 하도록 하겠습니다. 인생은 크게 4개의 주기로
구분되며 마치 사계절과 비슷합니다. 먼저 학생기입니다. 학생은
배우는 시기입니다. 가을의 수확을 위해 땅을 갈고, 씨 뿌리고, 싹이
나와 잘 자라도록 도와주듯이 학생기에는 자신의 부모와 집을 벗어날
수 있도록 독립을 준비하는 시기입니다. 두 번째는 가주기입니다.
부모 곁을 떠나 살거나 결혼을 해서 살게 됩니다. 이제부터는
살아가는 모든 일을 스스로 해결해야 합니다. 먹고 사는 것을 위해
직업과 돈을 다루는 법을 배우고 자신의 꿈을 정하고 실현하는
시기입니다. 마치 여름처럼 아주 뜨겁고 고통스럽기도 하지만 높이
날아 보고 크게 성취하는 시기입니다. 열매를 맺기 위해 온힘을
모아 꽃을 피우기도 하지만 꽃이 꺾이거나 다 자라지 못하는 경우도
있습니다. 도전과 위험, 성공과 실패, 좌절과 극복 같은 화려하고
찬란한 삶이 펼쳐지는 변화무쌍한 시기입니다.

세 번째는 임서기입니다. 세상일을 마치고 은퇴를 하는 시기입니다.
세상의 일에서 물러나고 휴식합니다. 다음 세상인 자연이라는

숲에서 살며 새로운 것을 배우는 시기입니다. 숲은 사람과의 경쟁이 모두 사라진 자연일 수도 있으며 마음의 판단이나 요동치는 생각이 없는 내면의 세계입니다. 이 시기에는 진정한 자신을 배우고 만나게 되며 명상을 배움으로써 고요함을 실현할 수가 있습니다. 끝으로 유랑기입니다, 유랑기에는 세상을 위해 사는 시기입니다. 진정한 자신을 알면 삶이 안정되고 마음도 평화롭게 됩니다. 사람들에게 명상을 가르치며 세상을 밝게 비추는 빛의 역할을 합니다. 그러한 사람을 명상가라고 하며 자신과 삶의 주인으로서 늘 자유를 만끽하며 한가로이 살다가 떠나가는 사람입니다. 이처럼 인도에서는 인생을 4개의 주기로 구분하고 살아가도록 마누 법전으로 완성한 체계를 갖추어서 익히고 배우게 했다고 합니다. 우리나라와 인도 문화가 달라 우리 실정에 맞게 약간 조정하였음을 참고하시고 봐 주셨으면 좋겠습니다.

이제 학생기부터 들어가 보도록 하겠습니다. 우리 시간으로 1~30세까지 해당한다고 생각됩니다. 부모님의 사랑으로 한 아이가 세상에 태어납니다. 너무 약해 아무 것도 할 수 없고 아무 것도 배운 것이 없습니다. 이제부터 모든 것이 학습되는 것입니다. 한 호흡부터 인생은 시작됩니다. 태어나면서 학생이 되고 숨을 쉬자마자 배움이 시작된 것입니다. 이때부터 학생기는 시작합니다.

아무것도 아는 것이 없으니 배워야 할 것이 많습니다. 아기 때는 어머니의 뱃속에서 이어져 온 깊은 사랑을 세상 밖에서도 유지하며 젖을 먹고 자랍니다. 진자리 마른자리 살펴 주시는 어머니의 손길과 마음을 사랑으로 느끼며 어머니의 은혜를 배우게 됩니다.

부모님의 경제 활동으로 가족들의 생계가 해결되고 형제, 자매, 부모님과 함께 생활하면서 가족 간의 관계와 역할, 의미, 활동 같은 것들을 익힙니다.

아이 때는 수없이 넘어졌다 일어서면서 뼈와 근육을 단단하게 합니다. 몸을 세워 걸어 다니며 서는 것과 걷는 활동을 익힙니다. 걸음걸이가 익숙해지면 세상 밖에서 또 다른 배움이 시작됩니다.

어린이집과 유치원에서 자신과 다른 아이들을 보면서 인사를 나누고 사물 이름과 명칭, 자신의 차례와 상대방의 순서, 친구와 놀이를 배웁니다. 모든 일들이 이해관계 없이 순수하게 진행되다가 어느 순간에 '나'라는 것을 인식하며 표현하기도 합니다. 나라는 것을 인식하면서 세상에 대하여 다른 시각이나 구분이 있다는 것을 어렴풋하게 짐작합니다.

대체로 8살이 되면 학교를 다니게 됩니다. 초등학교부터 대학교, 대학원까지 하면 18년에서 20년이 넘게 어른이 되기 전에 배워야 할 다양한 것들을 선생님과 친구 그리고 세상의 여러 곳에서 몸으로 배우고 익히게 됩니다.

학습하는 것들은 먼저 글자를 배우며 읽기, 쓰기, 듣기, 말하기 같은 나를 다른 이에게 표현하는 법을 배웁니다. 그러면서 다른 이를 받아들이는 것을 재미와 약간의 계산이 섞인 채로 관계하는 방식을 수없이 해보게 됩니다. 수를 배우고 동네 상점에서 물건을 사오고 돈을 지불하는 등 크기나 높이, 단단하거나 부드러움, 높거나 낮음처럼 다양한 형태의 구별하는 특징을 익히게 됩니다.

친구를 사귀게 되면서 가족 외에 다른 사람을 좋아하고 신뢰하고, 관계가 깊어지며, 가까워지는 것을 감동과 기쁨으로 배웁니다.

학교를 다니면서 아침에 제시간에 일어나는 법, 밥 먹고 학습 준비를 하는 것, 선생님과 친구들과 수업을 듣고 정리하고 발표와 운동 같은 개인적인 것과 단체적인 공동 활동을 배우게 됩니다.

방학 때는 스스로 제시간에 깨고, 먹고, 자는 것처럼 신체를 관리하는 법과 자신의 숙제를 하면서 해야 할 일을 완수하는 책임감을 자율적으로 마음껏 체험하게 됩니다. 또한 방학 기간을 통해 차를 타거나 비행기를 타고 멀리 타도시나 외국으로 여행을 가서 지금 살고 있는 사람이나 마을과는 다른 도시의 낯선 환경과 사람을 생생하게 느끼고 맛보게 됩니다.

이성과의 교제를 통해 동성 친구와는 다른 교감을 느끼게 되며 교제의 기간 동안 가슴 벅찬 설레임도 있지만 이별의 슬픔도 겪게 됩니다.

학생을 지나 성인의 나이가 되어가면서 앞날에는 어떤 세계가 펼쳐질지(마치 산 너머에는 누가 살고 있는지 알고 싶어하듯) 궁금해합니다. 모르는 곳에 대한 동경과 두려움이 깨어나고 기대와 설렘이 커집니다.

각 분야의 성공한 사람들을 보면서 자신이 원하는 분야에서 다양한 롤 모델을 꿈꾸고 유명해지고 이름을 날리기 위해 각종 준비를 합니다.

학생이 할 일이 무엇인지, 어떻게 공부해야 하는지, 무엇을 공부해야 어른으로서 자신의 뜻을 펼치고 이룰 수 있는지 수많은 미로를 헤매듯이 찾고 또 찾아 봅니다. 어떤 학생이 자신이 누구인지를 알고, 어떤 일을 어떻게 펼칠 것을 정해 인생은 '이렇게 살 거야' 하고 분명하게 인생관을 찾은 이가 소수 나오기도 합니다. 대부분의 학생들은 인생이 무엇인지 알지 못하고 도시 너머에 무엇이 있는지 기대만 하고, 갈 길을 정하지 못한 채 배움의 시간을 보내기도 하면서 인생의 특별한 즐거움을 책임 없이 마음 놓고 배우는 시간대입니다.

어른들을 보면서 스스로 독립된 어른이 되는 모습을 상상하고 자신이 어른이 되는 연습을 합니다. 한 송이 꽃을 피우기 위해서는 뜨거운 햇빛도 필요하고 우렁차게 내리는 빗줄기에서도 견뎌야 합니다. 하지만 학생은 단지 어른이 하나의 꽃으로 느껴질 뿐입니다. 그렇게 아름다운 상상으로 학생들은 몸을 튼튼하게 하고 이성을 가슴으로 뜨겁게 느껴 보기도 합니다. 혼자 여행을 하면서 스스로 독립을 배우기도 합니다. 성공한 위인들의 사례를 통해 높은 산에서 세상을 보듯 거인의 어깨 위에서 수많은 인생을 미리 보기도 합니다. 자신의 부모님을 보면서 자신도 어느 순간 하나의 어른이 되어 사랑을 하고 가정을 꾸려 또 다른 인생의 주인으로서 사는 것을 꿈꾸며 일상의 모든 것이 배움이 되는 축복의 시기입니다. 이제 첫 시기를 알아보았습니다.

생명은 살아 있음의 춤이며 꽃입니다. 빛에 의해 살아가며 어둠에 의해 휴식합니다. 보통 살아 있는 모든 시간입니다. 출생에서 죽음까지의 행동입니다. 호흡에서 시작해서 호흡의 멈춤으로 마칩니다. 소년, 청년, 장년, 노년기라는 시간대가 있습니다. 인생은 혼자 왔다가 혼자서 가야 하는 먼길입니다.

인생은 모두 다릅니다. 세상에는 같은 사람이 한 사람도 없습니다.
인생은 정답이 없습니다. 다른 사람과 같아야 할 이유가 없습니다.
그러니 틀린 것은 아무도 없습니다. 오직 스스로가 정답이 되어야
합니다. 자신이 자신만의 답을 만들어 가야 합니다. 자신을 믿으시면
됩니다. 자신을 사랑하면 됩니다. 그리고 생명을 주신 신에게
도와달라고 부탁드리면 됩니다.

다 잘 될 것입니다.
당신은 행복한 인생을 만들어 가고 살게 될 것입니다.

22. 가주기(31~60세)

인생에서 왕성하게 활동하는 시간대입니다.

젊음으로 건강하고 힘과 의지가 넘치는 시기입니다.

뜻을 세워 열정으로 높게 성취하는 황금기이기도 합니다.

인생의 꿈을 알고 마음껏 펼치는 시간입니다.

학생기에는 몸이 다 자라고 세상에 나갈 기본적인 학습을 마쳐야
한다고 했습니다. 학생기에 배운 것을 세상에 나가 실천하는 시기가
가주기입니다. 가주기에는 배우는 학생에서 하나의 독립된 인간으로
살아가는 시기입니다. 우리 시간으로 보면 31세부터 60세 정도가
해당된다고 생각합니다. 부모라는 안전한 집과 그늘을 나와서 자신의
집에 자신의 이름이 적힌 문패를 걸고 세상에 나가 나만의 세계로
이름을 알려야 하는 시기입니다. 인생에서 가장 강력한 힘을 가지고
있으며 그 힘을 마음껏 써야하는 시기입니다. 사랑하는 배우자를
만나고 가정이라는 그들만의 세계를 만들어 갑니다. 아이를 낳아
유전자를 전하며 자신의 인생관인 가훈을 이어지게 합니다. 자신의
꿈, 직업, 배우자, 자녀, 취미 같은 인생의 핵심 요소를 선택하고
인내하며, 성장시키고, 성취시키며, 성공이라는 열매를 수확하고
맛보는 시간입니다. 가주기에는 가장으로서 살아가야 합니다. 힘이
있는 만큼 어려운 일이 주어지고 해결하는 시기입니다. 가장 힘이
좋은 시기이니 인생의 황금기이며 가장 높은 곳에 올라 성공한 자신을
세상에 알리기도 하고 드러내기도 합니다. 이 시기에 대해 어떻게
보내야 하는지 조금 더 자세히 들여다보겠습니다.

학생기에는 부모님이 뒷배가 되어 거의 대부분의 돈과 마음을 지원하고 응원하고 격려하고 기도까지 모두 대신해 줍니다. 어른이 되어 달라진 점은 자기가 할 일은 자기가 전적으로 책임져야 하는 내 책임 100%로 달라집니다. 예전에는 중간에 그만두어도 모두 봐 주는 일이었습니다. 일하다가 말도 없이 그만두고 중단하면 직장을 그만두거나 월급도 못 받고 쫓겨나기도 합니다. 학생기 때는 물건을 사고 싶거나 먹고 싶은 것이 있으면 부모님께 말만 하면 되었지만 이제는 직업을 위해 공부한다고 해도 자신이 돈을 벌어서 해야 하는 상황으로 바뀌게 됩니다. 타인이나 친구와의 약속을 어겨도 반드시 어떤 책임이 뒤따릅니다.

어찌 보면 '세상 참 무섭다'라는 말을 배우는 시간입니다. 무서운 세상인데도 인생의 황금기로 만들기 위해서는 몇 가지 씨앗을 준비해야 하는 시기입니다.

첫번째로 꿈을 준비해야 합니다. 내 인생은 나의 것이라고 하면서 내 인생에서 꿈이 빠지면 인생의 맛이나 멋을 찾을 수가 없게 됩니다.

'내 인생은 00다'라고 말하는 것이 꿈이라고 합니다. 저는 내 인생은 나를 아는 것이라고 24살 때 정했습니다. 24살 군대를 제대하기 10개월 전부터 내 인생의 지도를 그렸습니다. 24~30세, 30~35세, 36~40세 등과 같이 5년 단위로 할 일과 얻을 것과 얻은 것을 통해 찾아지는 의미나 가치를 적었더니 인생 지도 전체를 통해 꿈이라는 것을 표현할 수가 있었습니다.

왜 꿈을 찾는 이야기를 하는 걸까요?

꿈을 막상 찾았다 해도 어렵고 감이 잡히지 않아 혼란스러울 때가 많습니다. 어느 위대한 사람이 말했던 삶에 대한 이야기가 떠올라 함께 해 봅니다. '당신에게 한 달의 시간만 쓸 수 있다면 무엇을 하고 싶은가요? 당신에게 10억 원의 복권이 당첨되고 그 돈을 한 달 안에 다 써야 한다면 무엇을 하고 싶은가요? 당신에게 목숨보다 소중한 것이 있다면 그것은 무엇인가요?' 꿈은 이러한 질문 속에서 또렷하게 '이것입니다'라고 정하고 분명하게 가슴에서 나오는 소리입니다. 게다가 그것을 정했을 때 감동과 자신감으로 스스로 자랑스러워진다고 합니다.

가주기에는 독립된 어른으로서 자신의 꿈을 찾고 꿈을 이루는 일입니다. 꿈은 당신에게 어른으로서 주어진 시간을 황금으로 변하게 하며 어느 순간 자신을 세상에서 빛나는 보석으로 드러낼 것입니다. 물론 남이 알든 모르든 당신을 황금으로 만드는 것은 꿈입니다. 꿈이 바로 인생에서 황금의 씨앗입니다.

꿈을 이루기 위해 좋아하는 일이 직업이 됩니다. 꿈을 위해 평생 함께 가는 이성이 배우자가 됩니다. 꿈을 위해 자신을 위한 놀이가 취미입니다. 꿈을 위해 자신의 몸과 정신을 유지하는 것이 건강입니다. 꿈을 알아 주는 이가 생기며 친구가 됩니다. 모두 꿈과 관련이 있습니다. 꿈은 자기만의 인생을 주인으로 살게 합니다.

두 번째로 '일'입니다. 일은 책임이 주어지고 성취가 얻어지는 사회적 활동입니다. 또한 가족이나 자신의 먹거리를 해결하는 중요한 방법입니다. 생존이 달린 문제이며 땀이라는 비용을 지불해야 합니다. 성공한 사람을 따르거나 구속을 받기도 합니다. 하지만 일에서 잘 견디거나 이겨 내면 달콤한 음식이나 집, 차, 여행, 놀이 같은 것을 일상에서 즐겁게 누리게 됩니다.

세상은 공짜가 없다고 수없이 들어온 교훈을 온몸으로 가주기 내내 경험하게 됩니다. 일은 힘든 만큼 반대의 달콤함도 있습니다. 하는 일이 무엇이든 성공하면 세상에서 부자가 됩니다. 돈도 주어지고, 시간도 주어지고, 명예도 주어집니다. 일은 꿈이 아닙니다. 일이 중요하다고 해서 꿈이 될 수는 없습니다. 꿈을 찾는 일이 직업보다는 중요하다고 생각됩니다.

세 번째로 결혼입니다. 좋은 배우자는 어떤 사람이고 배우자와 재미있고 행복한 결혼 생활을 어떻게 할까요?

좋은 배우자란 말을 통해 인생의 핵심 요소인 꿈을 이해하고, 특별하게 인정해 주고, 응원해 주고, 지원까지 하며 어떤 이는 그 꿈을 자기 것으로 정해 같이 가기도 합니다. 이와 같은 배우자와 평생을 같이 한다면 매일 매일이 사랑과 감사로 채워질 것입니다. 이런 결혼은 행복한 일이며 만족하는 생활이 될 것입니다.

네 번째로, 취미입니다. 취미란 여유 시간을 즐거움으로 보내는 놀이입니다. 일을 하고 남은 시간에 주는 보상이며, 휴식이며, 충전하는 방법이기도 합니다. 다양한 사람들이 있듯이 다양한 취미가 있습니다.

취미는 단순히 놀이이며 즐거워야 합니다. 맛있는 음식이 큰 만족을 주듯이 기분 좋은 놀이는 깊은 충전을 선물로 줍니다. 개인마다 음식

취향이 달라, 마음 가는 대로 먹듯이 눈치 보지말고 마음이 끌리는 취미를 가지시면 됩니다. 열심히 일한 다음 취미 활동을 하여 마음을 휴식하고 충전시켜야 합니다.

다섯 번째는 좋은 친구입니다. 내 마음을 알아 주는 이를 친구라고 합니다. 집에서는 배우자가 마음을 알아 주는 친구입니다. 집 밖에서 내 마음을 알아 주는 이가 생기니 깊은 관계가 맺어지고 남이지만 친구라고 합니다.

부모가 나를 낳아 주셨지만, 어른이 되어 진정으로 나의 인생과 꿈, 나의 마음을 알아 주는 이가 친구입니다. 옛날부터 좋은 벗이 얼마나 중요하고 소중한지 곳곳에서 여러 이야기가 전해져 오기도 합니다.

친구는 참 좋은 것입니다. 나를 알아 주고 이해해 함께해 주니 세상에 단 한명이라도 있으면 힘든 인생길에 큰 보물이자 재산을 가진 듯 든든합니다.

서로 친구가 되면 점점 믿음을 먹고 자라 신뢰가 커지고 어느 순간 평생토록 함께하고픈 간절함이 생기기도 합니다. 좋은 친구는 정말 아름다운 인간관계라고 생각됩니다. 가주기에 꼭 필요한 하나의 보물이 친구입니다.

여섯 번째는 실수입니다. 꿈, 직업 등 5개 주요 과제를 행할때 도와 주는 장치입니다. 가주기의 특징은 양면성이 있다는 것입니다. 빛이 있으면 어둠이 있습니다. 성공이 있으면 실패도 함께 합니다. 높이 날 수 있으나 그만큼 추락도 할 수가 있습니다. 양면성에는 실패라는 위험이 늘 공존하며 그것을 해결하는 방법이 실수입니다.

실패는 어떤 목적을 정했으나 이루지 못하고 중간에 중단하는
것입니다. 실수는 목적을 한 번에 이루지 못하더라도 계속해서
노력하고 완성하는 징검다리 같은 단계입니다. 꿈과 직업을 한 번에
정하지도 못하며, 배우자도 딱 한 번 보고 알아보기 어렵습니다.
취미는 수시로 바뀌기도 하며 진정한 친구도 만나기 어렵습니다.
그렇다고 한 번의 시도로 실패했다고 한다면 얻을 기회는 사라집니다.
당신은 실수할 수 있으며 해야만 하는 과정입니다. 실수를 통해
과제가 주는 진정한 가치와 의미를 되새길 수 있습니다. 그리고
새로운 기회가 열려 있음을 알려 주는 지혜의 문으로 사용하기
바랍니다. 실수는 당신의 성과를 빛나게 해 주는 과정이며
방법입니다.

끝으로 가주기의 역할을 잘 수행하려면 몸과 마음이 건강해야 합니다.
잘 먹고, 잘 자고, 잘 버리면 몸이 건강합니다.
잘 웃고, 명랑하고, 기뻐하고, 감동하고, 공감하는 것이 살아 있으면
가슴은 건강합니다. 마음은 자신을 믿고, 사랑하고, 존중하며, 자신을
매 순간 소중히 여기며, 인생을 꿈이라는 보물로 즐기고 실현시키려면
건강해야 합니다.

건강하세요. 많이 건강해지면 참으로 좋은 일이 많습니다.
몸이 가볍고, 가슴이 황홀하게 설레고, 마음이 따뜻해지고 평화롭고
고요해집니다. 몸, 가슴, 마음의 감각이 건강하게 활동하면 살아 있는
순간 순간이 선물이고 기쁨으로 충만해질 것입니다.

가주기에 할 일이 있고 얻어야 할 것들이 있습니다. 봄에 씨앗을 뿌리면 가을에 수확을 하듯 스스로 독립된 하나의 개체로서 어른이 됩니다. 이때부터 꿈에서 건강까지 일곱 가지 주제에 대해 조금은 관심을 가지고 수확하는 성취의 기쁨을 꼭 누리시길 빌어 봅니다.

23. 임서기(61~70세)

숲과 가까이하며 숲에서 사는 시기입니다.
숲은 이 세상과 등진 다른 세계입니다.
자연일 수도 있고 내면의 세계일 수도 있습니다.
자연에 살아도 되고 내면에 살아도 됩니다.
숲에 사는 법은 명상이거나 자연처럼 순리로 사는 것입니다.

가주기에서 세상의 할 일을 모두 마쳤다면 임서기에서는 세상을
벗어나야 하는 시기입니다. 세상의 나이로 보면 61세부터 70세까지
해당된다고 생각이 됩니다. 이 시기는 나이도 들고 몸도 약해져 더
있고 싶어도 있지 못하는 은퇴의 시기입니다. 숲으로 들어가 휴식하고
힐링해야 합니다. 가장의 역할과 이름을 남기느라 몸이 상하도록 힘을
사용했으니 충전을 해야 합니다. 세상의 일이 끝났으니 다른 세계를
찾아서 사는 법을 새롭게 배워야 합니다. 숲은 어찌 보면 자연의
세계이며 내면의 세계입니다. 보이지 않는 세계이며 사람들의 관심이
없는 세계입니다. 힘이나 크기로 증명하지 않으며 업적이나 성과도
인정되지 않는 세계입니다.

가주기에는 꿈을 이루느라 바쁜 것이 미덕이었으나 임서기에서는
한가로움과 여유가 미덕입니다. 높은 것이 의미가 없으며 이름조차도
의미가 줄어든 세계입니다. 이제는 고요함이 재산이 됩니다.
평화로움이 업적이 됩니다. 진정한 자신을 아는 것이 임서기의
중요한 할 일이 됩니다. 그동안 살아온 방식은 이제 맞지 않습니다.
다시 배워야 합니다. 내면의 세계가 무엇인지 배워야 합니다. 내면의

세계를 만나고 진정한 자신을 알려주는 명상을 배워야 합니다. 이 세상 삶의 방식과는 정반대의 세계로 나아가는 것입니다. 그렇다고 아무 일도 하지 않는 것이 아닙니다. 일하는 방식이나 방법이 완전히 달라진다는 것입니다. 고요함이 가장 빠른 움직임이며 평화가 가장 훌륭한 업적이 되는 것입니다. 멈춤, 고요, 침묵, 평화 등은 내면에서 얻어야 할 보물들입니다. 이제 임서기를 안내하도록 하겠습니다.

뜨거운 태양 빛 아래서 할 일을 열심히 하면 무언가 보상이 주어집니다. 바로 휴식입니다. 중요한 일을 처리하면 뛰는 일을 멈추어야 합니다. 학교에서 열심히 공부하고 어른이 되어 세상의 많은 것을 보고 듣고 경험했으며 자신만의 세계를 위해 단 하루의 시간도 멈추지 않고 노력하고 달려왔습니다.

'꿈'이라는 인생의 목적, 의미, 가치를 정하고 그것을 이루고자 직업, 결혼, 취미, 친구, 건강 같은 소중한 열매들을 얻기도 하였습니다. 가을이 되면 들녘의 곡식과 과실이 열매를 맺어 황금빛으로 수확과 풍요의 계절임을 알려 줍니다.

한 사람이 어른으로 성공하여 자신의 분야에서 성공하고 돈과 부를 얻고 자녀들도 잘 키워 다시 사회로 내보낼 준비를 마쳤습니다.

세상에서의 할 일을 마쳤습니다. 이제 집으로 가서 휴식을 해야 합니다. 그동안 해 온 모든 역할과 의미, 일들을 내려놓아야 합니다. 그리고 그동안 소중한 일들을 해결하기 위해 초과 용량으로 써온 몸을 살피고 좋은 음식으로 보양하고 필요하면 보약도 먹어야 합니다. 오랫동안 미루었던 잠도 충분히 자고, 새벽에 일찍 일을 나가거나 밤이 늦도록 일을 했던 습관들도 이제 바꿔야 합니다. 적당한 시간에 일어나고, 적당한 시간에 식사하고, 적당한 시간에 잠을 자도록 해야 합니다. 몸과 머리가 다시 가벼워지도록 참고 인내하던 여러 생활들을 조정해야 합니다.

지나온 시간은 참으로 훌륭했습니다. 다시 30대로 돌아가 살아도 그만큼 뜨겁게 살기가 어려웠을 만큼 보냈습니다.

이제는 쉬는 시간입니다. 이제는 그것이 당연합니다. 세상에서 할 일을 다 했으니 퇴직 즉 물러나라고 합니다. 더 있고 싶어도 그럴 수 없습니다. 익은 과일이 계속 달려 있기를 원하면 어느 순간 썩게 됩니다. 지금이 그때입니다. 세상도 알고 나도 알고 있습니다.

한 번도 나 자신을 제대로 돌아보지 못했습니다. 꿈이라는 거대한 바위를 지탱하기 위해 모든 힘을 집중하고 온몸으로 견뎌야만 했습니다. 길 위의 들꽃과 공원을 화려하게 만든 꽃밭들 그리고 앞산에 푸른 나무들이 손짓하고 있어도 제대로 대답하지 못했습니다.

하늘이 얼마나 넓고 푸른지 숲이 얼마나 다정하고 포근한지 몰랐습니다. 말을 타고 달리면서 풍광을 보듯 시속 100km가 넘는 인생 자동차를 운전하면서 무엇을 제대로 볼 수 있었겠습니까?

이제는 인생의 꿈을 내려놓아도 됩니다. 사랑하는 배우자와도 남편이나 가장의 역할을 벗어나 친구처럼 되었습니다. 일을 내려놓아도 그동안 벌어둔 돈이 남은 삶을 연금처럼 나를 지켜 줄 것입니다. 친구들도 이제는 자신의 자리로 돌아갔습니다. 건강도

한가로운 여생을 잘 놀 만큼 남아 있습니다.

꿈을 이루기 위해 썼던, 나의 소중한 의지, 열정, 사랑, 인내,고통,
포기 등이 고맙고 감사한 기억으로 찾아왔다 강물이 되어 내 가슴,
머릿속에서 빠져나갑니다.

숲으로 가야 합니다. 숲이 나를 부르고 있습니다. 모두 내려놓고
오라고 합니다. 버리지 못한 것들은 가지고 숲으로 오라고 합니다.
숲에 오면 저절로 사라진다고 합니다.

숲은 사람이 없습니다. 숲은 모든 것들을 자연으로 돌아가게 합니다.
이곳에 온 사람들은 모두 자연인입니다. 자연은 아무런 이유가
없어집니다. 서로가 서로에게 기대하거나 관계하지 않습니다. 감정도
교류하지 않으며 오직 그대로 두기만 합니다.

휴식은 자신의 모든 것을 내려놓고 그저 쉬는 것입니다. 잠시 세상을
등지고 홀로 되는 것입니다. 휴식은 새로운 시작을 준비하도록
합니다. 그동안 세상으로 향했던 마음을 다른 곳으로 이동하라고
알려줍니다. 외면인 세상에서가 아니라 자신 속의 내면세계에서
찾아봐야 합니다.

겨울잠을 자고 나면 세상은 봄이 됩니다. 새로운 세상이 준비 됩니다.
휴식이 당신에게 겨울잠이 되기를 바랍니다.

휴식 후 다른 세계가 준비되어 있습니다. 그동안 세상에서 인간의
세계를 살았다면 이제는 내면에서 신의 세계를 살아야 합니다. 당신은

그렇게 또 다른 삶을 살아가야 합니다. 만물은 극에 달하면 반대로 가는 습성이 있다고 합니다. 세상의 일은 모두 마쳤습니다. 내면의 일을 시작하시기 바랍니다.

내면의 시간에서는 자신을 숲으로 알고 깊게 잠수하는 시간입니다. 진정한 자신을 만나거나 찾기 위해 자신을 돌아보고 돌아봐야 합니다. 운이 좋아 숲에 먼저 들어온 선배들에게 조언을 들어도 좋습니다. 숲의 시간은 세상의 시간이 아닌 명상을 배우는 시간입니다. 즉 요가를 할 시간입니다.

요가는 진정한 자신 즉 내면에 존재하는 참 자아를 아는 일입니다. 명상은 숲에서 가만히 있는 시간이 아닙니다. 제3장 요가 마인드에서 여러 이야기가 있듯이 진지하게 요가를 배워야 하는 시간입니다. 요가의 꽃인 명상에 통달하고 내면의 보물인 아트만(참 자아)를 만나야 합니다.

세상과 숲은 별개의 세상을 의미합니다. 세상에서 나를 드러낸 성공은 자신의 삶의 목적입니다. 이제는 나의 역할이 전혀 중요하지 않습니다. 성공이나 부, 일과 친구도 중요하지 않습니다. 그냥 자신을 아는 것에 모든 것을 보내는 시간입니다. 명상을 배우다 보면 당신이 그동안 전부라고 여기던 세상이 전체가 아님을 알게 됩니다.

명상으로 내면세계의 과정이 일어납니다. 먼저 신성이 있다는 것을 받아들이면 진짜로 믿음이 생겨납니다. 다음으로 이 세상이 보이지 않는 세상인 브라만이라는 것을 경험합니다. 또한 이 세상은 마야라는 것도 올바르게 배우게 됩니다.

그 다음에는 자아를 보게 되고, 자아를 보게 되면 자아를 넘어서게 됩니다. 자아를 벗어나서 보게 되는 세상은 참으로 가볍고 명료해집니다.

주시자 또는 관찰자가 되어(자기 자신을 즉 자아의 동일시에서 벗어나) 세상을 살면서 세상에 속하지 않는 시간을 보내는 평안한 삶을 살게 됩니다.

그렇게 주시자의 시간이 지극히 깊어지다 보면(자아와 세상 그리고 관찰자가 아닌) 자아와 관찰자가 사라지며 하나의 대상으로 합일되는 삼매가 일어납니다.

삼매가 일어나면 순간 순간에서 어떤 순간은 '지복'으로만 세상을 경험하게 됩니다. 어떤 명상 시간에는 '평화'라는 세계만을 경험하게 됩니다. 때론 '침묵'이라는 세계만이 자신을 깊게 물들이고 고요 속으로 하나 됩니다. 시간이 사라지고 공간이 사라지며 경험하는 관찰자도 사라집니다.

그저 존재하는 것, 있다는 것으로 존재합니다. 그대는 어느 순간 명상가로 거듭 납니다. 명상가는 삼매를 통해 아트만(참 자아)의 빛을 경험하는 자입니다. 이때는 그저 존재하는 것이 '지복, 침묵, 고요, 평화'로만 경험되며 자각합니다.

명상가로 당신은 자아의 세상에서 완전히 탈바꿈하여 자유로운 사람으로 거듭나게 되는 것입니다. 임서기에 할 일은 명상을 배우고 명상가로 거듭나는 것입니다.

24. 유랑기 (71세 이후)

자유로운 자가 되었으니 자유로운 삶의 시간이 주어집니다. 세상의 의무와 책임에서 완전히 벗어나 자유로움 속에서 생활하고 활동합니다.

임서기에서 명상을 배웠다면 유랑기에서는 명상가로 살아갈 수 있습니다. 유랑기는 명상가의 시기라고 할 수가 있습니다. 우리 시간으로 71세 이후의 시간이라고 생각이 됩니다. 숲에서 명상을 배우고 세상으로 나가 살아가는 시기입니다. 숲에서 세상에 나와도 스스로 숲이 되고 명상이 일상이 됩니다.

하늘이 주신 축복을 이제는 다시 하늘에게 세상을 이롭게 하는 역할로서 돌려주는 시기입니다. 세상에서는 이러한 사람을 명상가라고 합니다. 몸과 동일시가 사라집니다. 자신의 모든 행동에서 무언가(대상)에 빠지지 않게 됩니다. 그는 볼 때 보고, 들을 때 듣는 자가 됩니다. 세상의 소리가 당신을 시끄럽게 하지 못합니다. 당신은 자신 스스로가 숲이 됩니다.

당신은 이제 명상가입니다. 명상가는 자유로운 사람입니다. 웃음이 삶이 됩니다. 기쁨이 충만하고 매사에 감사가 함께합니다. 그의 곁에 있으면 다른 사람들은 숲에서 치유를 받듯이 힐링 됩니다. 어떤 때는 웃음으로 또는 고요함으로, 때때로 평화로움 속으로 자신의 모든 걱정이 녹아서 사라집니다.

그의 주변에 있는 사람은 자신도 모르게 이렇듯 도움을 받습니다.
그는 평화롭고 따뜻합니다. 그를 보고 생각하는 것만으로도 사람들은
그의 따뜻한 힘을 느끼게 됩니다. 명상가는 이렇게 세상을 이롭게
하면서 살아갑니다. 그에게는 짊어질 의무도 없고 책임도 없습니다.
세상에 대한 저항이나 부딪침이 없습니다. 때로는 바람처럼
가볍습니다. 어느 때는 빛이 되어 사람들의 고민을 환하게 비춰
주기도 합니다. 세상에 있으나 세상에 물들지 않으며 붙잡히지
않습니다. 유랑기는 명상가로서 자유로움으로 살아가는 시기입니다.
이제 유랑기에 대해 조금 더 알아보도록 하겠습니다.

학생기와 가주기에는 세상의 의무와 책임이 강조되는 시기로 건강한
몸, 체력, 의지, 꿈, 결혼, 가장의 의무, 일, 여러 사람과의 관계와 역할
수행, 끊임없는 학습이 중요한 일이라고 여겼습니다. 그것을 유지하기
위해 매일 자신과 관계되고 관련되는 일과 사람에게 자신의 모든 힘을
쓰고, 나누고, 유지하고, 충전하고 매일의 일과를 수행했습니다.

임서기에는 내면의 숲에서 시간을 보내며 지냈습니다. 내면과 신성의
세계에서 다시 배우고 살아가는 연습을 충분히 하였습니다. 이제 할
일은 자신의 내면에서 배운 것을 그저 놀면서 나누고 싶을 때 나누고
때가 아니면 그냥 지나치면 됩니다.

70세를 넘으면 이제 몸은 늙고 많이 약해져 다른 사람들과의 관계도
얼마 남아 있지 않습니다. 익은 과일이 땅위에 떨어져 거름이 되고
모습이 잊히듯 당신의 이름, 의미, 역할, 관계는 이제 모두 땅속으로
사라지듯, 나를 주장하지도 않고 요구하지도 않습니다.

유랑기의 모든 순간들은 피부를 스쳐 가는 바람이나 높은 하늘 위 구름처럼 온몸으로 쓰다듬어 주었음에도 손에 전혀 잡히지도 않고 만질 수도 없게 됩니다.

사람들은 구름의 형체가 있어도 그냥 바라보기만 하고 온몸을 시원하게 만지는 바람의 손짓에 그냥 허락만 할 뿐입니다. 관계하거나 관련할 수 없는 자로 어느 순간 전체가 변했습니다.

이것이 바로 명상가의 모습입니다. 당신은 명상가로 변신한 것입니다. 당신은 숨 쉬는 모든 순간이 감사가 되며 보고 듣는 모든 것이 황홀한 기쁨으로 올라옵니다. 그리고 모든 말들이 하나의 꽃이 되어 세상을 향기로 채워 주며 어느 때는 빛이 되어 다른 사람들에게 어둠을 잠시 물러나게 하여 빛의 세계를 보여 주기도 합니다.

아침에 일어나면 숨을 들이쉬며 지구 위의 모든 생명들이 안전하고 행복해지길 빕니다. 옷을 걸치고 공원에 나가 나무와 하늘을 보면서 이 세상이 모두 평화롭고 서로 조화롭게 상생하기를 빌어 봅니다. 아침을 먹고 살아 있는 모든 사람들이 서로 사랑하기를 그리고 사랑 속에서 모든 일들이 함께 수행되길 빕니다.

그러고 나서 잠시 방에서 홀로 바르게 정좌하고 두 눈을 감고 명상합니다. 나의 내면에 항상 존재하는 아트만(참나)에게 절하고 만나면서 어제 밤의 일들은 신성의 가르침에 모두 사라지도록 합니다. 빛처럼 내면이 모두 환해집니다. 모든 것이 순수해 집니다.

문을 열고 집을 나가 길가를 걷습니다. 집들과 도로 사이로 사람들도 지나가고 수많은 건물들이 즐비하게 이 세상을 지키고 있습니다.
하늘은 파란 몸으로 모든 행성의 운행을 도와 주고 땅은 중력으로
모든 살아 있는 것들의 생명 활동을 가능하도록 합니다.

사람들은 저마다의 인생의 의무를 다하기 위해 자동차가 도로를
주행하듯 세상의 법과 질서, 도리와 도덕 같은 차선과 교통신호를
준수합니다. 어느 때는 고속 도로처럼 질주하고 어느 때는 일반
도로를 천천히 운행하기도 합니다. 그러다가 차선이 없는 흙길,
산길로 빠져 헤매기도 합니다.

그 속에 있지만 나는 세상의 밖에서 마치 지구 밖 우주에서 오직
미아처럼 혼자 존재합니다. 아무도 알아보는 이가 없습니다. 이
세상에 있으나 세상의 법칙이나 중력도 나를 어쩌지 못합니다.

어느 순간 우연히 세상의 시기에 알았던 어떤 친구를 알아보고 인사를
합니다. 그 친구도 전혀 예상하지 못한 듯 아니면 그 사람의 기억
속에서 나는 사라지고 오래되었는지 나를 보고 모르는 사람 대하듯
눈인사만 할 뿐입니다.

나의 인사는 늘 같습니다.
나마스테, 나와 당신의 신성에 깊이 머리 숙이며 존경으로 절을
올립니다. 그것이 다입니다. 무슨 할 일이 더 있겠습니까? 당신의
신성이 당신 안에 가득히 존재하고 활동하고 있음을 감사드릴 밖에요.

점심 때가 되어 집으로 돌아왔습니다. 물 한잔을 마시고 식탁에
앉아 점심을 맛있게 먹었습니다. 일용할 음식에 이토록 감사할

뿐입니다. 음식의 맛이 아니라 생명의 존재함인 신성이 활동함을
몸을 통하여 일어나게 하는 것이 음식입니다. 한 끼의 식사가 지극히
중요해집니다.

한가로이 앉기도 하고 눕기도 합니다. 책도 조금 보기도 하고 TV와
컴퓨터도 잠시 보기도 합니다. 요가의 아사나 동작으로 몸의 굳은
부분과 피나 기운의 흐름이 약한 부분을 잘 풀어지도록 돕기도
합니다. 모든 일들이 그저 한가로이 흘러갑니다. 느린 거북이처럼
한가로움이 움직이면서 오후의 시간이 흘러갑니다.

어느덧 태양이 할 일을 다 하고 저 산 너머로 점점 사라지고 있습니다.
태양이 산 너머로 사라지면 어둠이 살며시 손짓을 하고 찾아옵니다.
조금씩 조금씩 세상이 모습을 감추려고 빛을 가리고 합니다. 저녁이
되었습니다.

파란 하늘이 붉어지거나 검은 빛으로 변하고 세상도 가로등
빛에 형체만이 보이고 있습니다. 어느 시간이 되자 달님이 중요한
배우가 되어 밤의 장막을 더욱 돋보이게 합니다. 하루 종일 자동차로
질주하던 사람들도 집안 마당에 주차를 합니다.

일이 끝났습니다. 휴식이 주어지며 음식을 먹으면 저절로 소화가
일어나듯이 반성과 정리가 일어납니다.

밤은 두 눈을 뜨고 있어도 세상 보는 일을 잠시 멈추고 자 신을
향하도록 합니다. 신비하기고 하고 신기한 일입니다. 밤에는 누구나
자신을 내면으로 향하도록 하고 잠이 들면 신성이 저절로 활동합니다.

잠은 자아가 모두 사라진 신성의 활동 시간입니다. 자아는 세상의 주인이고 아트만(참 자아)은 신성 세계의 주인입니다. 하지만 보통 사람들은 잠 속에서 신성을 사용하는 법을 모릅니다. 그냥 모든 일을 내려놓고 편히 잠들면 됩니다.

명상가에게 저녁은 사람들이 잠들어서 경험하는 신성의 활동이 조금 더 활발해지는 시간입니다. 오직 자신만 홀로 남아 의식의 시야가 내면으로 저절로 향하게 됩니다.

나는 고요입니다. 나는 침묵입니다. 나는 존재함입니다. 나는 있다는 것입니다.

둥근 달이 밤의 하늘의 보물이 되어 그저 있는 것으로 세상을
고요하게 하고 평안하게 하듯이
내면에 고요라는 달이,
내면에 침묵이라는 달이,
내면에 평화라는 달이

그저 존재하고 의식의 빛이 세상을 비추듯이 내면세계를 고요로 있게 합니다.

잠의 시간이 되면 강이 바다가 되어 사라진 것처럼 아무런 활동이 없어집니다. 물이 수증기가 되듯 그냥 사라질 뿐입니다.

여명의 빛이 새벽을 알리고 있습니다. 태양이 우주 멀리서 지구를 향해 아주 사랑스런 손짓을 하고 있습니다. 산과 바다, 땅과 건물,

사람과 동식물 모두가 잠에서 깨어납니다. 스위치를 켜면 전등에 전기가 통하여 찬란한 빛을 내듯 각자의 모습에 맞게 생명의 빛을 뿜어냅니다.

또 다른 아침이 이렇게 시작합니다. 또 다른 점심이 이렇게 흘러갑니다. 또 다른 저녁이 이렇게 이어집니다.

신기합니다. 신비롭습니다. 작은 아이로 태어나 어른의 시기를 보냈습니다. 세상의 시간을 보내고, 세상을 벗어나 자신의 내면에서 아트만(참자아)를 찾아내었습니다. 이제는 참됨과 진실의 세계인 신성의 세계에서 살게 됩니다. 세상의 아이로 왔다가 신성의 세계를 아는 자 즉 명상가로 떠나갑니다.

삶이 주어지고 삶을 벗어났습니다.
모든 생명이 지배를 받는 시간이라는 신을 벗어납니다.
모든 생명이 지배를 받는 공간이라는 모습을 벗어납니다.
모든 사람이 지배를 받는 이름이라는 동일시를 벗어납니다.

명상가는 아는 자입니다. 아는 자로 왔다가 아는 자로 사라지는 것이 인생입니다.

명상가의 삶의 일과는 이렇듯 흘러갑니다. 바람은 아무 이유 없이 불 뿐입니다. 구름도 아무 이유 없이 움직이다가 사라질 뿐입니다. 명상가는 이렇듯 세상의 빛으로 살아갑니다. 그저 이유와 목적이 사라지고 흘러갈 뿐입니다. 그것이 다입니다.

인생의 길은 이렇게 마무리 됩니다.

나마스테!

당신의 신성에 깊이 머리 숙이고 존경의 절을 올립니다.
나의 신성에 깊이 머리 숙이고 존경의 절을 올립니다.

제5장

나(자아)의 길
(학생기)

잘 알지 못했던 '나'에 대해서 다시 배우는 시간입니다.

세상으로 나가기 전에 인생을 준비하는 모든 것입니다.

우리는 자신이라고 여기는 나를 알고 있다고 생각합니다.
나를 알고 있으니 내 마음대로 나를 움직인다고 생각합니다.
내 몸, 내 감각, 내 감정, 내 지각, 내 생각, 내 마음 등등

그런데 잘 생각해 보면 매우 어렵다는 것을 압니다.
편안한 집에서조차 제때 먹거나 자지 못합니다.
아무도 없는 곳에 혼자 있어도 감정이 때때로 불안합니다.
내 마음(머리)속에서 아무 생각 없이 가만히 있으려고 해도
이 걱정, 저 고민들을 내 마음대로 할 수 없습니다.

이제 나라고 여기는 자신(자아)을 알아보고
내 마음을 활용하는 자아의 길을 가도록 하겠습니다.

25. 나

나입니다.
나는 나입니다.
오직 나입니다.
다른 사람이 없습니다.
다른 생각이 없습니다.
나만 오롯이 있는 것입니다.

나는 나의 자각입니다.
나를 자각할 때 나라고 합니다.
나만 자각하는 일입니다.
다른 것은 알지 못합니다.
오직 나만 아는 것이 나입니다.

나는 자각입니다.
그 무엇도 없습니다.
무엇이 있으면
다른 것을 자각하게 되어
나만 있는 것이 아닙니다.
나에게 다른 것이 섞이게 되면
나와 다른 무엇이 있게 되는 것입니다.

나는 나입니다.
나로 존재하는 것이 나입니다.

전체가 나입니다.
나가 전체가 됩니다.

나가 나일 때
모든 것이 자유롭습니다.
모든 순간이 지복입니다.
모든 일이 행복입니다.

구분이 없습니다.
구별도 없습니다.
비교도 없습니다.

오직 나로 하나입니다.
오직 나로 전체입니다.
오직 나로 자유이며
행복입니다.

나로 있으면 이렇게 좋은 일입니다.
나로 있으면 그 무엇도 필요 없습니다.
나로 있으면 모든 것이 만족입니다.

나로 있으면 됩니다.
나만 있으면 됩니다.
나를 자각하는 일이 전부입니다.
아무 것도 없이 홀로 있는 것이 나이며
나의 자각이 모든 것입니다.

26. 나로 있기

나로 있는 것은 아주 자연스럽습니다.
나에게 해야 할 것이 아무 것도 없습니다.
나는 그냥 있으면 나가 됩니다.

물이 흘러 갑니다.
하늘이 파랗습니다.
땅이 넓습니다.
꽃이 피고 나무가 자랍니다.
지구가 우주에서 자전과 공전을 합니다.
이렇듯 나는 원래 그대로 두면 됩니다.

모든 일들이 그냥 일어납니다.
모든 순간이 그냥 오고 가고 합니다.
모든 것들이 알아서 존재합니다.

어떠한 것들이 더해지지 않습니다.
어떤 생각도 필요 없습니다.

나는 그냥 있는 것입니다.
이 세계의 모든 것을 그냥 두는 것입니다.
나는 오직 홀로 있는 자각입니다.

27. 나가 움직이는 것

나만 있으면 이 세상은 조용합니다.
보고, 듣고, 만지고, 느끼고, 알아채야 할 것이
나밖에 없기 때문입니다.

나가 움직이면 어떠한 일이 생겨납니다.
하늘을 보니 넓은 것이 느껴집니다.
파란색도 보입니다.
그 아래 흰 구름도 보입니다.

조금 더 내려오니 산이 보입니다.
산에는 새가 노래하고 나무들이 숲을 이룹니다.
강물이 소리 내어 흐르기도 하고
풀들이 땅위를 수놓듯 가득합니다.

산 옆에 건물이 수도 없이 있으며
그 건물을 사이로 사람들이 오고 갑니다.

나의 밖으로 나가면 세상입니다.
모든 것이 움직이고 있습니다.
나는 세상에서 하나의 점이 됩니다.
나는 모든 것 중에서 하나의 순간이 되기도 합니다.
나는 한없이 작아집니다.
먼지보다도 원자보다도 작아집니다.

나가 움직이면
세상의 일부가 됩니다.
너무 작아 아무도 알아 주는 이가 없습니다.
너무 작아 아무도 몰라보기도 합니다.

무엇을 해도 보이지 않습니다.
무엇을 알아도 먼지보다 작습니다.

세상이 나에게 요구합니다.
살아가려면 먹고 일하라고 합니다.
힘이 적으니 친구도 만들고 가족도 두라고 합니다.
도시도 만들고 나라도 만들어집니다.
글을 배우고 말을 익힙니다.

세상이 모두 일이 됩니다.
세상만큼 일이 커지고 무거워집니다.

이렇듯 나가 움직이는 일은
세상의 모든 것을 지고 살아가는 것입니다.
점보다 작은 내가 세상을 짊어지니 힘이 듭니다.

나로 있으면 세상이 비워집니다.
나로 있으면 모든 것이 없어집니다.
그냥 나로 있는 것이 중요해집니다.

28. 나와 인생

인생은 나의 것입니다.
사람은 몸을 가지고 모든 활동을 합니다.
사람은 하나의 세상이 되어
다른 세상과 무리를 이루고 살아갑니다.
남과 구별을 위해 이름을 가지고 있으며
집을 장소의 경계로 삼아 생활합니다.

역할은 어찌 보면 할 일입니다.
먼저 자신에게 할 일이 있습니다.
생존을 위해 숨을 쉬고, 먹고, 자는 것처럼
몸에게 해야 할 모든 활동입니다.
그것을 수행하기 위해 일하고 돈 벌고
물건을 사고파는 사회적 활동도 하게 됩니다.

가족 관계에도 할 일이 있습니다.
같이 밥 먹고, 대화하고, 청소하고, 인사하고,
집안의 일을 위해 공동의 일을 합니다.
집 밖 타인과의 관계에서도 일은 무겁고 커집니다.
세상은 공짜가 없음을 강하게 배우고 익힙니다.
친구가 되고자 해도 시간과 의견, 물질이 오고 갑니다.
직장에서는 돈 받은 것보다 더 많이 일하라고 요구합니다.
취미를 위해서도 남과 맞추며 활동해야 합니다.
남과의 관계는 모두 일이며 책임이며 권한이 주어집니다.

29. 나와 세상

나는 오직 나뿐입니다.
나 이외의 모든 것이 세상이 됩니다.
부모님도 나와 다른 세상입니다.
내 아이들도 나와 다른 세상입니다.
친구나 이웃도 모두 나와 다른 세상입니다.

내가 사는 집도 세상입니다.
내가 먹는 음식도 세상입니다.
내가 숨 쉬는 공기도 세상입니다.

내가 하는 말도 세상입니다.
내가 듣는 소리도 세상입니다.
내가 만지는 무엇도 세상입니다.

나만 나입니다.
나 빼고 모두 세상입니다.

나는 나를 어떻게 할 수 있습니다.
내가 나에게 할 수 있는 것이 나입니다.
내가 어떻게 할 수 없는 것이 세상입니다.

세상은 나와 다른 모든 것입니다.
세상은 그냥 두기만 하면 모두 조용합니다.

세상은 나가 아니니 어떻게 할 수 없습니다.

남을 마음대로 하면 어떻게 될까요?
맞습니다. (시소처럼 흔들리게 됩니다)
어떤 반응을 책임으로 보상해야 합니다.
돈을 내야 합니다.
욕을 먹을 수도 있습니다.
때론 칭찬 받는 일이 있기도 합니다.
하지만, 시간이 지나면 그 일도 결국 문제를 일으킵니다.
나가 아니니 언제든지 다른 의견이 일어납니다.

세상을 어떻게 하려고 하지 마세요.
잘하려고 하지 마세요.
움직이려고 하지 마세요.
그냥 지켜 보세요.
그리고 인정하세요.
그리고 존중하세요.
그리고 세상이 움직일 때 그때 움직이세요.
움직일 때 필요한 동작이 있습니다.
먼저 물어 보고 그런 다음 그것이 맞는지 확인하고
그다음에 나의 입장을 전달하세요.
세상에게 감사와 존중을 담아 정중하게 전달하세요.
나와 세상은 이렇게 만나야 합니다.
나와 세상은 이렇게 관계해야 합니다.

30. 세상살이

나는 세상의 일부입니다.
나는 세상 속에서 살고 있습니다.
태어나자마자 세상에 놓이게 됩니다.
어떤 선택도 없이 세상의 일부가 됩니다.

세상의 그 무엇도 세상의 일부입니다.
존재하는 모든 일들도 세상의 일부입니다.
시간 속에서 일어나는 모든 순간도 세상의 일부입니다.
공간 속에서 숨 쉬는 모든 것들도 세상의 일부입니다.
살아 있는 모든 것들이 세상의 일부입니다.
보이는 모든 것들이 세상의 일부입니다.

세상 안에서 살아야 하는 것이
모든 생명의 운명입니다.
세상은 모두 서로에게 영향을 줍니다.
서로에게 인력이며 척력이 되는 구속입니다.
음과 양, 남과 여, 하늘과 땅처럼 서로 서로
영향을 주고받고 합니다.

세상은 홀로 존재할 수 없는 세계입니다.
시간이나 공간, 물질과 생명, 질서와 무질서, 빛과 어둠,
삶과 죽음이 공존하는 끊임없는 흐름의 계속됨입니다.

한 아이가 태어납니다.

부모가 있습니다.

형제자매가 있습니다.

이웃이 있습니다.

친구도 생깁니다.

애인이 되고 결혼을 하여 가족을 가집니다.

또 다른 아이가 태어납니다.

그 아이가 늙어집니다.

죽음을 맞습니다.

저 건너에 다른 집들도 그러한 과정을 보내고 있습니다.

도시마다, 나라마다, 지구와 다른 행성들에서

어떠한 생명의 흐름이 이어지고 이어집니다.

세상은 스스로 성장하고 변화합니다.

단 한 순간도 멈추지 않습니다.

쉬지 않고 태어나고 자라고 늙고 사라짐이 흘러갑니다.

세상은 하나의 생명체이기도 합니다.

참 일이 많습니다.

나는 세상의 일부입니다.

바다의 파도처럼 끊임없이 움직입니다.

멈추지 않는 영원한 흐름이 세상살이입니다.

31. 두려움

나와 세상이 만나면 충돌입니다.
나와 세상이 만나면 그중 하나로 섞입니다.

나는 세상을 만나면 나로 있지 못합니다.
세상도 다른 세상을 만나면 그대로 있을 수 없습니다.

나는 세상에 물듭니다.
'좋아한다고, 미워한다고'를 반복하며 한없이 채웁니다.

나는 나를 잃어 가는 것을 알아갑니다.
점점 작아지며 어느 순간
나는 세상으로 완전히 변한다는 것을!

나는 세상이 되어 있습니다.
나는 완전히 없어졌고 죽음이 일어납니다.
세상으로 다시 태어납니다.
완전하고 완벽한 다른 나가 됩니다.

완전한 변화는 완벽한 두려움을 줍니다.
어떠한 용기 있는 자도 죽음이라는 불을
받아들이는 것은 두렵습니다.
나가 없는 나를 알 수 없기 때문입니다.

나가 완전히 사라진다는 것이 무엇인지
받아들일 수 없습니다.

가끔 얼음이 물로 변하는 것을 봅니다.
물이 공기가 되어 사라지는 것도 봅니다.

애벌레가 나비가 되면 아름답습니다.
도토리가 거대한 떡갈나무가 되면 대단합니다.
작은 물방울이 바다가 되는 순간 경이롭기도 합니다.

하지만 애벌레가 나비가 되고 싶어 할까요?
얼음이 물로 변하는 것을 사명처럼 받아들일까요?
한 방울의 물이 바다로 거듭난다면 위대한 일이라고
죽음을 아름답다고 할까요?

생명의 모든 변화는 죽음이 있습니다.
죽음은 나와의 완벽한 단절입니다.
나라는 것에서 분리되어 완전히 사라지는 것입니다.
아무것도 남기지 않은 채 다른 것이 되는 것입니다.

변화는 두려움입니다.
매 순간의 변화는 매 순간의 죽음입니다.
두려움을 어떻게 해야 할까요?
변화를 어떻게 해야 할까요?

32. 나와 세상의 조화

'나'는 나대로 있으면 그만입니다.
세상은 세상 그대로 두면 그만입니다.

'나'가 세상이 되려고 하면 힘이 듭니다.
'나' 속에 세상이 들어와도 힘이 듭니다.

그러면 어떻게 하면 될까요?
내가 세상이 되려고 하는 것을 그만둘 수 있을까요?
'나'와 세상의 관계를 알면 됩니다.
'나'가 나의 주인이니 세상은 모두 손님입니다.
손님은 오고 갈 수만 있을 뿐입니다.
결코 주인이 아니며 될 수가 없습니다.
'나'는 주인이며 그 자리를 내어 주지 않습니다.
'나'는 늘 그대로입니다.

'나' 속에 세상이 들어오면 어떻게 할까요?
세상이 '나'로 변하게 하는 것입니다.
'나'라는 존재에 세상을 녹여 버리면 됩니다.
용광로 속은 세상의 무엇이 들어와도 모두 녹습니다.
세상이 내 속에 와서 '나'로 변하게 하면 됩니다.

명상이 바로 '나' 속의 용광로입니다.
세상의 그 무엇이 들어와도 녹여 줍니다.

명상의 위대함은 바로 그 속에 있습니다.
'나'를 세상 속에서 나대로 살게 하며 존재하게 합니다.

'나'와 세상은 함께 할 수가 있습니다.
공존이 아름답게 흐르는 세상이 조화입니다.
조화는 만나기 어려운 경지입니다.

'나'와 세상이 섞이나
'나'는 나대로
세상은 세상대로 평화롭습니다.
둘이 서로 어울려 아름다운 꽃밭이 됩니다.

33. 나의 길

나로 살아가는 것이 길입니다.
나와 세상이 조화롭게 살 수 있는 방법이 길입니다.

나와 세상을 그대로 두면 됩니다.
나와 다른 세상이 있음을 인정하고 받아들이는 것입니다.
나는 세상의 입장에서 보면 또 다른 나이기 때문입니다.

나는 '세상을 아무것도 모른다.'입니다.
나 밖에 세상은 내가 아니니 내 것이 아닙니다.
내 것이 아니니 그 생명의 모든 것을 알 수가 없습니다.
나가 아니니 책임지지도 않았으며 관계하지도 않았습니다.
결정, 판단, 시비, 가까이도 멀리하지도 않았습니다.
아무 것도 하지 않았으니 아무 것도 모릅니다.
아무 것도 모르니 아무 것도 할 수가 없습니다.

빛이 있으면 어둠이 없듯이
생명이 있는 곳에는 죽음이 들어올 수가 없습니다.
모른다는 것은 그처럼 완전하고 완벽한 단절입니다.
가정, 예측, 추측, 상상이 아닙니다.
그냥 멈춤입니다.

나는 그렇게 살아갈 것입니다.
나는 세상에서 그렇게 살 수 있습니다.

♣ 있는 그대로 매 순간마다 만나고 맞이하는 것이 명상이다.

- 오쇼 라즈니쉬 -

제6장

나(자아)의 세계
(학생기 심화)

세상에 나와서 '나'를 사용하는 법을 배웁니다.
나를 단련하며 자유롭게 쓰는 법을 익힙니다.

자기 자신에 대해 알아보는 기본 이론을 살폈습니다.
하지만 제대로 쓰려면 여러 문제를 풀어 봐야 합니다.

특히나 자신이 자신을 가장 잘 안다는 착각,
세상에 자신을 드러내거나 인식하는 말하기,
사물의 본질이나 이유,
목적을 찾아내는 스스로의 물음법,
내 생각 안에서 온전하게 세상의 것(소리, 말, 현상 등)을
소화하거나 받아들이는 듣는 법 등

내 지각이나 감각을 어떻게 쓰는지 실질적인 방법을
체계적으로 익히도록 안내하겠습니다.

나는 나의 주인입니다.
자아 심화 과정으로 나의 것을 제대로 쓰고
적극 활용하는 것을 체험하시기 바랍니다.

34. 나는 내가 무엇을 모르는지 모른다.

나는 내가 하는 일을 알 수 있을까요?
사실 이런 질문은 모순입니다.
내가 하는 일을 어떻게 내가 모를 수가 있을까요?
내가 결정하고 내가 행하는데 말입니다.

사람은 태어나 나이를 먹어 가면서 다양한 것들을 보고, 듣고,
경험하고, 체험합니다. 어린이집, 유치원과 학교, 가정과 가족,
식당이나 약국과 병원, 상점과 백화점처럼 필요한 물건을 사거나
서비스를 받을 때 만나는 많은 사람들과 환경에서 배우기도 합니다.
우리는 이것을 학습이라 합니다. 보통 성인이 되면 그동안 배운 것을
집, 학교, 사회, 도시와 나라에서 수많은 경험과 자신만의 기준을
가지고 분류와 구분을 해서 사용합니다. 살아온 기간 동안 경험과
체험을 바탕으로, 어떤 일은 관심이 많아서 더 반복하고, 다른 일은 더
필요하거나 모자라서 더 많이 익히고 배우기도 합니다. 이렇게 배우고
익혔으니 자신의 실력을 믿고 자신이 하는 일에 대한 긍지와 자부심이
커져 믿음으로 확신하는 고집이나 습관이 생깁니다.

수많은 배움의 결과로 자신이 옳다고 또는 맞는다고 때론 사실이라며
완전하거나 완벽하다는 논리 속에 자신의 말이나 행동에 거리낌이
사라집니다. 또한 자랑과 자부심이 넘쳐 나고 겁이 없어집니다.
겸손을 잊어 버리고 내가 하는 말은 모두 맞는 것이 됩니다. 세상에서
나의 의견이나 생각 즉 내가 하는 말에 반대가 된다고 생각되면
상대방을 공격하거나 모욕을 주어 부끄럽게 만들기도 합니다. 단지

나와 다를 뿐인데 그 다름을 용납하지 못해 싸움도 자주 일어나게
되지요.

한번 이런 질문들을 해 볼까요?
당신은 당신이 누구인지 알고 있나요?
당신은 당신이 왜 태어나고 어디에서 왔는지 알고 있나요?
당신은 이 세상에서 무엇을 해야 행복한지 알고 있나요?
당신은 인생의 꿈이 무엇인지 알고 있나요?
하루의 일과를 보내면서 매일 기쁘게 살고 있나요?

나는 나를 모른다고 소크라테스도 말합니다. 그런데 학습된 지금의
나가 보는 세상이나 다른 사람이 잘 보인다고 감히 안다고 말할 수
있을까요?

문제는 거기에서 발생되며 거기에서 해답이 있습니다. 나는 세상이나
다른 사람을 보이는 대로, 느끼는 대로 흔히 자기 마음대로 판단하고,
생각하며, 결정과 지시, 행동을 합니다.

눈을 감고 세상을 보면 보인다고 말할 수 있을까요? 남의 머릿속에
있는 생각이나, 판단, 결정, 의미, 내용 등을 볼 수 있다고 한다면 맞는
이야기가 될까요? 나는 '내가 무엇을 하는지' 잘 모릅니다. 눈을 감고
보인다고 하면 안 되겠지요.
내가 눈을 감고 있는 상태임을 인정하고 받아들이면 새로운 관점이
열립니다. 내가 잘 모르고 잘 보지 못하니 그저 세상에 감사하고,
고맙고, 존중하면서 행동합니다.

내가 모른다고 하면 신기하게도 남을 판단하거나 결정하는 일을 그만두게 됩니다. 비교와 비판도 하지 않게 됩니다. 상대방을 있는 그대로 보려고 하고 혹시 내가 잘 모르거나 잘 보지 못했는지 상대방에게 자꾸 물어 보고 의견을 듣기도 합니다. 그리고 조심스레 상대방의 말과 입장을 기다립니다. 내 마음대로 하는 일을 어느 순간 저절로 그만두게 됩니다.

나는 내가 무엇을 모르는지 모르면서 내가 맞는다고 살아온 지난 세월이 신기합니다. 볼 수 없음에도 보인다고 하면 마치 위대한 신처럼 불가능한 일을 매일 하고 살아온 것이 됩니다.

내가 학습으로 배워 온 것들이 남을 결정할 수 없습니다. 그것은 기억이라 과거의 어떤 시간이나 순간을 보여 줍니다.

지금이 아닙니다. 내 것이 아닙니다.

그러니 지금 여기에 충실하세요. 지금 현재에 집중하고 관심을 가지세요. 자신의 것만 자신이 결정하세요. 남의 것은 남이 결정하게 하세요.

그러면 자신의 일은 자신이 하게 됩니다. 또한 자신이 하는 일을 자신이 알 수 있게 됩니다.

35. 말하기는 자신의 것으로 해야 한다.

말은 하나의 교통수단입니다.
사람과 사람 사이를 연결하고 소통하는 방법입니다.

사람과 사람끼리 만남이 일어나 입장이 같으면 말은 서로에게
선물이며, 친절이며, 존중이기도 하지만 반대의 입장이면 고통이며,
괴롭힘이며, 무시이기도 합니다.

어려서부터 가정, 학교, 세상의 다양한 곳에서 사람들을 만났고
가까이 가서 사귀기도 하고 헤어지기도 했습니다. 그 헤어진 사람과
다시 만나 친구, 부부, 회사의 동료이거나 동우회 회원이 되기도
합니다. 그럴 때마다 우리는 자신이 매우 좋아하는 말로 의미를
전달하며 표현해서 이해를 구합니다.

아울러 상대방과의 관계 속에서 자신의 인생 철학, 꿈, 취미, 직업,
가족 관계, 고민 같은 많은 이야기를 나누고, 교감하고, 쌓이면서 그
양이 아주 많게 됩니다.

그런데 처음의 좋고 편안했던 사이가 어느 순간 어려워지기도
하고 다툼이 일어나며 심하면 관계가 끊어집니다. 아이러니하게도
지금까지 살면서 익숙하게 써 온 말을 전달하고 표현하는데 문제가
생긴 것입니다.

흔히 상대방을 만나서 조금 알게 되면 어느 순간 말이 이상해집니다.

상대방을 위한다며 친절과 배려를 내 마음대로 쓰고 말의 모양이
달라집니다.

이렇게 하면 좋다. 이런 것은 몸에 해롭다. 이러한 생각은 직장 생활에
도움이 안된다. 이런 친구는 빨리 헤어져야 한다. 이런 사람은 피해를
주는 가족이니 가능하면 피하는 것이 좋다. 높은 산에 올라가면
사고 위험이 있으니 낮은 산에 가라. 요즘 대세가 주식이니 반드시
투자해야 한다. 인생에 꿈이 없으면 죽은 인생이다 등등.

가르치고, 지시하며, 바꾸라고 주장하고, 그렇게 하지 말라며
주의 사항을 알려주고 시시콜콜 구속하려 합니다. 갑자기 상대방의
인생이 나의 인생이 되어 마음껏 다스리려고 합니다. 마치 주인이
종을 다루듯 아무런 이유나 저항, 판단, 의지를 가지지 말고 내가 정말
너를 위하니 자신을 따르라고 합니다.

호의를 베푼다는 그 상황의 말들은 너무나 불편한 말이 됩니다.
주인이 종에게 하는 말처럼 그의 태도나 의미, 내용에서 거칠고
무시하면서 함부로 말이 나오게 되는데 정작 말을 하는 당사자는
아무런 것도 눈치채지 못합니다.

말은 자신의 것으로 해야 합니다. 자기 돈이 없음에도 있는 척한다면
거짓말이 됩니다. 특히 상대방의 인생을 말로 바꾸려고 하는 것은
위험한 것입니다. 그래서 말을 할 때 규칙이 있어야 합니다. 일단
자신의 것으로 소재를 삼아 말해야 합니다.

상대방에게 무언가를 전달하려고 할 때 '입장을 바꿔 생각해 봐라'

합니다. 가르치려 하지 말고 나는 이렇게 하니 좋은 일이 되었고, 일이 해결되고, 만족했다고 하는 것처럼 자신이 문제를 이미 해결한 것으로 말하면 상대방이 듣고 결정할 수 있게 하면 됩니다.

마치 중국집에서 메뉴를 정할 때 자기가 단골이라며 상대방의 의견도 묻지 않고 메뉴를 정하면 실례가 되는 것처럼 일방적이 아니라 추천이며, 설사 추천 메뉴가 아닌 다른 것을 먹더라도 당신이 할 일은 충분히 했다고 봅니다.

식당의 메뉴처럼 사소한 한번의 선택도 상대방을 존중하는데 보통의 사람들은 남을 일방적으로 변화시키려고 합니다. 내 말은 많은 경험과 신중한 판단에서 나오니 그냥 생각하지 말고 따르기만 하면 된다고 합니다. 더 웃기는 일은 당사자는 그 문제에서 자유롭지 못함에도 다 아는 사람처럼 행동하고 군림하고 지시합니다.

가난한 자가 부자 되라고 합니다. 약속을 못 지키는 사람이 매일 약속의 중요성을 강조하며 지키라고 합니다. 직업이 없음에도 수많은 직업의 세계를 통달한 듯 말합니다. 먹고 자는 일이 서툼에도 규칙적인 생활을 하면 건강해진다고 해 보라고 합니다. 솔직해지자고 하면서 예의를 두는지 자신의 이야기는 하지 않습니다. 일을 안 하는 게으른 자가 열심히 일하면서 살아야 된다고 합니다. 세상이나 다른 사람에 대하여 늘 욕을 하면서 존중의 점잖은 태도를 강조합니다.

삶의 모든 시간이나 일상의 소소한 순간 속에서 수많은 가르침이 일어납니다. 세상의 일반적인 법칙, 존중하면 존중받는 것이 당연함에도 그것을 따르지 않으면서 상대방을 경쟁자로 잘못 알고 공격하고 위협까지 합니다. 참 아이러니하며 어이없기도 합니다.

당신의 것으로 이야기하라.
당신의 사례로 말하라.
당신이 할 수 있는 것으로 안내하라.
당신이 좋아하는 것을 소개하라.
그리고 상대방의 어떤 선택도 존중하라.

말은 그렇게 시작하고 전달하고 들어야 합니다.
말은 사람을 연결시켜 주는 소중한 장치이며 기능입니다.

36. 듣기란 자신의 얼굴을 거울로 관찰하듯 살피는 것

듣기는 아주 섬세하고 세심한 관찰입니다.
정말 따뜻하며 사랑스런 받아들임입니다.
소리만 듣는 일이 아니라 주의력을 집중해서
상대방의 눈빛, 말소리, 태도, 경험 등 그의 전체를
현재의 시점으로 알아보는 것입니다.

만남은 늘 설렘을 줍니다. 지금 만나는 사람에게 어떠한 사실과
진실을 담은 이야기, 지금 현재의 관심사로 보내는 시간들, 누구와
만나며 어떻게 보내는 이야기처럼 많은 것들을 소중히 보이기도 하고,
보기도 하며, 받아 주기도 하는 살아 있는 활동입니다.

무척 좋아하는 친구를 길을 가다가 우연히 만났다고 합시다. 나는
그 친구를 어떻게 볼까요? 자연스럽게 다음 행동이 일어납니다.
상대방에게 시선이 고정되어 그의 모든 행동들에 저절로 집중이
됩니다. 순간 일치감이 일어나서 물이 흐르듯 나의 모든 것들이 그와
함께 흘러갑니다. 시간이 느리게 느껴지며 눈, 귀, 피부처럼 온몸으로
상대방을 느끼며 알아갑니다. 눈을 보고, 얼굴 색과 피부를 보고,
몸의 움직임과 발걸음, 손의 흔들림, 옷의 색깔과 몸에 닿아 움직이는
상태가 빠짐없이 나에게 흘러 들어옵니다.

그의 입에서 한 마디가 흘러 나옵니다. 안녕, 잘 지냈니? 웃음과
더불어 따뜻한 온기가 바람에 날리듯 말이 나를 만져 줍니다.
안녕, 너도 잘 지냈니? 답례 인사를 합니다. 이런 저런 이야기가

주거니 받거니하는 시소처럼 정겹습니다. 꿀을 먹듯 착하고 입에 달라붙습니다. 이렇듯 좋은 사람은 보이지 않는 향기가 허공을 채우듯이 저절로 받아들임이 일어납니다.

하지만 이와 같은 좋은 만남에 꼭 필요한 규칙이 있습니다. 상대방을 있는 그대로 보는 일입니다. 무언가 모르는 어떤 힘에 이끌려 마치 술에 취하듯 그 친구를 내 마음과 일치하려 한다면 바르게 볼 수 없습니다. 나의 주관적인 눈(입장)은 자신도 모르게 상대방에게 다가가게 하고, 결정하게 하고, 마음껏 즐기기도 합니다. 그 친구의 현재를 자기의 기분에 취해 해석하면 안 되는 일입니다.

그의 현재는 그의 것입니다. 결코 나의 것이 아닙니다. 그의 기분, 상황, 이야기, 관계처럼 모든 것들이 그의 밖으로 드러나야 온전하게 볼 수가 있습니다. 아침에 세수를 하고 거울을 보면 어떤 얼굴이 보이나요? 기분으로 보지 말고 아주 천천히 그리고 느리게, 위에서 아래로, 느긋하게 살펴야 합니다. 늘 알고 있는 얼굴이지만 지금의 상태를 봐야 세상으로 나가 일을 할 수 있습니다.

관찰은 아주 즐거운 일입니다. 상대방을 온전히 바르게 알아보고 바르게 대하게 됩니다. 그것이 중요합니다. 그의 말을 온전하게 알아들어야 그의 진실이 온전히 내 가슴에 옮겨지고 살아 있는 꽃이 됩니다.

37. '왜'라는 질문의 사용법

'왜'는 오직 본질만을 보여 주는 장치입니다.
또한 진실만을 추구하는 순수한 의식(제식)입니다.

왜 사는가?
왜 살아야만 하는가?
왜 살고 싶은가?

왜 먹는가?
왜 만나는가?
왜 돈을 버는가?
왜 태어나는가?
왜 죽는가?

왜 사랑하는가?
왜 미워하는가?
왜 남을 위해 자신을 포기하는가?
왜 자신을 위한다고 꿈을 포기하는가?
왜 솔직하지 못한가?

왜 정직한가?
왜 거짓말을 하는가?
왜 자신을 좋아하는가?
왜 자신을 미워하는가?

‘왜’를 앞에 두고 그저 질문을 하십시오.

다른 것은 필요가 없습니다. 그저 하나의 질문을 완성하고 자신의 내면의 소리에 귀를 기울이면 됩니다. 천천히 아주 천천히 질문의 답을 들어 봅니다. 아주 느긋하게 질문에 대한 소리를 들어 봅니다. 아무런 판단 없이 물이 흐르듯 가슴에서 나오는 소리를 흐르게만 합니다.

그러한 시간을 한동안 보내 봅니다. 그러다 보면 어느 순간 수조에 물이 꽉 차듯 더 이상 나아가질 못하고 멈추게 됩니다. 더 이상의 답이 없게 됩니다.

그러한 답은 정말로 순수합니다. 물이 뜨거운 불에 끓게 되면 물은 조금씩 사라집니다. 그러다 어느 때가 되면 물은 허공으로 모양이 사라지게 됩니다.

우리는 자신에게 어떠한 일이 생기면 일 앞에 ‘왜’라는 한 글자만 더 붙여 질문을 하면 됩니다.

그러면 신비한 일이 일어납니다. 당신에게 하늘이 빛을 보내듯이 지혜가 열리고 당신이 직면한 문제(질문)에서 최고의 선물인 답을 줍니다. 머리가 가벼워지고 웃음이 주어집니다.

38. 매일 매일 자신에게 좋은 일이 선(善)입니다.

선은 무엇일까요?
선한 것은 누구를 위하는 것일까요?

선은 '착한 것이다'라고 흔히 말합니다.
하지만 딱히 모양이 정해져 있지 않습니다. 그렇지만 모든 사람은
아는 듯이 말합니다. 물론 말을 하는 그들은 매일 선하지 않은 행동을
합니다.

선은 좋은 것입니다.
바로 당신과 다른 사람을 위하여 그렇습니다. 바로 자신에게 좋은
일인 것입니다. 자신에게 좋은 일이 시작이 됩니다.
자신에게 좋은 일은 어떤 일이 있을까요? 몸을 위해서 하는 일은
잘 자고 잘 먹는 일입니다. 마음을 위해서는 자기 것에 만족하는
것입니다. 다시 말하면 몸과 마음에 좋은 일이 선입니다.

세상 살이에서 선은 무엇일까요?
나와 다른 남이 있지요. 남도 그에게 자신이 됩니다.
자신에게 좋은 일이 남에게도 좋은 일이 되면 선이 됩니다. 아주
쉽습니다. 남에게 좋은 일은 남을 그대로 두는 일입니다. 남이
자신에게 좋은 일을 최대한 하도록 아무 일도 안하는 것입니다.

다음으로 나와 남에게 좋은 일은 서로에게 손해가 되지 않으면 좋은
일이 됩니다. 나와 남이 손해가 되는 일은 내게 좋은 일을 하려고 남의

일에 손해를 입히는 것입니다.

남도 좋고 나도 좋은 일을 하기 어려우면 조금 전에 이야기 했듯이 그냥 두면 됩니다. 더 이상 할 일이 없습니다.

선은 남에게 내 마음대로 하지 않으면 저절로 이루어집니다. 모든 사람들이 선해야 된다고 합니다. 하지만 선을 행하는 방법은 서툰 거 같습니다.

저는 선한 사람이 되려고 다음과 같이 합니다. 매일 제때에 먹고 제때에 잡니다. 잘 먹고 오전과 오후에 나의 할 일을 합니다. 일하고 먹고 자는 시간 외에 책을 보거나 사람도 만나거나 합니다. 하루 일과 동안 나를 위하고 남은 늘 그대로 둡니다.

나는 나에게 하는 일이 무척 중요합니다. 나의 역할을 제대로 하려고 많은 정성과 노력을 했습니다. 그럼에도 때때로 무엇인가 부족하다는 생각이 찾아옵니다. 나 혼자서 전력을 다했음에도 부족하다는 생각이 드니 남에게는 어떻게 하고픈 마음이 없습니다. 정말로 내가 부족하다는 것을 언제나 인식하고 잊지 않으려 합니다. 그러면 나는 몸과 마음이 그냥 편안합니다. 단순하고 쉽습니다.

39. 행복을 배워서 행복해지자

당신은 행복한가요?
당신은 행복하지 않은가요?

행복이 무엇일까요? 세상 사람들이 가장 원하는 것 중 하나가
행복이란 생각이 듭니다. 행복은 자기가 원하는 것이 다 이루어지는
상태를 말합니다. 100%여야 가능합니다. 하나라도 원하는 것이
남았다면 행복하다고 말하기에는 부족한 듯합니다. 물이 99도에서
끓을 수는 없습니다. 수증기로 날아가지 못하고 여전히 물일
뿐입니다. 부족한 그 1도에서 물은 수증기의 세계로 도약을 하거나
영원히 물로 남아 있어야 합니다.

사람들이 행복하려면 자신이 원하는 것을 먼저 알아야 합니다. 앞에서
이야기했듯이 사람은 모두 다르며 원하는 것도 각자마다 다릅니다.
행복은 지구 위의 사람들만큼이나 다르며 다양합니다. 그러니 걱정할
일이 없습니다. 그러니 나의 행복은 나만의 것이며 그 누구와 같을 수
없는 것입니다. 모든 사람이 다르니 비교할 일이 없으니까요.

이 세상에 하나뿐인 당신은 자신만의 행복을 알아내고 이루어서
가져야 합니다. 자신만 할 수 있습니다. 많은 사람들이 모두
행복을 찾아가고 있습니다. 어느 누구도 행복을 추구하지 않는
사람은 없습니다. 사람이 숨을 쉬지 않으면 죽게 되듯이 모든 것이
멈춰집니다. 몸과 마음이 죽음 앞에서 그냥 멈추어야 합니다.

행복은 사람이 숨을 쉬듯 마음이 숨을 쉬는 것입니다. 사람은 순간 순간 마음이 원하는 무엇을 선택합니다. 매 순간 몸과 마음을 통해 받아들이고 선택합니다. 그 선택은 바로 자신이며 당신이 원하는 것입니다. 당신이 숨을 쉬듯 매 순간 선택하시면 됩니다. 선택은 범위가 정해져 있습니다. 당신은 여러 고민끝에 힌트를 찾아냅니다. 선택은 몸과 마음 안에서만 가능하다는 것을요. 바로 자신에게서만 가능한 것을 찾아야 한다는 것입니다.

당신 안에서 가능한 것이 당신이 가질 수 있는 행복입니다. 그러면 당신이 자신에게 주고 싶은 것은 무엇이 있을까요? 당신이 숨을 쉬며 살아가는 데 무엇이 필요할까요? 숨을 쉬면 살아 있을 수 있습니다. 숨을 쉬는 데 노력이 필요한가요? 아닐 것입니다. 그냥 가능합니다. 그것이면 충분합니다.

당신 마음이 선택한 것을 숨을 쉬듯 자연스럽고 저절로 이루어 주는 것입니다. 마음이 원하는 것은 당신 안에서 가능해야 하는 것이 규칙입니다. 당신 안에서 무엇을 할까요? 만족입니다. 감사입니다. 그러면 지금 이 순간 당신은 모든 것에서 행복합니다. 당신은 늘 행복입니다.

40. 부자는 어떻게 될까요?

당신은 부자인가요?
당신은 부자가 아닌가요?

부자는 무엇일까요? 당신은 부자의 의미를 알고 있나요? 대부분 사람들은 부자를 모르니 부자라고 말할 수 없을 것입니다. 모르는 것을 안다고 하면 그것은 모순입니다. 마치 사과를 먹으면서 배를 먹는다고 생각하는 것처럼 다른 일입니다.

이제 부자에 대하여 알아볼까 합니다. 흔히 부자는 돈이 많아야 된다고 합니다. 시간이 많아야 된다고 합니다. 일을 하지 않는다고 합니다. 하고 싶은 것만 하고 먹고, 놀고, 가고 싶은 곳을 간다고 합니다. 매일 자신이 원하는 것을 할 수 있을 만큼 돈이 많다고 합니다. 돈으로 무엇이든지 가능하며 많이 소유하고 유지한다고 합니다.

위의 내용으로 당신은 부자를 인정할 수 있나 모르겠습니다. 위의 것 중에 당신은 부자라고 인정하는 것이 있을까요? 부자는 원하는 것을 다 할 수 있어야 할까요? 사실 인간은 원하는 것을 다 가질 수가 없습니다. 한 번이나 한 순간에 백 가지를 먹거나, 가거나, 여러 가지 일을 할 수가 없습니다. 대부분 한 번에 한 가지밖에 할 수가 없습니다. 인생도 한 번, 목숨도 한 번인 것처럼 사람에게 중요한 것들이나 아니면 작은 선택이라 하더라도 한 순간에 한 번밖에 할 수 없습니다.

또한 팔이 4개이거나 10개이거나 하지 않지요. 머리, 몸, 다리, 입이
100개를 원한다고 될 수는 없습니다. 그런데 어떤 사람이 그것을
원한다고 하면 될 수 있을까요? 아님 로봇처럼 팔, 다리, 몸통
심지어 심장, 가슴, 뇌를 기계로 바꾸어 필요할 때마다 교체하거나
업그레이드 하면 좋을까요?

비약이 무척 심하다 느껴지시나요. 부자는 결국 원하는 것을 다 가질
수 있는 것이 아니라는 것입니다. 사람은 원하는 것을 그 누구라도
다할 수 없다는 것입니다.

부자는 마음을 충족시키면 됩니다. 옛말에 부자는 말하기를 최고의
재산이 만족이라고 합니다. 결국 만족하면 된다는 것입니다. 만족은
세상에서 자신이 원하는 바를 충분히 채워 주는 힘이며 재산입니다.
모든 것을 다 가지지 않더라도 매 순간 당신은 만족할 수 있습니다.
매 순간 이 세상 최고의 부자가 되는 것입니다. 단지 지금 선택하고
행하는 것들에서 만족하면 됩니다.

당신은 자신에게 가장 큰 부자입니다. 당신은 자신에게 모든 것을
줄 수 있는 최고의 재산 만족을 줄 수 있습니다. 그 누구도 할 수
없습니다. 오직 당신만이 할 수 있습니다. 당신의 생각, 감정, 지식,
지혜를 모두 사용하여 어떤 상황이나 조건에서 만족을 꺼내기만 하면
됩니다.

41. 어떻게 배워야 할까요?

당신은 지금 생활에 편안한가요?
당신은 지금 생활에 만족한가요?

배우는 것은 무엇일까요? 아주 어릴 적 기억도 잘 안 나는 시절부터
어린이집, 유치원, 초·중·고, 대학교, 대학원에서 많은 세월을
보내면서 배우고 익혔습니다. 최소 이십여 년 동안 강산이 두 번
변한다는 시간을 보냈습니다. 하지만 당신은 지금 생활에 편안하고
만족하고 있는지 모르겠습니다.

학교 공부를 통해 우리가 얻었던 것은 결국 직업이라는 생각이
듭니다. 돈을 벌려고 직장에 다니거나 사업을 하는 것도 돈 버는
능력을 위해 배운 것들이 쓰입니다.

사실 배우는 것은 직업을 얻기 위함이 아님을 압니다. 학교 생활에서
대부분의 시간은 인생의 목적을 찾고 행복하게 살라고 가르쳐 줍니다.
그러다가 어느 순간이 되면 직업을 위한 교육으로 변경이 됩니다.
좋은 대학을 나와 좋은 회사나 어떤 사업할 능력을 얻으면 그것이
전부인 듯, 학교에서는 선생님이, 집에서는 부모님이 잠시도 쉬지
않고 주장하고 주입합니다. 아마도 선생님이나 부모님들도 그 이전의
어른이나 선배들로부터 그렇게 학습이 되었을 것입니다.

어른이 되면 가정을 가지고 직업도 가지게 됩니다. 대인 관계도
상당히 넓고 크게 확장이 됩니다. 그런데 그동안의 배움이 별로

도움이 되지 않습니다. 그렇게 많은 시간과 돈과 정성을 들인 노력이 담겨 있음에도 말입니다.

배움은 자기 사랑입니다. 자기를 좋아하고 알아 가는 것입니다. 자신을 가까이하고 무엇을 좋아하는지, 무엇을 하고 싶은지, 누구와 같이 놀고 맛있는 음식을 함께해야 하는지 아는 것입니다. 그러면서 세상에서 자신의 역할을 키우고 존중하고 살피는 것입니다. 모든 일들이 자기 자신을 알고 그 앎을 통해 세상이나 자신의 마음에서 편안하고 만족할 때까지 그 일을 하는 것입니다.

배움은 직업을 얻는 것이 아니라 자신을 알아가고 그 앎을 자신에게 온전하게 실현하고 증명하는 것입니다. 그것이 자기 사랑이고 그렇게 되면 자신은 편안해지고 만족하게 됩니다.

자신은 자신에게 가장 가까우며 평생을 같이 보내는 나와 분리되지 않는 특징이 있습니다. 그런데도 많은 사람들이 자신을 대하는 법이 서툴고 어렵다니 신기한 일입니다.

전혀 어렵지 않습니다. 당신 자신의 이야기를 솔직하게 자신에게 들려 주고 그 들은 이야기를 진정으로 따르세요. 그러면 자신이 원하는 당신이 됩니다. 시작해 보세요. 무엇이라도 괜찮습니다. 오직 당신 자신만이 할 수 있고 아무도 그것을 탓하거나 나무랄 수 없습니다.

42. 원하는 것을 가지기 위해 무엇을 해야 할까요?

원하는 것이 정해졌나요?
그러면 원하는 곳으로 가면 됩니다.

원하는 것은 참으로 많습니다. 나와 사람, 세상의 관계에서 내가
선택하는 무엇이든 원하는 것이 됩니다. 시간과 장소, 물질과 사람
같은 모든 상황에서 무한정 생산해 냅니다. 원하는 것이 나중에는
무엇인지 혼란스럽기도 합니다.

원하는 것을 얻으려면 먼저 선택하고 정해야 합니다. 정하지 않는
것은 눈 감고 하늘에서 떨어지는 무엇을 기대하는 것과 같습니다.
그냥 아무 일도 일어나지 않습니다. 아침에 일어나 눈앞에 펼쳐진
세상을 그냥 보기만 한다고 합시다. 그러면 모두 아름답고 설레고
감동이 일어날 것입니다. 그러나 그것뿐입니다. 조금 지나서 아침을
먹고 세상에 나가면 조금 전 느꼈던 감동은 어느새 바람 속에서
먼지가 되어 나도 모르게 사라집니다.

왜 사라지는 걸까요? 당신이 정하지 않아서입니다. 정하면 관계를
맺게 됩니다. 내가 그의 이름을 불러 주었을 때처럼 내가 보고
선택하는 것에 대해 어떤 의미를 부여하고 간직해야만 관계가
성립됩니다. 바로 당신 안에서 살아 있게 됩니다.

짧은 순간의 선택은 짧은 순간만 관계가 이어집니다. 긴 시간을 담은
선택은 오랜 관계가 형성됩니다. 관계가 커지면서 더욱 확장되고

깊어지며 어떤 순간 당신의 일부처럼 소중해집니다. 더 나아가면 당신 자신의 살아가는 중심인 꿈이 됩니다. 당신 존재의 의미가 되며 당신 삶의 가치가 됩니다. 또한 당신의 자존감이 되며 당신의 자랑이자 긍지가 됩니다. 때때로 당신보다 더 소중하게 지켜지게 되며 헌신하게 되고 사랑으로 채워 갑니다. 진정으로 당신 자신이 원하는 것을 얻게 되며 주인이 됩니다.

살아가는 매 순간 또한 살아가는 평생 동안 당신을 더욱 힘 나게 하고 성장하게 하며 당신을 날아오르게 합니다. 높은 곳에 올라 이름을 알리게 해 주기도 하며 당신의 온 정신을 자유롭거나 평화롭게 해줍니다.

원하는 것을 정하고 얻으면 그처럼 멋진 인생이 펼쳐집니다. 당신은 원하는 것을 정해 본 적이 있나요? 아주 소중히 그리고 매우 귀하게 간직해 본 적이 있나요? 그것은 지금은 당신 안에서 어떻게 자라고 있나요? 어떤 모습으로 당신에게 보이고 있나요? 당신은 그것에 만족하고 있나요? 아니면 원하는 곳에 이르기 위해 더 시간이 필요한가요?

원하는 것을 정하면 온몸을 그곳으로 향해서 걸어 보세요. 그것은 참으로 당신을 자유와 사랑으로 이끌어 줄 것입니다. 이 세상에서 당신을 빛내 줄 기회와 원하는 결과를 얻을 수 있을 겁니다. 걸어 보세요. 소중히 대하면서 꾸준히 걸어 보기 바랍니다.

43. 원하는 것을 모두 가지면 행복할까요?

당신은 자신이 원하는 것을 알고 있나요?
당신은 자신이 원하는 것을 가지고 있나요?

원하는 것이 무엇일까요? 사람들에게 물어 보면 사람마다 모두
다르겠지요. 그리고 같은 사람이라고 해도 시간이 지나면서 원하는
것이 어느 순간 달라지는 것이 많이 있습니다.

원하는 것이 아침 다르고 점심 다르고 저녁에 다릅니다. 집에서
다르고 학교나 직장에서 다르고 취미 클럽에서 다릅니다. 산에서
다르고 강에서 다르고 바다에서 다릅니다. 이 사람 만날 때 다르고
저 사람 만날 때 다릅니다. 이것을 행할 때 다르고 저것을 행할 때
다릅니다. 이 때 다르고 저 때 다릅니다. 단 한 순간도 원하는 것이
같을 때가 거의 없습니다.

원하는 것이 진정 내가 원하는 것일까요? 원하는 것이 수시로
변하는데 변하는 것이 맞는 것인지, 바로 전에 원했던 것이 맞는
것일까요?

원하는 것을 얻어도 바로 다른 원하는 것이 생깁니다. 이것을 가지면
바로 저것이 나를 부릅니다. 이것을 먹으면 바로 저것이 먹고
싶어집니다. 이곳에 오려고 해서 도착하면 바로 다른 곳에서 오라고
하는 것처럼 떠날 준비를 합니다. 이 사람을 사랑한다고 하면서 바로
다른 누군가가 소중하다고 떠오릅니다.

참 신기합니다. 내가 원하는 것을 알고 있다고 생각하고 모든 일을
다 해 보아도 원하는 것이 매일 다른 것이 생각나고 순간 순간
달라집니다.

그러면 원하는 것을 모두 가질 수 있을까요? 원하는 것이 진정
무엇일까요? 원하는 것이 매 순간 변하면 원하는 것은 아무것도 아닌
건가요?

아주 우연히 원하는 것을 모두 가질 수 있다고 가정한다면
행복할까요? 원하는 모든 것이 행복하고 같은 걸까요?

그러면 다르게 물어 보겠습니다. 행복은 무엇일까요? 당신은 알고
있나요? 답이 참으로 많다고 느껴집니다.

어떤 이는 주는 것이 행복하다고 합니다. 어떤 이는 보는 것이
행복하다고 합니다. 어떤 이는 아는 것이 행복하다고 합니다. 어떤
이는 먹는 것이고, 마시는 것이 되고, 여행하고, 노는 것, 산책하는 것,
잠자는 것처럼 사람마다 다양합니다.

행복은 작은 순간에도 가능합니다. 당신의 일상에서도 가능합니다.
시간이나 장소, 사람과 무관합니다. 당신은 바로 행복할 수 있습니다.
그저 행복하다고 한다면 가능합니다.

44. 그대는 성내면 화가 풀리나요?

성냄 흔히 화라는 것은 활활 타오르는 불입니다.
성냄이 일어나면 그대를 가장 먼저 태웁니다.

성냄은 무엇인가요? 화를 내는 것입니다. 나에게 화가 나서 자신에게
화를 내는 경우가 있습니다. 남들에게 화를 내는 경우도 있을
것입니다. 하지만 화는 아무 이유가 없이 발현하지는 않습니다.

화는 활활 타오르는 불이라 했습니다. 불이 있고 탈 것이 있어야
합니다. 불은 무엇일까요? 성냥이나 라이터와 같은 화기입니다.
그러면 사람에게 불은 무엇일까요? 사람에게는 자신의 입장, 기준,
생각이 불꽃이라는 생각이 듭니다. 자신이 생각하는 기준이나 입장이
상대방이나 세상의 기준과 다를 때 그리고 자신 스스로 자신이 정한
기준을 충족시키지 못하거나 이루지 못할 때 불꽃이 일어납니다.

불꽃이 일어나면 무언가를 태우게 됩니다. 그러면 나무처럼 타는
것은 무엇일까요? 불꽃이 자신으로부터 일어나면 활활 타오르며
자신의 모든 것을 태우게 됩니다. 먼저 불꽃이 일어나면 내가 살아온
시간 속에서 자신이 정해 놓은 기준, 계획, 가치처럼 생각의 뼈대들이
심하게 타올라 통증이나 아픔이 일어나고 타서 사라집니다. 다음에는
슬픔이나 노여움, 좌절, 두려움 같은 감정의 것들이 일어나고 다 타서
사라집니다.

다음에는 눈물이 나거나 욕설, 폭언, 거친 손짓이나 발짓처럼 몸에서

부정적인 행동이 타서 모두 사라집니다. 그렇게 화는 성냄이나 분노 불꽃이 일어나 자신의 생각, 감정, 몸을 태우게 됩니다. 이것은 자신에게 어려움이 되며 고통을 주는 행위입니다. 화가 자신에게만 국한되면 자신의 건강만 잃게 합니다. 하지만 그 불길이 자신을 넘어 다른 사람에게 번지면 어떻게 될까요?

뉴스를 보다 보면 우연히 불이 난 것을 봅니다. 가정이나 상점, 공장, 어느 때는 큰 호텔이나 백화점 그리고 봄이나 가을철에 주로 발생하는 산불처럼 여러 형태의 화재를 볼 수가 있습니다. 큰 불은 우리가 재난이라고 하듯이 피해가 큽니다. 나에게서 시작한 불씨 하나가 옆집이나 공장, 어떤 때는 큰 대형 빌딩 그러다가 산으로 번진 거대한 불이라도 된다면 어떠한 일이 일어날까요? 물적 피해는 물론 사회 범죄로 처벌을 받을 수 있을 것입니다. 참 무서운 일이 되기도 합니다.

다른 한편으로 불은 음식을 만들 수 있고 따뜻한 잠자리를 제공하기도 합니다. 불을 바르게 사용하면 그 어떤 것보다도 혜택을 받을 수 있습니다. 불은 자신의 기준, 가치, 신념, 생각이나 마음처럼 나의 몸처럼 동일하게 활동하는 실체입니다. 화는 내 마음대로 되지 않을 때 불꽃이 일어납니다. 하지만 그 불꽃이 자신을 돌아보는 따뜻한 불로 사용되어야 합니다. 상대방은 나와 다르며 내가 정하거나 주장할 수 없음을 인정하면 됩니다. 그 사람의 생각, 기준, 가치, 신념을 내 마음대로 정하지 않으면 불씨는 서로를 따뜻하게 해 줍니다.

45. 자신에게 잘하는 것은 무엇일까요?

나는 나에게 무엇을 해야 할까요?
나는 나에게 어떻게 해야 잘하는 것일까요?

사람은 태어나서 자라고 그러면서 늙고 병들고 죽음을 맞이합니다.
인간의 일생은 생로병사의 과정을 겪으며 모든 인류가 똑같습니다.
인간의 일생인 삶의 과정을 이해하고 보면 인간의 길을 이해하게
됩니다. 그래서 인생은 인간의 길이라고 하며 순서라는 시간의 과정과
역할이라는 '몸'으로 자신을 비롯하여 사람이나 세상에게 해야 할
의무로 이루어집니다.

그러면 나도 인간이므로 그 길을 따르면 편안할 것입니다. 나는
나에게 무엇을 해야 할까요? 먼저 시간의 과정을 받아들여야 합니다.
사람은 나면서부터 시간에 따라 나이를 먹게 됩니다. 우리나라는
평균 수명이 83세 정도 되니 내게 주어진 생명의 길이가 그 정도라고
받아들이면 됩니다.

나이는 순서에 따라 일어나니 먼저 하는 것과 그 다음에 해야 할 것
그리고 먼 훗날에 해야 할 것으로 정하거나 그렇게 시간의 순서에
따라 살아가는 것을 받아들이면 됩니다. 태어나서 얼마 안되면
어른이 되고 싶어도 되지 못합니다. 나이를 먹어 노인이 되었을 때
다시 시간을 되돌려 젊어지려고 해도 할 수 없습니다. 이것이 시간의
규칙이며 순서를 지키는 것이 다입니다.

순서는 1시간 2시간 같이 시간으로 구분하고, 하루 이틀처럼 일로 구분하며, 달, 년 같은 구분도 있습니다. 1시간에 할 일, 하루에 할 일, 한 달에 할 일, 일 년에 할 일을 알고 행하면 됩니다. 그러다가 조금 더 시간을 멀리 볼 수 있으면 3년, 5년, 10년, 30년, 평생에 대하여 할 일을 알고 그 순서에 따라 평생 그 길을 따르거나 행하면서 이루어 가면 되는 것입니다.

다음은 몸으로서 활동하는 역할입니다. 태어나서 이름을 얻으면 한 집에서 가족으로, 다음은 학교, 그 다음은 직장, 그러다가 필수가 아닌 취미 같은 공간의 변화로 역할을 점점 확대하거나 기능을 더 익혀야 합니다. 집에서는 가족으로서 함께 먹고, 자고, 말하고, 교류하는 것을 배웁니다. 학교, 직장, 취미 교실에서도 마찬가지입니다. 집은 서로 돕고 나누고 정을 쌓으며 살아갑니다. 학교는 타인과 함께하는 것을 배우며 학습 과정을 평가 받아 경쟁이라는 것을 몸으로 느낍니다. 직장에서는 타인과 규칙을 통해 경쟁하고 살아가는 것이며, 취미 교실은 직장이나 일상에서 스트레스가 쌓이니 휴식과 충전을 얻을 수 있습니다.

나에게 무엇을 해야 할까요? 위에서 말했듯이 시간의 순서와 몸으로서의 역할을 알고 그 순서와 역할에 따라 시간, 일, 월, 달, 5년, 10년, 30년, 평생이라는 시간의 길과 가정, 학교, 직장, 취미라는 공간에서의 몸의 역할을 행하며 그 길을 따르는 것입니다. 그 길을 따르면서 나는 어떻게 해야 할까요? 내 길이라고 정하면 내 선택을 굳게 믿고, 그 길을 따르는 자신을 소중히 여기면서 평생 꾸준히 가는 것입니다.

46. 잘 먹는다는 것은 무엇일까요?

음식을 맛있게 먹어 본 적이 있나요?
음식 속에는 맛 이상의 것들이 있습니다.

이른 아침에 잠에서 깨어 창밖을 봅니다. 공원이 눈앞에 있으며
나무와 꽃들이 봄의 시간 속에서 각각의 모습을 아름답게 보여 주고
있습니다. 참 아름답고 기분이 좋아집니다. 마음이 편안해지고
기운이 충만해집니다. 신기하게도 음식을 먹지 않았으나 배가 부르고
마음이 따뜻해집니다. 얼굴이 웃음으로 환해지고 눈은 기쁨으로
가득합니다. 나의 몸은 몸을 의식하지 않은 채 그저 감사로 하나
됩니다.

조금 시간이 지나 오디오를 틀어 음악을 듣습니다. 마침 야니의
음반인 '레니게이드'를 들려 주고 있네요. 소리의 세계가 나의 귀를
이끌어 다른 세계로 안내합니다. 머리에 흐르는 시냇물처럼 살며시
흐르기 시작합니다. 목에서 그 물결의 진동을 느끼고 그 아래 몸
부분으로 전달됩니다. 몸통은 그 흐름을 다시 이어 받아 다리를
살며시 움직여 줍니다. 바람에 갈대가 흔들리듯 아주 천천히 그리고
한없이 부드럽습니다. 바람이 나의 코를 간질이듯이 살랑살랑 아주
친근합니다. 엄마의 품에 안긴 갓 태어난 아기가 사랑 속에서 숨이
이어지듯 아름답고 경이롭습니다. 음악이 소리 없이 끊임없이
고요함으로 침묵으로 이어지며 사라집니다. 시계의 초침이 똑딱똑딱
다시 이 세상으로 나를 안내합니다.

눈을 뜨니 창밖에서 햇빛이 비추고 차 항아리 하나가 반짝입니다.
항아리는 덩치가 조금 커서인지 진열대 오른쪽에서 의젓하게 자태를
뽐내고 있네요. 몸통은 푸른 산을 상징하며 나무로 이루어진 숲,
물결이 흐르는 내, 각종 식물들이 모양을 다 보이지 않은 채 굴곡과
선의 둥글고 길쭉한 여러 모양으로 살아 있습니다.

세상에서 알려진 유형의 세계가 이름이나 형태를 변형시켜 무형의
세계로 그 모습이 항아리 안에서 숨을 쉽니다. 참으로 아름다운 숲이
방 안에서 나를 살게 합니다. 아무도 없는 조용한 그 숲에서 마음껏
맨발로 걸어보고 맨 피부로 호흡합니다. 잠깐 호흡이 거칠어지도록
뛰어보기도 합니다.
좋네요. 아주 좋네요. 사랑스러운 숲입니다.

숲에서 충분히 놀고 휴식하니 배가 소리를 냅니다. 어느덧 점심
시간이 되었습니다. 숲을 나와 보니 바로 근처에 식탁이 있습니다.
나무로 만든 2인용 식탁의 친구인 나무 의자가 편안하게 앉으라고
눈짓을 합니다. 두 사람이 앉아 음식을 먹고 있네요. 서로가 음식에
담긴 감사를 온몸에 정성을 모아 숟가락에 담아 입에 넣습니다.
그 모습이 경건한 기도가 되고 깊은 감사로 충만해집니다. 몸이
경건해집니다. 마음도 경건해집니다. 이 세상에 가졌던 모든 마음이
순수해집니다. 고요하고 평화로워집니다.

잘 먹는 것은 이 세계가 주는 모든 것들이 경건해지고 감사로
충만해지면서 사랑을 온몸에 드러내는 것입니다.

47. 잘 자는 것은 무엇일까요?

잠이 보약이라는 말이 있습니다.
잠은 보약과 같은 효험이 있다는 것입니다.

요즘 세상은 일이 매우 많습니다. 대부분의 사람들이 새벽부터
일어나 저녁 늦게까지 일을 합니다. 자신과 자신의 가족, 친구, 동료,
동호회원들과 다양한 만남과 역할을 하기 위해 쉼 없이 일을 하고
돈을 법니다. 오죽하면 잠을 자면서도 일을 한다고 하겠습니까?

어릴 때부터 제때 먹고 제때 자야 몸과 마음이 건강하다는 말이
있습니다. 일상에서 늘 들어 온 이야기인데도 제때 먹지도 못하고
제때 잠자는 것은 더욱 어려운 일이 되었습니다.

현재 우리나라 국민 1인당 평균 소득이 3만 달러가 넘는다고
합니다. 이제는 먹고 사는 것이 어렵지 않고 자신이 선택해서
먹거리, 취미 같은 다양한 여가 활동도 즐길 수 있는 여유가 있는
소득이 되었습니다. 하지만 잠자는 시간도 부족하다고 하니 조금
아이러니하기도 합니다.

잠에 대한 중요성을 알아보고 잠에 대한 태도가 조금 달라졌으면
하는 바람입니다. 잠은 마음에게 깊은 휴식을 주는 보약입니다.
몸은 활동이 멈추면 휴식이 되지만 마음의 휴식은 잠에서 얻어야
가능합니다.

마음 즉 생각을 멈추는 방법은 쉽지 않습니다. 요가의 수련법 중
생각을 멈추는 집중, 생각을 관찰하는 명상, 생각을 넘어서는 삼매의
기술이 있지만 그것은 전문적인 지도와 훈련이 필요합니다. 그렇다고
걱정할 필요는 없습니다.

우리에게 익숙하고 쉬운 방법이 있기 때문입니다. 우리가 매일 하고
있는 잠입니다. 당신은 잠 속에서 생각의 움직임이나 활동을 알아챌
수 없을 것입니다. 깊은 잠이 들기 전 중간 중간 꿈이 오고 가고
하지만 잠에서 그대는 없습니다.

그대가 없으면 그대의 생각도 없습니다. 그대가 있을 때만 생각이
활동할 수 있으므로 잠이 들면 자신을 기억하지 못하게 됩니다.
그대가 잠잘 때 몸도 있고 호흡도 하지만 생각은 전혀 그대를
기억하지 못합니다. 그래서 잠은 그대가 없을 때 일어납니다. 그대가
자신을 자각하거나 기억하지 못할 때 생각은 일어나지도 활동하지도
못합니다.

잠이 주는 신비입니다. 마음의 진정한 휴식을 찾아주는 것입니다.
잠은 한 순간도 그칠 줄 모르는 생각을 진정으로 쉬게 합니다.
잠은 그래서 마음 전체를 휴식하게 하고 충전시켜 줍니다. 이렇게
잠은 특별한 보약의 성질이 있습니다. 이것은 기억해야 할 중요한
사실입니다.

충분한 잠으로 마음의 전체적인 휴식과 온전한 충전이 가능한 중요한
일입니다. 당신 마음을 안정시켜 주고 편안하게 해주고 새로운 활력을
주는 진귀한 약입니다. 이것을 잊지 마세요. 잠은 깊은 마음의 휴식을

주며 각종 정신적인 질병이나 문제를 해결해 주는 비법입니다. 잠을
소중히 여기고 잘 이용하여 마음의 건강을 유지하기 바랍니다.

다음으로 소중한 잠이니 잠을 잘 드는 방법을 이야기 할까 합니다.
대부분 바쁜 사람들은 누워도 바로 잠들지 못합니다. 잠들기 전까지의
시간이 길고, 눕더라도 바로 잠들지 못하며, 수많은 생각들이 머리
안에서 이어져 한참을 뒤척이다 언제 잠들었는지도 모르게 잠이
듭니다.

특히 꿈도 여러 가지로 꾸고 뒤척여 몸이 무겁고 머리가 묵직할 때가
많다고 합니다. 누워 잠을 자려고 했는데 편안하게 잠들지 못하고
생각들이 계속 메아리처럼 이어지면 이것이 멈출 동안 기다리다가는
날이 샙니다.

즉 잠자는 요령이 필요합니다.
먼저 눕기 전에 앉아서 하루의 일과를 가볍게 돌아봅니다. 여러
일들이 흘러가게 두고 그중 마음에 부담이 되는 문제, 일, 사건들이
있으면 내일 잘 된다고 생각하고 내일 잘 해결할 것이라고 마음으로
결정합니다. 그러한 과정을 5분 이내에 하면 좋습니다.

다음으로 몸의 스트레칭을 한두 동작 하면 좋습니다. 앉아서 두
손으로 발을 잡고 등 구르기를 앞뒤로 10~15회 정도 합니다. 이것만
해도 머리에 흐르는 열이 빠지고 목과 허리에 긴장해서 생긴 경직된
부분들이 풀어집니다. 몸의 긴장이 풀어지면 잠자기에 편안한
조건으로 변합니다.

다음은 누운 상태에서 두 발목을 왼쪽으로 다섯 바퀴, 오른쪽으로 다섯 바퀴 돌려 주고, 두 손목을 왼쪽으로 다섯 바퀴, 오른쪽으로 다섯 바퀴 돌려 줍니다.

이 두 가지를 잠들기 바로 전에 하시면 좋습니다. 쉽고 동작하는 시간도 얼마 걸리지 않아 부담도 되지 않습니다. 그냥 매일 매일 해 보세요. 잠자는 것이 쉬워집니다.

손목과 발목을 돌림으로써 심장의 피를 의도적으로 말초로 보내 하루 종일 일해서 지치고 뜨거운 심장의 열을 조금 식혀 줍니다. 단순한 동작이지만 잠을 자기에는 좋은 동작이며 꾸준히 하다 보면 효과가 좋습니다. 잠자는 법도 기술이 필요합니다. 쉽고 부담을 주지 않는 방법이니 활용하기 바랍니다.

잠자는 시간은 보통 7~8시간 이상 자면 좋습니다. 물론 적게 자도 몸이 가뿐한 사람이라면 본인의 컨디션에 맞게 잠을 자도 됩니다. 하지만 최소 4시간 이상은 자야 합니다. 너무 적게 자면 빨리 늙고 피로 회복이 다 되지 않고, 저항력도 점점 떨어지게 됩니다.

잠은 마음의 휴식과 충전을 주는 귀한 일 중에 하나이니 잘 자는 것을 중요하게 여기시면 좋습니다.

48. 느끼는 것은 무엇일까요?

사람에게는 여섯 가지 감각이 타고나면서 주어집니다.
그러니 태어날 때부터 여섯 감각은 사용되고 활용되며
그 기능은 점점 커지고 능숙하게 됩니다.

여섯 가지 감각이란 눈, 귀, 코, 혀, 피부로 느끼는 오감과 생각으로
느껴지는 감각인 직감이 있습니다. 시각은 색, 청각은 소리, 후각은
냄새, 미각은 맛, 촉각은 촉감과 마음(심리) 작용을 아는 직감입니다,

느낀다는 것은 여섯 가지 몸의 기관 즉 눈, 귀, 코, 혀, 피부, 심리
작용을 통하여 색, 소리, 냄새, 맛, 촉감과 생각(문자)은 모두 외부의
실체를 보고 아는 것이며, 그다음에 가슴(감정, 느낌)은 한 단계 더
나아가는 감각입니다.

노란색은 따뜻하다. 이것이 색의 느낌입니다. 새 소리가 청아하다.
이것이 소리의 느낌입니다. 장미 꽃 향기가 달콤하다. 이것이 냄새의
느낌입니다. 수박 맛이 시원하다. 이것이 맛의 느낌입니다. 돌이
단단하다. 이것이 촉감의 느낌입니다. 시를 읽으니 가슴이 설렌다.
이것이 생각의 느낌입니다.

우리는 여섯 가지 기관을 이용해 여섯 가지 감각을 올바로 써야
합니다. 그러면 가슴 즉 느끼는 감정이 풍부해지고 풍성해지고
따뜻해지고 점점 섬세해집니다. 물론 차가움과 거친 부분에
대해서도 잘 느끼지만 여유롭고 느긋하며 따뜻함으로 느낌을 바꾸어

소화합니다. 이것이 가슴이 건강하게 느끼며 활동하는 것입니다.

자신의 가슴이 차가워지면 여섯 가지 감각 기관을 통해 들어오는 모든
대상들이 답답해지고, 불편해지고, 불안하고, 미워지고, 불만족하며,
느긋하지 못하게 됩니다. 이것이 가슴이 건강을 잃어 아프다는
징조이며 아프다는 것을 당신에게 알려 주는 신호입니다.

가슴은 느끼는 감각의 실체입니다. 그림을 보고 감동이 일어납니다.
음악을 들으며 편안함으로 빠져듭니다. 익은 과일 향을 들이마시며
수확의 감사를 느낍니다. 엄마가 해준 음식에서 정성이 느껴집니다.
소설을 읽으면서 또 다른 인생이 느껴집니다.

내가 접하는 모든 것에서 느낌으로 전달됩니다. 이 감각을 제대로
사용해야 합니다. 이 기능은 몸의 두번째 감각입니다. 몸의 두 번째
층은 가슴체이며 느끼는 모든 것을 관장하고 통합하고 관리합니다.

느낀다는 것을 제대로 알고 사용해야 합니다. 당신의 두 번째 몸을
제대로 알지 못하고 쓰지 못하면 가슴은 건강해지지 못합니다.

가슴이 병들고 아프면 여섯 감각이 변형되어 미움과 슬픔, 불만과
불평, 답답함과 조급함 같은 여러 가지 증상을 당신의 일상에서 볼
수가 있습니다.

가슴이 건강해지면 사람을 보면 따뜻한 인정이 솔솔 불어 오고
자연이나 사람이 만든 모든 것에서 감사와 은혜, 축복을 느끼게
됩니다. 게다가 자기 일을 할 때 여유와 배려, 느긋함과 넉넉함,

남이 잘못하거나 부족하여도 응원과 격려처럼 늘 다름을 인정하며
다독거려 줍니다.

가슴은 사람 냄새가 진하게 나야 합니다.
당신도 사람 냄새가 진한 사람이 되어 보세요.

49. 알아챈다는 것은 무엇일까요?

사람에게는 여섯 가지 아는 감각이 타고나면서 주어집니다.
그러니 태어날 때부터 아는 감각은 사용되고 활용되며, 그 기능은
점점 확대되고 능숙하게 됩니다.

아는 감각이란 눈, 귀, 코, 혀, 피부로 느끼는 오식과 생각으로
알아채는 감각인 의식이 있습니다. 시각은 색, 청각은 소리, 후각은
냄새, 미각은 맛, 촉각은 촉감이라고 알아채며, 마음(심리) 작용을
아는 의식입니다,

알아채는 것은 여섯 가지 몸의 기관 즉 눈, 귀, 코, 혀, 피부, 심리
작용을 통하여 색, 소리, 냄새, 맛, 촉감과 생각은 모두 외부의 실체를
보고 자신(나)이라는 마음으로(자아, 아는 것) 한 단계 더 나아가는
감각입니다.

노란색은 따뜻한 인생을 표현한다. 이것이 색의 알아챔입니다.
목소리가 부드러워 인격이 드러난다. 이것이 소리의 알아챔입니다.
국화 꽃 향기에 우정을 담았다고 한다. 이것이 냄새의 알아챔입니다.
수박 맛이 달콤해 농부의 노고가 전달된다. 이것이 맛의 알아챔입니다.
돌처럼 생각이 단단하다. 이것이 촉감의 알아챔입니다.
소설을 읽으니 행복이 무엇인지 안다. 이것이 생각을 알아채는 것입니다.

우리는 여섯 가지 기관을 이용해 여섯 가지 의식을 올바로 써야
합니다. 그러면 아는 감각(작용)인 알아챔이 분명해지고 점점

명확해집니다. 물론 대상을 구별하지 못하거나 형상과 느낌이
그려지나 의미를 찾지 못하면 알아채지 못하는 것이며, 형상과
느낌 그리고 그 대상이 주는 의미(목적, 이유)까지 알아채야 제대로
알아채는 것입니다. 이것이 마음이 아는 것이며 건강하게 알아채는
것입니다.

자신의 마음이 어두워지면 여섯 가지 감각 기관을 통해 들어오는
모든 대상들의 의미와 목적 그리고 이유를 식별하거나 구분하지 못해
좌충우돌 하는 사건들을 만들어내게 됩니다. 또한 자신을 부정하고
믿지 못하게 되며 타인들과 비교하고 의심하며, 내 뜻과 다르다고
공격하고 대립하는 것이 점점 커지고 일상에서 익숙해집니다. 이것이
마음 건강을 잃어 아프다는 징조이며 당신에게 아프다고 분명하게
알려 주는 것입니다.

마음은 알아채는 감각의 실체입니다. 그림을 보고 화가의 의도를
알아챕니다. 음악을 들으며 이것은 편안한 음악이라고 압니다.
과일향을 맡으며 익은 것과 덜 익은 과일을 구별합니다. 어머니가 해
준 음식을 먹으며 몸에 이롭고 건강해진다는 것을 압니다. 소설을
읽고 또 다른 사람들의 인생에서 행복과 불행을 구별합니다. 내가
접하는 모든 것에서 알아챔으로 자신에게 전달됩니다.

이 알아챔을 제대로 사용해야 합니다. 이 기능은 몸의 세 번째
감각입니다. 몸의 세 번째 층은 마음체이며 알아채는 모든 것을
관장하고 통합하고 관리합니다,

알아챈다는 것을 바르게 알고 사용해야 합니다. 당신의 세 번째 몸을

제대로 알지 못하고 쓰지 못하면 마음은 건강해지지 못합니다.

마음이 병들고 아프면 여섯 가지 아는 감각이 변형되어 의미와 목적,
이유 같은 본질적인 실체를 구별하거나 구분하지 못하게 됩니다.
그리하여 다른 사람들과의 다툼, 마찰, 갈등처럼 여러 증상을 당신의
일상에서 볼 수가 있습니다.

마음이 건강해지면 다른 사람을 대할 때 그 사람의 인격이나 인생을
알아보게 되고 타산지석처럼 배움이 일어나 자신에게 적용하게
됩니다. 좋은 점은 더욱 키우고 나쁜 점은 버리거나 줄여 자신에게서
사라지게 합니다. 또한 자기 일을 할 때 목적과 이유를 명확히 알고
자신의 할 일을 분명하게 처리하며 남이 잘 모르거나 틀린 답을
하여도 분명하게 그것을 구분하거나 구별하여 알려 줍니다.

마음은 사람의 인생을 분명하고 명확하게 알아볼 수 있게 합니다.
당신도 당신의 인생을 알고 자신만의 인생을 살아갈 수 있는 마음을
쓰는 법을 배우고 잘 사용해야 합니다.

50. 산다는 것은 무엇일까요?

몸이 태어나면서부터 산다는 것은 시작됩니다.
그러니 몸이 세상을 떠나는 죽음에 이르면
산다는 것은 멈추게 됩니다.

산다는 것은 몸으로 시작해서 몸으로 끝이 납니다. 하지만 이것은
식물, 동물, 심지어 곤충이나 물고기까지도 사람과 같습니다. 그래도
사람은 동물보다는 더 역할이 있습니다.

인간이 동물과 다른 점은 생각하는 것입니다. 그것이 바로 지구 위 그
어떤 생명체보다도 인간을 돋보이게 하며 구별해 주는 것입니다.

사람이 생각한다는 것은 산다는 것을 특별하게 합니다. 숨을 들이쉬고
숨을 내쉬는 일도 인간으로 사는 일입니다. 사람을 만나 사랑을 하고
가족을 만들어 생활하는 것도 사는 것입니다.

하지만 사람에게는 인생이라는 주제가 별도로 있습니다. 내 인생은
나의 것이라고 합니다. 지구 위 모든 생명체와 다른 점은 인생이
있다는 것입니다. 생각의 기능인 마음을 활용하여 스스로의 인생을
만드는 것이 산다는 의미일 것입니다.

사람에게 산다는 것은 인간의 인생을 이해하고 자신에게 주어진
생명으로 원하는 것을 이루는 시간으로 만들어 가는 것이 인생입니다.

나의 '인생은 무엇이다'라고 정의하여 말할 수 있나요?
어린 아이들은 금방 답을 합니다. 어떤 아이는 '나는 훌륭한 선생님이
되고 싶다'고 합니다. 또는 뛰어난 의사, 사업가, 철학자, 종교 지도자,
소방관, 경찰관 같은 것들로 편안하게 답을 합니다. 하지만 어른이
되면 그처럼 쉬웠던 답을 바로 대답하지 못하게 됩니다. 흔히 이상과
현실 속에서 답을 할 수 없다고 합니다.

사람들은 하고 싶은 것은 있지만 실력이 없어서, 실력은 있지만
부모가 원하지 않아서, 어떤 것은 돈이 없어서라는 등 대부분 이유를
댈 뿐 답을 내지 못합니다. 물론 소수의 사람들은 답을 하기도 합니다.

나는 23살 군대 있을 때 '명상가'라는 것을 나름 정했습니다. 그리고
25살에 평생 명상가가 되기 위해 인생의 전부를 걸기로 결심하고 그
길을 걸어 왔으며 30대 후반에 이르러 명상가의 자격을 얻고 50살이
넘어 명상가로 길을 가고 있습니다.

나의 인생은 명상가입니다. 이렇게 자신만의 인생을 정하고 살아
보세요. 한 단어나 한 줄로 정하지 못하는 경우 버킷 리스트를 정해
그것을 이루면서 점점 한 단어나 한 줄로 요약해 보세요.
그러다 보면 어느 순간 '나의 인생은 이것이다'라는 무엇이 정해질
것입니다. 산다는 것은 '내 인생은 이것이다'라고 말할 정도로
분명해야 할 것입니다.

그렇지 않으면 내 인생에 대해 아무 것도 정하지 못해 그저 몸으로
사는 일로 작아질 것입니다. 정하지 않거나 찾지 못하면 불안하고,
불편하고, 내 것이지만 내 인생의 주인이 되지 못합니다.

내 인생은 내 것입니다.

나의 오늘 점심 메뉴는 이것입니다.

나의 한 달 목표는 이것입니다.

나의 1년 계획은 이것입니다.

나의 10년 목적은 이것입니다.

나의 30년 목적은 이것입니다.

나의 인생은 바로 이것입니다.

이렇게 순서를 정해서 그냥 글로 써보면 정하기 쉽습니다. 그렇게 '나의 인생은 이것이다'라고 찾을 수 있습니다.

산다는 것은 나의 인생을 아는 것입니다. 바로 자신의 인생을 알고 나의 시간, 마음이나 생명을 비용으로 투자해 이루는 것입니다. 아주 소중하고 중요한 일입니다. 당신 인생의 주인이 되세요. 당신을 사랑으로 살게 하고 사랑으로 인생을 꽃피웁니다.

제7장

세상의 길
(가주기)

독립한 가장으로 살아가는 법을 배웁니다.
인생과 꿈, 가치를 실현하고자 노력합니다.

세상은 무엇일까요?
당신은 알고 있나요?
참으로 정의하기 어렵습니다.

세상이 무엇인지 알려 줄 것입니다.
세상에서 어떻게 활동 하는지.
세상의 길은 어떻게 나아가는지,
세상을 살아가는 규칙은 무엇인지,
세상에서 할 일이 무엇인지 명확하게 구분하고
정하는 법을 알려 줄 것입니다.

신이 당신에게 주는 선물 중 하나가 세상입니다.
자신의 세계를 마음껏 펼칠 준비를 위해
세상에 대해 배우게 될 것입니다.

세상과 관계하는 법을 조금 더 배우게 되며
삶의 길을 편안하고 슬기롭게 가게 될 것입니다.

51. 세상

형태가 있는 모든 것입니다.
보이는 모든 것입니다.
느끼는 모든 것입니다.
아는 모든 것입니다.

만들어진 모든 것입니다.
사라지는 모든 것입니다.
꾸며진 모든 것입니다.

생각이 세상입니다.
글이 세상입니다.
말이 세상입니다.

사람이 세상입니다.
도시가 세상입니다.
자연이 세상입니다.
우주도 세상입니다.

세상이 아닌 것이 없습니다.
그 무엇도 세상이 됩니다.
살아 있는 모든 것들이 세상입니다.
존재하는 모든 것들이 세상입니다.

52. 세상의 활동

자연은 순리를 따르며 운행합니다.
물은 높은 곳에서 낮은 곳으로 흐르고,
무거운 땅은 아래, 가벼운 하늘은 위에 있습니다.
바람은 보이지 않게 공기를 나르고
구름은 비를 하늘에서 내려 줍니다.
우주, 하늘, 땅과 바다, 나무 같은 것들이 자연입니다.
각각의 궤도, 위치, 순환처럼 변화가 자연스럽게 일어납니다.

동물이나 식물은 약육강식입니다.
강한 것이 약한 것을 이기고 살아갑니다.
환경에 따라 적응하며 모양이나 색깔이 진화합니다.
생존을 위해 많은 자손을 번성합니다.
무리를 지어 다니기도 합니다.

사람은 배우고 익혀 살아갑니다.
말과 글을 배워야 합니다.
집을 짓고 기계를 만들어 씁니다.
과거의 것과 현재, 미래를 이어지게 합니다.
효율을 위해 집중과 선택을 합니다.
일과 놀이, 문화, 역사, 인종, 나라로 구분합니다.
동물적 특징인 탐욕, 성냄, 어리석음이 있고
인간적 특징인 사랑과 자비, 평화가 있습니다.

53. 세상의 길

일반적으로 인간의 길에서는
4가지의 길을 중요하게 여깁니다.

첫번째는 돈(물질)의 길입니다.
돈은 생활을 안전하게 유지하도록 해 줍니다.
먹거리나 잠자리와 같이 의식주 생활을 가능하게 합니다.
사람과의 만남, 식사, 놀이처럼 관계 활동을 도와줍니다.
일을 통하여 사회적 관계와 성과를 드러나게 합니다.
집, 건물, 병원, 사업체, 공장, 공공시설이 만들어집니다.
놀이와 취미 활동을 가능하게 합니다.
편안한 휴식을 가질 수 있도록 시간과 장소를 제공합니다.

두 번째는 가슴의 길입니다.
예술 활동과 헌신의 대상을 통하여 활동합니다.
시, 소설, 춤, 회화, 조각, 각종 공예품을 만들어 냅니다.
문자의 조합, 몸의 표현, 도구를 통한 자유로운 창작 활동이
일상생활을 넘어 가슴 세계로 도약하게 합니다.
신을 향한 존경을 담은 기도, 인간에 대한 사랑이 담긴
봉사와 같이 이해관계를 넘어선 활동입니다.

세 번째는 논리(과학, 철학)의 길입니다.
과학은 보이는 세계를 법칙과 공식으로 확인하고 검증하며
생활에 유용하도록 합니다.

물리학, 천문학, 유전자학, 생물학, 양자 역학과 만유인력 법칙,
상대성 원리처럼 여러 학문과 법칙들이 있습니다.

인간 자신을 탐구하는 것이 철학입니다.
소크라테스, 공자, 스피노자, 니체, 하이데거 같은 철학자들이
인간에 대한 질문과 답변, 논증을 중요하게 다룹니다.

끝으로 인간을 넘어서는 종교의 길입니다.
기독교, 불교, 유교, 힌두교, 이슬람처럼 다양한 수행 체계와 방식으로
신앙생활을 하고 있습니다.

돈의 길에서 과학이나 철학, 인간 탐구의 길까지는
인간의 몸, 가슴, 마음을 다루며 사람 중심의 사고와 현상,
관계와 활동을 배우며 성취와 성공을 하도록 도와 줍니다.

종교의 길에서는 마음이나 자의식을 넘어
보이는 세상이 아닌 내면의 세계로 이동하고 활동합니다.
또한 생각이나 지각, 기억에서
편안하고 자유로워지는 세계를 경험하게 되고
초월과 도약을 이끄는 세계입니다.

네 가지의 길은 세상에서 인간으로 태어난 이상
모두 배워야 하는 길입니다.
모두 걸어 봐야 하는 길이기도 합니다.

54. 세상의 규칙

첫번째는 다름입니다.

세상은 보이는 세계입니다.

모양과 활동으로 실체를 드러냅니다.

나와 다른 모든 것은 나와 같지 않습니다.

그래서 사람은 문자의 형식, 소리로 하는 말, 이름을 통하여

자신이라는 실체를 주고받으며 소통합니다.

다름은 그냥 그대로 인정하는 것입니다.

나와 같지 않다고 싫어하는 것처럼

반대의 입장을 주장하지 않는 것입니다.

이 세상에 똑같은 사람이 한 사람도 없듯이, 동물, 식물,

나무, 심지어 지구 밖 우주의 행성까지 같은 것은 없습니다.

다름은 같은 것이 없다는 세계의 규칙입니다.

그것은 만물이 서로 존귀하다는 것을 알려 주는 규칙입니다.

두 번째는 존중입니다.

내 것만 내 마음대로 할 수가 있습니다.

어떤 이유라 하더라도

내 것이 아니면 마음대로 하면 안됩니다.

내 것이 아닌 것을 마음대로 한다면 큰 충돌이 일어납니다.

나라별로는 전쟁이며 사업체는 망해 사라지거나 합병되기도

합니다. 사람은 우정에 금이 가기도 하고, 가족은 남이

되거나 원수가 되기도 합니다.

존중하면 위의 문제들이 일어나지 않아 좋습니다.

세 번째는 모름입니다.

나는 나 자신을 잘 알지 못합니다.

나의 꿈이 무엇인지, 어떻게 살아야 행복한지,

어떤 사람이 가족이 되며, 친구가 될지

인생의 중요한 요소임에도 알지 못합니다.

그래서 선택과 결정이 어떤 순간마다 계속 달라집니다.

평생 고민하며 노력하고 수많은 시도로 결정을 바꿔 봐도

이것이 정말 내 것인지 알지 못할 때가 많습니다.

당신은 모름을 인정하는지 모르겠습니다.

사실 안다고 생각해도 늘 고민과 고통이 있습니다.

안다고 해서 무엇을 해봐도 결과는 기대와 다르고

오히려 원하지 않는 일이 생겨 일이 많아지기도 합니다.

살아가는 모든 시간 속에서 아니면 선택 속에서,

사람과의 어떤 만남이나 관계의 유지 속에서,

자신을 잘 안다고 생각하고 행동을 하지만

서로를 편안하고 이롭게 하는지 모르겠습니다.

대부분 사람들을 보면 불만이나 불평이 많고,

어떤 사람은 사는 일이 힘들다고 세상을 등지고

자연인이 되려는 사람도 있습니다.

그냥 자신을 조금 모른다고 인정하세요.

그 모름의 인정이 당신을 더 여유롭게 할 것입니다.

다름, 존중, 모름 이 세 가지 규칙이 나와 남이 살아가는

세상에 항상 존재합니다. 이것을 기억하면 좋습니다.

55. 세상의 할 일

알지 못하면 어떻게 하면 될까요?
배우고 익혀야 합니다.

사실 나에 대해서도 잘 알기 어렵습니다.
아이로 태어나 먹고, 자고, 입고 즉 의식주 활동을 익힙니다.
말하기, 듣기, 쓰기처럼 문자와 소리로 인간 소통의 도구를
배우기도 합니다.

나 이외의 것은 모두 나와 다른 세상입니다.
어쩌면 나 아닌 것은 나에게는 모두 처음입니다.
모두 처음인데 어찌 그것을 안다고 할 수 있을까요?

그러니 전부 배워야 할 대상이기도 합니다.
보이는 모든 것이 배워야 할 대상이니
얼마나 사람 사는 일이 힘들겠습니까?

하지만 배움에는 어려움만 있지는 않습니다.
어떤 것을 배우고 익히면 마치 내 몸처럼 편하게 사용합니다.
먹고 마시고 잠자는 일이 어려운가요?
지금도 말하고 듣고 보고 쓰는 일이 어려운가요?

잘 배우고 익히면 편안하고 편리하고
때론 자유롭게도 합니다.

배운다는 것은 자신을 이롭게 하는 것입니다.
물론 처음에는 낯설고 서툴어 내 몸처럼 사용하기
어렵지만 배우려고만 한다면 어느 순간 내 것이 됩니다.

내 몸을 잘 사용하면 어떨까요?
몸과 마음이 편안하고 가벼워 사람들이 건강하다고 합니다.

물건을 잘 사용하면 어떨까요?
컴퓨터나 자동차를 잘 사용하면 빠르고 편리하게
정보를 이용하거나 원하는 장소로 쉽게 이동합니다.

다른 사람과 잘 관계하면 어떻습니까?
서로 도와 주고 응원하며 때론 어려운 일도 같이 해결합니다.
한평생 친구도 되고 사랑으로 사는 부부도 됩니다.
때론 인생의 스승이 되기도 합니다.

이 세상은 배워야 잘 살 수 있습니다.
사는 데 무언가 불편하고 불안하고 고통스러우면
배움이 부족하고 배울 것이 더 있다고 말해 주는 것입니다.
세상 사는 일은 맛있는 음식을 먹듯이,
매일 즐겁게 배우면 참 좋습니다.

배우면 행복해집니다.
많이 배우면 많이 행복해집니다.

56. 세상의 관계

세상은 이해관계가 늘 있습니다.
모두 자신만을 우선합니다.
그래서 (이해관계에는) 싸움과 충돌이 자주 있습니다.

생존을 위해 더 먹어야 합니다.
더 가져야 합니다.
더 많이 일하기도 합니다.
모두 자신을 위해 무언가를 하고 있습니다.

나를 위하다 보면 상대방과 마주칩니다.
같은 것을 먼저 확보하려고 합니다.
더 빨리 움직여서 획득하기도 합니다.
상대방과 입장이 다르다고 서로 충돌합니다.

서로 입장이 반대되기도 합니다.
이쪽에서는 이익이라고 하는데
저쪽에서는 손해라고 합니다.
나는 선을 추구한다고 하는데
저편에서는 악이라고 합니다.
주는 자는 존중한다고 하는데
받는 자는 무시한다고 합니다.

충돌은 나만 생각하는 사람의 본능입니다.

57. 세상의 역할

사람은 몸을 가지고 일상 활동을 합니다.
사람은 하나의 세상이 되어
다른 세상과 무리를 이루고 살아 갑니다.
남과 구별을 위해 이름을 가지고 있으며
집으로 장소의 경계도 정해 생활합니다.

역할은 다른 말로 할 일입니다.
먼저 자신에게 할 일이 있습니다.
사는 동안 숨을 쉬고 먹고 자는 것처럼
몸에게 해야 할 기본적인 의무입니다.
살기 위해 일하고 돈 벌고 필요한 것을 사고
요리하는 것처럼 사회적 활동도 하게 됩니다.

가족 관계에도 할 일이 있습니다.
같이 밥 먹고, 대화하고, 협력하며, 집안을 위해
공동의 일을 합니다.

일은 남과의 관계에선 역할이 커지고 무거워지기도 합니다.
세상은 공짜가 없음을 강하게 배우고 익힙니다.
친구가 되고자 해도 시간과 돈, 노력이 오고 갑니다.
직장에서는 돈 받은 것보다 더 많이 일하라고 요구합니다.
취미를 위해서도 남과 맞추며 활동해야 합니다.
남과의 관계는 모두 일이고, 책임이며, 권한이 주어집니다.

58. 세상의 만남

만남은 참 기분 좋은 일입니다.
두 눈에 새로운 어떤 것들이 들어옵니다.
가슴에서 나도 모르는 물결이 감동으로 출렁댑니다.
마음에선 존중과 존경이 일어나고 황홀합니다.

만남은 어떠한 것들을 '허락'하는 일입니다.
내게 있는 그대로를 받아들이는 일입니다.
색안경을 쓰면 제대로 볼 수가 없습니다.

만남은 내 색깔만 고집하거나 덧칠하면 깨지게 됩니다.
흰 도화지처럼 그냥 받아들여야 합니다.
상대방이 내 마음에 색을 입혀야 합니다.
물론 나도 그에게 그렇게 색을 칠해야 합니다.
만남의 기술은 보고, 듣고, 허락하고, 받아들이고,
존중하는 일입니다.
그러한 만남은 예쁜 그림이 됩니다.

가치 있고 귀한 일이 일어납니다.
하늘에서 하는 일이 땅에서도 일어나듯
사랑이 일어납니다. 존경이 일어납니다.
배움이 일어납니다. 아름다운 꽃이 됩니다.

59. 세상의 법칙 '존중하면 존중받아요'

서로 서로 경계를 인정하는 것입니다.
서로 서로 다르다는 것을 허락하는 것입니다.

나와 남은 다르니 소유할 수 없습니다.
내 것이 아니면 내 마음대로 할 수 없습니다.

존중은 아주 단순합니다.
단순하니 방법은 더욱 쉽습니다.

내 것이 아닌 것을 대하는 방법만 행동으로 하면 됩니다.
내 것이 아닌 것은 내 마음대로 결정하지 않으며
판단하지 않으며, 쓰지 않으며, 버리지도 않습니다.

남의 물건을 마음대로 사고 팔 수 있을까요?
남의 집을 마음대로 드나들 수 있을까요?
남의 말을 내 말이라고 주장할 수 있을까요?
남의 생각을 내 생각이라고 할 수 있을까요?

아주 명료하고 분명합니다.
내 것이 아니면 내 멋대로 하지 말라!
내 것이 아니면 내 마음대로 하지 말라!

쉬워요. 정말 쉽습니다.

나 이외의 것에 대해서 이렇게 하면 됩니다.
먼저 내 것인지 아닌지 확인해 봅니다.
내 것이라고 하면 별 것이 없습니다.
내 몸, 내 감정, 내 생각과 같이
나와 하나로 느끼는 무엇들입니다.
일치감이 매우 강합니다.
태어나면서 함께해 온 것들이라 아주 오래되었습니다.
내 것이니 쉽게 사용하고, 이용하고, 결정할 수 있습니다.

나 외의 것들은 나와 같은 것이 아닙니다.
분리되어 있고 구분이 분명합니다.
함께 태어나지도 죽지도 않습니다.
내 것이 아니니 항상 물어 보고 허락이나 동의를
구해야 하며 결정권이 전부 상대방에게 있습니다.
결정을 내가 할 수 없는 것입니다.

존중은 어떻게 하면 될까요?
나 이외의 것과 만남이 일어날 때
내 마음대로 할 수 없는 것을
인정하고 행동하고 살아가는 것입니다.
또한 남이 나에게 위의 마음을 잃지 않고 행동하도록
자신을 지키고 알려 주는 것입니다.

♧ 신은 이 모든 것이 파생되어 나오는 그 근원이다.

- 라마크리슈나 -

제8장

세상이라는 세계
(가주기 심화)

세상이 주는 다양한 주제를 실제적으로 배웁니다.
어른으로, 삶에서 하나의 꽃을 피우는 법을 익힙니다.

세상은 무엇인가요?
나 이외의 존재하는 모든 것들 즉
사람, 물건, 물질, 건물, 책, 매체, 휴대폰 등
수많은 것들이 있습니다.

학생기에는 나의 일에 부모의 책임이 있습니다.
가주기에는 내가 하는 모든 일은 나에게 책임이 있습니다.
즉 모든 일은 내가 주인이며 책임도 내가 져야 합니다,
책임이 주어지는 만큼 주인으로서 자격이 주어집니다.

그대는 이제 성숙한 어른입니다.
이성을 만나 결혼을 하고, 직장, 친구, 꿈처럼
다양한 것들에서 자신의 세계를 구현해야 합니다.

이 세계는 오직 자신이 만들어 가는 세계입니다.
세상에서 자신이라는 길을 만들고 알리는 시간입니다.

그대는 세상에서 무엇이 될지 아무도 모릅니다.
그대는 하늘의 별이 될 수 있으며,
땅에서 힘들게 일하는 개미도 될 수 있습니다.

모두 당신에게 달려 있습니다.
당신의 길을 스스로 만들어 가는 것입니다.

60. 신의 첫 번째 선물이 현재라는 시간이다.

나는 행복합니다.
많이 행복합니다.
당신도 행복합니다.
우리는 신의 선물인 시간을 가지고 있습니다.

신의 선물은 현재라고 합니다. 지금 바로입니다.
다른 그 무엇도 없는 오직 지금입니다.

지금은 순수합니다. 아무 것도 시작되지 않아 아무 것도 담지
않았습니다. 아무 것도 없으니 순수합니다.

매 순간 처음이 지금입니다. 두 번째 순간이 없는 것이 지금입니다.
눈앞에 아무 것도 없습니다. 보이는 것이 없으니 머릿속에도 아무
것도 없습니다. 몸과 마음이 아무 것도 없는 순간이 바로 지금입니다.

지금은 오직 당신밖에 없습니다. 세상에 오직 홀로입니다. 이 지구에
당신이 주인입니다. 당신 세계의 주인입니다. 주인은 모든 것에서
자유롭습니다.

홀로이면 모든 순간 기적이 일어납니다. 몸과 마음에 아무런 구속이
없습니다. 혼자이려면 바로 지금에만 가능합니다. 현재에만 가능한
일입니다.

시간은 생명입니다. 생명은 연속성입니다. 에너지 흐름이 끊이지
않고 일어납니다. 생명 에너지가 바로 시간입니다.
시간은 단 한 순간도 끊어짐 없이 일어납니다.
생명은 한순간이자 전체의 순간입니다.

당신은 현재에 살고 있나요?
당신은 지금 이 순간에 살고 있나요?
당신은 세상에 나와 지금껏 현재라는 선물을 받고 있습니다.
당신이 하나의 생명으로 존재하니까요.

현재는 아주 아름다운 순간입니다.
매 순간 생명의 빛이 찬란하게 뿜어져 나옵니다.

61. 위대한 일은 하기 쉽다.

위대한 일은 어떤 일일까요?
위대한 사람이 따로 있을까요?

위대한 일은 어떤 특징이 있을까요? 특징을 알아야 보통 사람인
우리들도 쉽게 할 수 있습니다. 흔히 위대한 일에는 두 가지 특징이
있다고 합니다. 먼저 신이 참여했다고 합니다. 인간의 힘으로는 할
수 없다고 생각하기 때문입니다. 두 번째는 인간의 본능을 벗어난
일이라고 합니다. 본능은 타고난 것이라 자발적이며 의식적이지
않아도 저절로 하고 있는 행동입니다. 그래서 본능을 역행만 하면
가능해집니다.

첫째, 신이 참여하는 일입니다. 신하면 가장 먼저 떠오르는 것이
창조하는 능력입니다. 생명을 만드는 일은 신만이 가능하다고
합니다. 사람들은 어떻습니까? 어른이 되면 결혼을 하고 아이를
낳아 부모가 됩니다. 부모가 아이를 낳을 때 신이 함께했다고 할 수
있습니다. 당신이 부모가 된다면 신은 생명 탄생의 역사에 참여하여
함께합니다. 당신은 이때 위대한 일을 할 수 있으며 하게 됩니다.
그래서 모든 부모는 위대한 일을 하게 됩니다.

두 번째는 사람의 본능(상식)을 벗어나는 일입니다. 상식은 우리가
갖고 있는 일반적인 정서이며 법칙을 말한다고 합니다. 누구나 있는
본능이자 상식 중 하나는 '자신이 최고 중요한 존재다'라고 믿으며
살아 가는 것입니다. 우리가 살아 가는 사회에서 보편적이고 널리

통용되는 법칙입니다. 이 상식을 벗어나면 위대한 일이 됩니다.

나 중심의 사고를 벗어날 수 있을까요? 자신만을 중요시 여기는 것을 벗어나 남을 위하는 방식을 '이타'라고 합니다. 나보다 남을 이롭게 한다는 것입니다. 위대한 일의 비밀은 바로 남을 이롭게 한다는 것입니다. 단순합니다. 나만 생각하는 것을 남도 있다고 생각합니다. 나를 위할 때 남에게 시간이나, 돈과 마음을 조금 더 내면 됩니다.

이타는 행하는 방식만 알면 쉽습니다. 본능을 역행해야 합니다. 물이 높은 곳에서 낮은 곳으로 흐르는 자연의 법칙을 반대로 적용하는 것과 같습니다. 나만 위하는 무의식 방식에서 타인을 생각하는 의식적인 방식으로 방향을 바꾸면 되는 것입니다. 아울러 의식적인 방향을 지키기 위해서 '내가 무엇을 하는가와 무엇을 위해서 하는 것인가'를 알고 행하는 것입니다.

위대한 일은 일상에서 쉽게 접할 수 있습니다. 집에서 어머니는 자식을 위해 무엇이든 양보하고 좋은 것을 주니 자신보다 자식을 먼저 생각합니다. 세상에서는 어려운 이웃에게 봉사나 나눔을 사랑으로 주고 행할 때입니다. 위대한 일은 부모가 되듯이 누구나 가능하며, 나만 생각하는 사고를 벗어나 타인을 소중히 대하면 되는 것입니다.

62. 사람이 서로 다르듯 삶도 무한히 다양하다.

세상에 당신과 같은 사람이 있을까요?
우주에서 당신 한 사람이라는 생각이 드나요?

당신은 이 세상에 하나뿐입니다. 왜냐고 묻는다면 '당신과 똑같은
사람'을 만들기 어렵기 때문입니다. 먼저 부모가 같아야 합니다.
그리고 최소한 쌍둥이 이상이 되어야 합니다. 그러면 우연히 얼굴이
정말 비슷하게 세상에 나올 수 있습니다. 하지만 먹는 것, 입는 것,
잠자는 것처럼 살면서, 일상에서 일어나는 모든 것들을 둘이서 똑같이
할 수는 없습니다. 물론 음식이 몸에 들어가 소화 작용도 다르고
생각도 다르게 일어날 것입니다. 물리적으로 같은 조건이 되기는
불가능합니다. 그래서 당신은 이 우주에 오직 하나뿐인 존재입니다.
그것은 자랑할 만합니다. 우주에 하나인 당신의 가치를 무엇으로
평가할까요? 그냥 자랑하고 감사하면서 살면 됩니다.

같은 사람이 없으니 살아가는 모든 것들이 다릅니다. 아니 달라야
합니다. 같다는 것은 로봇이나 가능합니다. 생명이 없으면
가능하겠죠. 명령어에 의해 그저 기계적인 활동만 하는 것입니다.
당신은 살아 있는 생명 그것도 우주에서 하나뿐인 아주 존귀한
사람입니다. 하나이면서 다름이 특별함입니다.

사람이 어떤 사람과 똑같은 삶을 살 수 있을까요? 정말 노력하면
가능한 일일까요? 그리고 노력해서 얻는 것이 진정 당신 자신이라고
할 수 있을까요?

삶은 다양합니다. 그것이 아름다움이며 특별함입니다. 다른 어떤
사람이 얼굴이 멋있다고 성형을 닮게 해도 앞에서 이야기했듯이
다른 사람입니다. 또 다른 사람이 위대한 부자나 정치인, 스포츠인,
종교인처럼 그들이 살아 온 삶을 존경하여 내가 따라한다고 해도
당신은 다른 사람입니다. 당신은 당신 자신으로 살아가야 멋지고
아름답습니다. 물론 성공한 사람을 찾아가 원하는 것을 이루는 방법을
배워도 좋습니다. 어떤 사람이 되지 말고 당신 자신이 되어야 합니다.
그것이 당신이 세상에 하나뿐인 존재의 이유입니다.

신이 똑같은 인간을 만들지 않은 이유는 무엇일까요? 똑같이 만드는
것이 어려워서일까요? 실력이 뛰어난 과학자는 로봇을 만들어 똑같이
행동하도록 할 수 있습니다. 그런데 그 위대한 신이 왜 그랬을까요?
아마도 '우주에 하나뿐인 것으로 특별함을 주려고 했다'는 생각이
듭니다. 그래서 사람마다 자신을 사랑하고 존귀하게 살아가라는 뜻이
담겨 있다고 느껴집니다.

삶은 다양합니다. 그것이 멋이며 아름다움입니다. 그 어떤 비교도,
다른 그 무엇도 되려고 하지 마세요. 당신 자신이 되세요. 당신이
원하는 당신의 삶을 사세요. 그래서 삶이 다양한 것입니다. 오직
하나뿐인 위대한 당신이 살아가는 것이기 때문입니다.

63. 산 너머에 또 산이 있네요.

산을 오르려고 한다면 산은 목표가 됩니다.
목표를 오르고 나니 또 다른 목표 더 큰 산이 있네요.

산은 사람에게 휴식을 제공합니다. 나무로 이루어진 숲과 그 속에
작은 물길이 냇가나 강을 이루어 산의 몸통을 지나가기도 합니다.
큰 산은 많은 동물과 식물, 곤충들이 살며 구름이 쉬어 가기도 하고,
사람들도 손님이 되어 오고 가는 곳입니다. 산은 계절에 따라 자신을
변신하며 그곳을 찾는 모든 생명체에게 선물을 주기도 합니다. 산은
생명체마다 각기 다른 목적이나 쓰임새를 주기도 하고 받기도 합니다.

사람에게는 다른 산이 존재합니다. 바로 목표입니다. 목표는 다른
말로 원하는 것입니다. 원하는 것은 아이일 때, 학생일 때, 어른일 때
다르며 많아지기도 커지기도 합니다. 때론 원하는 것이 너무 커져
자신의 인생을 걸어야 할 때가 있습니다. 인생에서 삶의 목적이나
목표를 정했을 때 흔히 나는 이런 꿈이 있다고 합니다. 사람마다 서로
다르듯이 사람 수만큼이나 다양하고 다른 꿈이 존재합니다. 각자마다
다른 산을 품고 살고 있으며 또한 살아가야 합니다.

아주 어린 시절 집 근처에서 형들과 놀다가 작은 뒷산에 따라가 본
적이 있습니다. 멀지 않은 곳이었지만 작은 동산에는 마을이 보이지
않을 만큼 나무들이 숲을 이루고 있었습니다.
특히 기억에 남는 것은 참나무입니다. 단단한 나무로 그 키가
무척 컸다고 생각이 되며 딱정벌레가 살고 있어서 관심이 가는

나무였습니다. 장난감이 없던 시절이기에 딱정벌레는 무엇보다
장난감을 대신할 귀한 보물이었습니다.

학생 시절에는 소풍이나 수학여행 등으로 동네를 벗어나 조금 더 큰
산을 갈 수 있는 기회가 생깁니다. 요즘 같은 시대에는 외국 여행이
일반화되어 타국의 산이나 도시처럼 여러 곳을 방문할 기회가
많아졌습니다.

드디어 어른이 되면 큰 산을 오르려는 꿈을 가진 자가 나타납니다.
히말라야의 전설을 품은 8천 미터 이상의 산들을 꿈꾸게 됩니다. 이
산들은 일반인들을 허락하지 않습니다. 잘 훈련된 건강한 신체와
강인한 의지, 추위를 이길 수 있는 장비, 식량과 경비 같은 여러 가지
것들을 준비해야 합니다. 고산병 등으로 죽을 고비를 넘기지만 소수의
사람들이 히말라야 등반을 마치고 돌아옵니다. 그 이후 그 사람은
다시 이 세상에서 보통 사람으로 살아갑니다.

산은 오르면 반드시 내려와야 합니다. 일상이 바로 여러분들의
산이 되어야 합니다. 일상에서 행복이 진정한 산이 되어야 합니다.
일상은 평생 가야 하는 당신의 길입니다. 일상이 산이 되는 것은
흔치 않습니다. 다른 곳에서 찾으려고 하니까요. 이제는 다른 곳에서
찾지 않았으면 합니다. 그냥 당신이 밥 먹고 자고 만나는 일상에서
시작하면 됩니다.

64. 세상에 공짜는 없다.

너무나도 익숙한 말이죠.
익숙하니 그 의미를 다 아는 듯 착각에 빠져
제대로 사용하지 못하는 말이기도 합니다.

'공짜' 참 듣기 좋은 말입니다. '무료' 이 세상에 과연 대가를 무료로
하는 것이 있을까요? 어느 백화점에서 1 + 1 행사를 한다고 합시다.
1개를 사면 1개를 더 준다는 겁니다. 이 1개는 과연 공짜일까요?

또는 어떤 카드를 쓰면 적립금이나 포인트가 쌓여 그 금액이 일정량에
도달하면 사용할 수가 있습니다. 그 포인트를 가지고 각종 물건을
살 수가 있습니다. 공짜 돈이 생겨 공짜로 물건을 살 수 있다고
생각합니다. 하지만 포인트나 적립금은 아무 비용을 들이지 않고
그냥 생겨난 것은 아닐 것입니다. 그렇다면 이 적립금을 쓰는 일이
공짜라고 할 수 있을까요?

어느 날, 꿈을 잘 꾸고 만원을 주고 로또 복권을 샀는데 1억 원이
당첨 되었다고 합시다. 그렇다면 만원을 뺀 나머지는 공짜로 얻은
돈인가요? 로또 복권은 수많은 사람들이 복권 구입을 통해서 어느
한 사람이나 여러 사람이 당첨된 것입니다. 과연 이것은 당첨된
사람에게는 공짜인가요? 다시 한 번 공짜인지 생각해 볼 문제입니다.

다른 예를 보겠습니다. 어떤 사람이 길을 가다가 우연히 일백만 원의
돈을 주웠다고 합시다. 주운 돈은 공짜인가요? 돈을 잃어 버린 사람은

주운 사람에게 공짜로 준 것인가요? 이 상황이 공짜인지 아닌지 무척
혼란스럽습니다.

어떤 건강한 사람이 혈액원을 지나가다가 헌혈을 하게 되었습니다.
내 피가 필요한 아픈 사람에게 도움이 된다는 생각으로 헌혈을
했습니다. 하지만 병원에서 어떤 환자는 치료 받는다고 돈을 내고
수혈을 받았습니다. 그렇다면 헌혈자는 돈을 받지 않고 공짜로 수혈한
것인가요? 물론 자기 피를 무료로 수혈한 것은 다른 사람에게 공이
생긴 것입니다. 내 피가 다른 사람에게 도움이라는 것으로 바뀌는
상황이죠. 이것은 과연 공짜인가요?

이제는 조금 더 심도 있는 질문으로 들어가 볼 차례입니다.
우리 자신에 대한 것입니다. 우리는 살기 위해 숨을 들이쉬고 내쉬는
일을 잠시도 멈추지 않고 자연스럽게 합니다. 호흡이 자연스럽게
일어난다고 해서 나의 몸은 아무 일도 안한 것일까요?

'말'하는 것도 마찬가지입니다.
당신이 사랑하는 배우자, 아이 그리고 친구들을 그저 바라만 보면 내
생각이나 마음을 그들이 알 수 있을까요? 내가 상대방에게 무언가를
하려면 생각하고 정리하고 말을 하고 때론 행동도 합니다. 아무 일도
하지 않으면 어떠한 일도 일어나지 않습니다. 매일 보는 부모, 배우자,
아이조차도 수많은 말, 몸짓, 행동, 메시지를 보여 주어야 합니다.
그래야 서로 알고, 믿고, 사랑하는 것들이 유지되고 자라게 됩니다.
아무리 친하고 가까운 사이라 하더라도 보지 않으면 멀어지고 어느
순간 관계가 사라집니다. 극단적으로 상대방이 살아 있지 않으면
아무 할 일이 없습니다. 그렇다면 상대방과 어떤 관계가 유지되려면

끊임없이 무언가를 해야만 합니다. 그것이 자발적이든지 아니든지 말입니다. 그러면 이것이 공짜라고 감히 말할 수 있을까요?

자신에게도 마찬가지입니다. 당신은 한 순간도 생각이 멈추지 않습니다. 매 순간 생각하는 것이 저절로 자신 안에서 일어나고 사라집니다. 생각하는 것이 저절로 일어나지만 항상 자신의 이로움을 위해 일어나고 있습니다. 자신을 이롭게 하기 위해 계속 생각하는 일을 하는 것입니다.

당신이 살아 있는 동안 생각이 일어났다가 사라질 것입니다. 당신에게 진짜 죽음이 일어날 때 생각은 몸과 함께 멈추게 될 것입니다. 자신을 위해 하는 모든 생각은 공짜인가요? 참 아이러니합니다.

세상에서 공짜를 찾아 봤지만 그 어디에도 공짜는 없다는 것을 알게 됩니다. 공짜가 없다면 아니 당신이 숨을 들이쉬는 일이나 뱉어 내는 일, 보거나 듣는 일, 하물며 혼자서 자연적으로 일어나는 생각하는 것조차도 공짜는 아니니 모두 감사해야 할 것입니다.

먼저 자기 자신에게 감사해야 합니다. 자신이 하는 모든 행동, 보고, 듣고, 말하고, 생각하는 것에서 감사하는 일을 마음으로 해야 합니다.

그리고 다른 사람에게도 감사해야 합니다. 어떤 사람의 공짜는 어떤 사람의 수고와 비용이 반드시 들어 있음을 위의 사례에서 보았습니다. 그러니 다른 사람에게 잊지 않고 감사하는 일이 당연합니다.

끝으로 사람 이외의 모든 만물에게도 감사해야 합니다. 만물은 단

한 순간도 쉬지 않고 각자 자신의 모습으로 살아가기 위해 일하고 있습니다. 하늘과 땅, 산과 바다, 동식물, 곤충과 조류처럼 서로 서로에게 이롭기 위해 무언가를 하고 있습니다.

살아 있는 모든 만물은 각자 일을 하고 있는 것입니다. 그러니 이 세상에는 공짜가 없습니다. 단지 자신이 비용을 내지 않는다고 착각하며 공짜라고 여기는 계산을 하고 있는 것뿐입니다. '하늘이 하는 일에는 결코 공짜가 없다'는 것은 진실입니다.

65. 무시하면 무시됩니다.

집에서 한가로이 혼자 있으면 참 좋습니다.
누구의 눈치를 볼 것도 없고 마음 가는 대로, 먹고, 놀고,
눕고, 자기도 합니다. 한 잔의 커피를 마시면서 좋아하는
음악을 음미하기도 하고 나에게 마냥 좋은 시간들입니다.

무시는 어떻게 보면 어떤 사람이나 물건, 규칙, 약속 같은 것이 바로
앞에 있음에도 집에 혼자 있듯이 마음대로 하는 것입니다. 눈앞에
보는 자가 있는데도 없는 사람처럼 취급합니다. 초능력으로 자신을
감춘 것처럼 상대방이 나를 전혀 볼 수 없다고 자기 과신이 과할 수
있기도 합니다.

왜 그럴까요? 내 앞에 사람이 있는데 보이지 않아서 그럴까요? 내
앞의 사람이 너무 능력이 없어서 그럴까요? 나는 돈이많고 명예,
권력이 최고 높은 자라서 그럴까요? 아니면 상대에 대하여 아무런
관심이 없어서일까요?

무시하면 어떤 일이 일어날까요? 부모님을 무시하면 집에서 쫓겨나고
못 얻어먹습니다. 형제자매를 무시하고 나만 더 먹거나 좋은 옷을
입고, 나만 좋은 잠자리에서 자려고 한다면 하루 종일 싸움이 끊이지
않을 것입니다. 이웃을 무시하면 부모님을 욕먹이는 못된 놈이라고
소문이 나고 따돌림을 당하며 관계가 끊어질 수도 있습니다. 친구를
무시하면 함께 놀지 않고 힘든 것을 도와 주지 않는 남이 됩니다.
물건을 무시하면 물건의 쓰임새를 모르고 오히려 손해를 입습니다.

약속을 무시하면 모든 기회가 날아갈 것입니다. 내 것이 아닌 것을 무시하면 반드시 대가를 치르게 됩니다.

하지만 내가 나를 무시하면 더욱 어려워집니다. 몸을 무시하면 비만이나 홀쭉이 같은 몸의 고통을 얻습니다. 감정을 무시하면 미움이나 슬픔들이 점점 커집니다. 마음을 무시하면 자신의 정체성 즉 인생이나 자기 자신을 부정하게 됩니다. 살고 있으나 사는 맛이 없어집니다.

무시하지 않으려면 눈앞에 있는 것을 보면 됩니다. 혼자라고 착각하고 아무도 안 본다고 생각하면 큰일 납니다. 부모님은 나를 낳고 키우신 고마운 분으로 보면 됩니다. 친구는 나와 놀아 주고 어려움도 함께하는 좋은 동기입니다. 음식을 귀하게 대하면 몸이 건강해집니다. 교통 신호를 지키면 몸이 안전합니다. 도덕이나 예절을 지키면 사람들에게 칭찬을 받습니다.

보이는 것을 그대로 보면 무시는 사라집니다. 무시하면 그대는 무시를 받으니 이왕이면 무시를 무시하고 존중하세요.

66. 아는 사람과 좋은 친구로 남고 싶어요

당신은 아는 사람이 많나요?
당신은 아는 사람 중에 좋아하는 친구가 있나요?

당신은 아는 사람이 많은가요? 나이, 성격, 사회 활동 여부에 따라
다르겠지만 대부분 나이 드신 분이 아는 사람이 많다는 생각이
듭니다. 우리는 매일 매일 사람을 만나고 서로 아는 사람이 됩니다.
주변에서 아는 사람 중에 가까워지면 친구라고 합니다. 그러니 친구가
없는 사람은 거의 없습니다. 가까이 지내는 친구는 가족, 학교, 직장
같은 곳에서 많은 시간을 함께 보냈던 여러 사람들이 있으니까요.

아는 사람들이 어떻게 가까워질까요? 가까워진다는 것은 무엇을
의미할까요? 소설속 어린왕자와 장미이야기를 아실 겁니다. 그들은
서로 매일 보며 상대방을 알아봐 주고, 알아보려고 상대방을 살피는
겁니다. 그런데 비밀이 있습니다. 마음이 원해야 합니다. 원하는 것이
저절로 기쁨을 주어야 합니다.

기쁨과 즐거움을 주는 마음이 원하는 사람이 있나요? 지금 그러한
관계로 나아가고 있는 사람이 있나요? 아니면 그러한 사람을 찾고
있나요? 어떤 분은 그러한 분이 넘친다고 합니다. 나는 친구가
많아요. 좋아하고 사랑한다고 합니다. 그분에게 비밀을 알려 달라고
했습니다. 당신은 어떻게 친구가 많아졌나요? 어떤 사람들은 친구를
찾기가 어렵다고 하는데, 남다른 재주가 있는 것 같습니다. 그 어떤
분이 말합니다. 지금 질문하는 당신은 친구가 있나요? 예, 친구가

있는데 어느 순간이 되면 차츰 멀어지고 관계가 끊어집니다. 그래서
지금은 친구가 없다고 생각합니다. 왜 그럴까요? 어느 때는 친구가
되었다가 어느 때는 친구가 아닌 싫은 사람, 모르는 사람으로
변합니다. 이상하지요. 왜 그럴까요?

친구는 되지만 관계 유지가 안 된다는 것으로 보입니다. 맞습니다.
그게 문제입니다. 어떻게 해서 가까워지고, 가까워지면 자주 보고
많은 것으로 소통하고 허락이 일어납니다. 그렇게 친구가 되지만 막상
친구가 되면 그 사람의 다른 모습들이 보입니다. 그 모습은 처음 본
것과 다른 모습입니다. 내가 원하지 않는 모습을 가끔 아니 자주 보여
주는 겁니다.

질문이 있습니다. 당신 친구가 당신에게 하는 모습이 당신이 원하는
모습일까요 아니면 자신에게 원하는 모습일까요? 물론 당신에게도
똑같을 것입니다. 상대방이 원하는 모습인지 아니면 당신이 원하는
모습인지 마음속으로 물어 보면 알겠지요. 맞아요. 바로 당신이
원하는 모습입니다. 이제 어떻게 할까요? 이 세상에 당신과 같은
사람은 하나밖에 없다는 것을 압니다. 상대방도 마찬가지입니다.
이 세상에 하나밖에 없는 소중하고 존귀한 사람입니다.

친구는 서로에게 자신의 모습을 그대로 인정하는 것입니다. 내가
원하는 모습이 아니라 상대방이 그저 자신의 모습을 보여 주고
편안하게 보는 것입니다. 그러면 친구는 오래갑니다.

67. 좋은 인연이란 무엇일까요?

인연은 만남입니다.
인연은 영원하지 않은 것입니다.

사람은 혼자 살 수 없는 존재입니다. 물론 자연도 마찬가지입니다.
혼자는 스스로를 만들 수가 없고 한 가지로 만들어지지 않습니다.
형태를 가진 모든 생명은 안과 밖, 몸과 마음, 음과 양처럼 서로
다른 성질의 것이 포함되어야 합니다. 음과 양이 서로를 끌어당기는
에너지가 되어 생명체를 만들어 냅니다.

인연은 만남입니다. 음과 양의 만남입니다. 그러한 만남은 새로운
생명을 만들어 냅니다. 만남은 편안한 만남, 불편한 만남, 짧은 순간의
만남, 긴 시간이 이어지는 만남, 원하는 만남, 원치 않는 만남처럼
다양합니다. 음과 양이 서로 균형감 있게 만남이 일어나면 충격이 덜
하겠지요. 한 쪽의 성격이 강하면 양이 되든지 아니면 음의 성격으로
일방적이 되겠지요. 좋은 만남은 조화가 잘되고 안정감이 있어 서로가
좋아지고, 사랑이 커지고, 행복이 커지겠지요. 서로가 서로의 발전을
극대화시켜 주고 도약하게 해 줍니다. 어느 순간엔 원하는 것을 다
이루어 주며 그 이상의 초월도 가능하게 한다고 합니다.

만남은 다양한 세계를 열어 주며 만들어 가기도 합니다.
가족, 친구, 선후배, 직장 동료, 취미가 같은 동호인의 만남과 필요에
의해 만나지는 가게 주인, 카페의 아르바이트 생, 신호등 앞에서
신호를 기다리는 타인들, 가끔 집 앞에서 보는 이웃들 그리고 먼

타국에서 온 외국인처럼 다양합니다. 수많은 사람이나 수많은 세계가
공존하며 공유되며 서로가 서로에게 영향을 주고 받으면서 이 세계를
만들어 가고 있습니다.

만들어지는 것은 시간이 '끝'을 알려 줍니다. 그것은 바로 완전히
사라지게 한다는 것입니다. 그래서 인연은 끝이 있고 영원하지
않은 것입니다. 만들어진 것이기 때문에 연연해하지 않아도 되는
것입니다.

수많은 만남들이 나에게 영향을 줍니다. 기쁨, 슬픔, 편안함, 만족,
사랑과 자비, 성냄과 탐욕처럼 무한정합니다. 물론 내가 있는
동안에만 가능하겠지요.

시작이 있는 것은 끝이 있습니다. 만남이 있는 것은 헤어짐도
있습니다. 별 일이 아닙니다. 물이 높은 곳에서 낮은 곳으로 흐르듯
자연스럽게 일어나는 일입니다.

좋은 인연은 시작과 끝을 알고 시작하는 것입니다. 만남이 있으니
헤어짐도 같이 있음을 아는 것입니다. 당연한 것을 받아들이면
편안해집니다. 어렵지 않습니다. 인연은 서로의 노력이 필요한
것입니다. 상대방을 귀하게 여기는 마음 하나면 충분합니다.

68. 부모님께 잘한다는 것은 무엇일까요?

부모님은 그대를 세상에 나오게 한 분입니다.
또한 당신을 세상에서 살아가게 한 분입니다.

부모님은 그대의 어머니와 아버지입니다. 두 사람은 사랑으로 만나
세상에 사랑의 씨앗인 생명을 낳으신 분들입니다. 지구라는 세계에서
인간은 만물의 영장이라고 합니다. 신의 손길이 들어간 만물의 영장을
위해 부모님들은 온 정성과 노력을 통하여 아이를 만드신 것입니다.

아이는 성장한 어른들의 사랑에 의해서 만들어집니다. 생명의 진액인
정자와 난자가 만나 10개월이라는 긴 정성의 여정을 마치고 세상에
나올 수 있습니다. 물론 아이는 어머니의 배에서 나올 때 목숨을 건
모험을 해야 하며, 힘든 출산 과정을 거치면서 인간으로서 세상에
나오는 것입니다.

세상에 나오면 가정이라는 곳에서 부모의 한결같은 보살핌으로
자라기 시작합니다. 음식, 입을 것, 자는 것, 말하고 보고 듣는 것,
서로 관계하는 것 속에서 숨을 쉬는 매 순간 부모님의 손길과 역할이
미치지 않는 부분이 없습니다.

걸음이라도 걷기 시작하면 다칠 위험을 없애 주려고 많은 물건을
옮기거나 쓰지 않으십니다. 또한 세상 만물과 만나고 익히도록 돈과
시간을 아끼지 않으십니다. 때론 자식들에게 가치있고 갖기 힘든
것들을 주기 위해 빚도 내고 소중한 것을 걸기도 합니다.

이처럼 부모님들은 자신의 것과 자신이 가지고 있지 않은 것을 구해 아이에게 전부를 줍니다. 짧은 순간이 아니라 부모님의 생명이 다할 때까지 그렇게 합니다. 이토록 사랑으로 평생을 헌신한 부모님을 자녀들은 알고 있을까요?

아이들은 순수합니다. 주고받는 것이 무엇인 줄 모릅니다. 부모님들이 그들에게 한 모든 것들을 모릅니다. 생명을 불어 넣어 몸을 만들어 준 것이나 열 달 동안 배 안에서 편히 자라도록 좋은 것들을 먹었던 일들입니다. 그 어떤 생명보다 약하게 나오더라도 강하게 키우셨습니다. 아이가 먹는 것, 입는 것, 자는 것 그리고 성장해서 친구, 학교, 직업을 가지도록 모든 것을 지원했습니다. 그렇게 아이들은 순수하게 그 모든 것들을 받아들이고 성장합니다.

어떤 순수한 아이는 부모님이 한 정성을 일찍 아는 경우가 있습니다. 부모에게서 그들이 왔고 사랑으로 보살핌을 받고 자라왔음을 말입니다. 그와 같은 아이는 부모를 신으로 알고 존경하고 공경하며 신으로 알고 자라니 신이 됩니다. 사랑을 받아서 사랑으로 세상을 살아갑니다. 부모가 주는 것을 아이가 올바르게 알면 부모는 그 역할을 제대로 한 것입니다. 아이들이 부모를 제대로 아는 것은 부모에게 잘하는 것이며 그것이 최고의 부모로 대하고 사랑하는 것입니다.

69. 친구에게 잘한다는 것은 무엇일까요?

친구는 가까이 있는 편안한 사람입니다.
또한 내 마음을 조금 보여 주고 싶은 사람입니다.

친구는 가까운 관계입니다. 그러니 가깝게 지내는 것이 비밀입니다.
그대는 누구와 지내고 있나요? 그리고 얼마나 자주 그 사람과
무언가를 함께하고 있나요? 같이 지내는 시간이 많은 것이 가까운
것입니다. 함께 지내려면 만나야 하고 만나면 이야기하고, 먹고,
같이 걷고, 대부분 함께해야 할 것들이 많아집니다. 사람은 자신과
바로 곁에서 함께하는 것으로 행동과 생각이 교류되고 동질감이나
일체감이 자라게 됩니다. 그러면 저절로 가깝게 느끼며 친구라고
여기게 됩니다.

친구는 가까이에 있으니 서로를 가깝게 볼 수 있습니다. 가까이
보도록 서로가 용기를 내 허락하는 사이입니다. 요즘처럼 세상이
어려운 시절에 누군가를 가까이에서 허락하는 것은 쉽지 않은
일입니다. 왜냐하면 그 사람이 내게 어떠한 일을 할지 전혀 예측이
되지 않으니까요.

친구는 가까이 허락하니 내 것을 맡기게 됩니다. 내가 좋아하는 사람,
음식, 옷, 그리고 나의 꿈, 인생관처럼 나의 소중한 것들을 꺼내고
보게 합니다. 내 인생을 보여 주는 것입니다. 인생을 보여 주니 인생을
거는 거나 마찬가지입니다. 누군가에게 인생을 맡긴다는 생각은 잘 할
수 없을 것입니다.

달리 말하면 나의 이야기를 한다는 것은 그 이야기만큼 자신을 맡기는 것입니다. 나의 이야기를 들은 사람이 소문을 낸다거나 누구에게나 공개한다면 말한 나는 큰 낭패를 보거나 손해를 입게 됩니다. 피해가 크면 인생을 망치는 일도 생깁니다. 친구는 인생을 맡길 만큼 대단히 중요한 관계가 됩니다.

친구는 가깝고 중요한 관계입니다. 가까우니 즐거움이나 편안함으로 얻는 것도 있고 반대로 고통과 괴로움으로 받는 것도 있습니다. 또한 인생을 맡길 만큼 중요한 관계이다 보니 큰 성공으로 보답 받거나 반대로 큰 실패를 얻게 될 수도 있습니다.

친구라고 생각하는 분들이 많이 있나요? 아니면 친구라고 여기며 대하였는데 친구로서 대하는 방법을 잘 모르는 아는 분들이 많은가요? 가깝고 중요한 관계가 잘 되면 좋은 친구가 됩니다. 서로에게 가까이 대하는 것과 중요하게 대하는 것이 자신의 기준이나 마음과 다르면 다시 생각해 볼 필요가 있습니다.

친구는 자주 보아야 합니다. 얼마나요? 서로 서운하지 않게 일과 의무가 아니라 즐거움으로 만날 수 있는 간격이 필요합니다. 그리고 서로 중요하게 여겨야 합니다. 상대방의 인생관이나 철학, 일상에서 하는 것들을 귀하게 여기면 됩니다.

70. 타인에게 잘하는 것은 무엇일까요?

타인은 나와 다른 남입니다.
그리고 나 이외의 모든 사람이기도 합니다.

타인은 내가 아닙니다. 쉬운 말로 남입니다. 그러면 나는 무엇인가요?
세상에 오직 한 사람이 나입니다. 그러면 한 사람 빼고 나머지는 모두
남이 됩니다. 남이 누구인지 알아야 남에게 잘할 수 있습니다.

그러면 나에게 잘하는 것은 무엇일까요? 나에게 할 일을 남에게 하는
것은 잘하는 것이 아닙니다. 남에게 할 일을 자신에게 하는 것도
결국은 자신에게 잘하는 일이 아닙니다. 쉽게 말해서 내가 배고픈데
남에게 밥을 먹이면 내 배는 부르지 않는 것과 같습니다.

먼저 나에게 해야 할 일은 무엇일까요? 나에게 할 일은 내게 국한
된 일과 남과 관련된 일이 있습니다. 먼저 내게 국한된 일은 몸과
관련된 일입니다. 보고, 듣고, 말하고, 먹고, 자고, 입고, 버리는 일
등이 있습니다. 남과 관련된 일은 내가 남하고 관계해서 해야 할 일이
됩니다. 그리고 여럿이 같이 해야 할 일도 있습니다.

남과 관련된 일은 학교, 직장, 취미 센터처럼 자기 집 밖의 장소에서
일어나기 쉽습니다. 모두 타인이며 남입니다. 그 무엇도 내 것이
아니니 조심스럽게 살펴야 할 것들이 많습니다. 물건, 시설, 도구,
사람들은 모두 내 것이 아니며 남의 것은 허락과 순서의 기다림,
돈의 지불처럼 어떤 일을 하려고 하면 비용이 필요합니다. 어느 때는

통제를 받는 경우도 있고, 하고 싶어도 허락이 되지 않는 경우도
있습니다.

혼자서 할 수 없는 여럿이 하는 경우도 있습니다. 무거운 물건을
나를 때, 버스나 기차를 공동으로 이용 할 때, 식사가 예정된 경우
모임의 사람들이 다 참석해야 할 때처럼 나 먼저 행동할 경우 곤란을
겪을 수 있습니다. 배려나 예절이 없어 남에게 피해를 준다면 욕도
먹고 불편한 일이 생깁니다. 세상에는 여러 가지 따라야 할 규칙들이
있습니다.

사람은 혼자 살 수가 없습니다. 태어나면 부모의 도움을 받습니다.
조금 크게 되면 어린이집, 유치원, 학교처럼 장소의 이동과 역할이
확대되면서 여러 사람들의 도움을 받습니다. 어른이 되어도 서로
관계하면서 도움을 주고받아야 합니다.

타인은 내가 아니므로 함부로 결정하거나 간섭하고, 주장하며, 뜻을
무시하는 등 그 무엇도 내 뜻대로 하면 안 됩니다. 내 것이 아니며 내
마음대로 한다면 욕도 먹고 혼도 나고 때론 죄가 성립되기도 합니다.
단순합니다. 남에게 물어 보고 자신을 그에 따라 결정과 선택을 하면
됩니다. 마치 시소처럼 오르내려야지 한쪽에만 머물러 있으면 불편한
관계가 됩니다. 한쪽이 일방적이면 상대방은 떨어집니다. 그러면
관계가 깨지고 잘못하는 것이 됩니다.

71. 가정에서 무엇을 익혀야 할까요?

가정은 사람에게 최초의 사회입니다.
가정은 가족들로 구성되며 한 집에 같이 살면서
가사 활동을 공동으로 함께합니다.

가족 구성원은 관계에 따라 구분하고 구성원 간의 소통을 통해
배웁니다. 대체로 아버지와 어머니 그리고 아들이나 딸로 구성되어
살아갑니다. 할아버지나 할머니를 포함하여 3대가 같이 살아가는
경우도 드물게 있습니다. 부모에게서 육아, 말하고 듣기, 이름과 호칭,
관계와 역할들을 교류하고 교감하면서 배우고 소통합니다. 때론 서로
자신의 일이나 역할을 대신해 달라고 부탁하거나 혼자인 경우는 그
모든 것들을 스스로 해내야 합니다.

다음은 가정에서 일어나는 일상생활이 있습니다. 먹는 일, 자는 일,
입는 일, 세수와 목욕, 음식 만들기와 쓰레기 버리기, 자신의 방과
그 안의 비품 관리, 거실처럼 공용 장소 관리와 청소가 있습니다.
TV, 컴퓨터, 냉장고 같은 생활에 유용한 전기 제품의 관리와, 옷장,
이불장, 신발장, 책장처럼 수납에 필요한 가구 관리도 있습니다.
개인별로 화장품, 칫솔, 휴대폰처럼 1인당 분리하여 쓰는 물건뿐만
아니라, 다양한 물건들을 관리하고, 청소하고, 교체하며 사용이 다
되면 버리는 일들을 하는 생활입니다.

사람에게 가정은 최초의 사회라고 했듯이 사회에서 하는 모든 활동을
익히는 곳입니다. 성인이 되어 자신의 가정을 이루게 되면 아이

때부터 집에서 배워 온 것을 바탕으로 자신의 가정생활을 시작하게 됩니다.

다음은 가족 구성원 간의 교류입니다. 가족 구성원들은 가정을 지키고 유지하기 위해 부모나 자녀와 같이 맡은 바 역할이 분명하고 책임과 권한이 주어집니다.

이들 구성원들은 서로 믿고, 사랑하고, 존중하라고 합니다.
가족은 태어나는 순간부터 죽음에 이르기까지 가족의 일원으로서 함께합니다. 가족이 밉거나 가족을 하고 싶지 않다고 아니면 새로운 가족에 가서 살고 싶다고 중간에 그만두지 못합니다. 믿고, 사랑하고, 존중하라 이렇게 가족들은 관계해야 한다고 인류가 시작된 때부터 현재에 이르기까지 그 규칙을 중요하게 여기고 있습니다.

그럼에도 이 원칙을 무시하면 가족 간의 불화인 말다툼, 재산 다툼, 청소 다툼, 물건 소유 다툼, 물건 사용 다툼, 의견 다툼, 역할 다툼 등 수많은 이해관계가 생기기도 합니다.

가족은 평생 서로 돕는 관계입니다. 그저 많이 좋아하고, 많이 사랑하고 사랑받으세요. 그것이 힘이 든다면 내 마음대로 하지 말고 그저 존중하세요,

72. 학교에서 무엇을 배워야 할까요?

학교는 사람이 접하는 두 번째 사회입니다.
배움은 평생 교육이 기본이 되니 일생 동안
꾸준히 배워야 합니다.

학교의 종류는 어린이집, 유치원, 초등학교, 중학교, 고등학교,
대학교, 대학원까지이며 2살부터 5세까지 어린이집에 가는 나이이니
2세부터 대학까지 한다면 보통 23살 정도는 되어야 비로소 학교를
마치게 됩니다. 성인의 교육 과정까지 보면 대학이 일반적이라
대학원의 나이는 넣지 않았습니다.

학교는 시기별로 그리고 기능별로 구분됩니다. 나이별로
학교는 구분해서 갑니다. 사는 지역에 따라 학교가 배정이 되고
고등학교부터는 인문계와 실업계로 선택이 가능하며, 대학은 전국
각지로 각자의 개성에 따라 지원하고 있습니다. 그러니 학교의 큰
선택은 고등학교와 대학교에서 크게 달라지며 직업이나 하고 싶은
분야를 정하려면 그 두 번의 시기에서 자신의 적성에 맞게 골라야
합니다.

학교에서는 무엇을 배울까요? 요즘에는 유튜브나 학습 교재처럼
다양한 매체로 집에서도 필요한 분야를 선택해서 학습이 가능합니다.
컴퓨터만 있으면 얼굴만 보고 하는 줌 수업으로 집에서도 원거리의
수업에 참여 할 수 있습니다. 70~80년대만 해도 도시에서는 초등학교
교실이 부족해 오전과 오후로 나누어서 수업도 했으며, 한 반에

70명이 넘는 학생이 있었습니다. 지금에서 그때를 회상해 보면 상전벽해 같은 변화입니다.

배우는 방법이나 수준이 너무나 좋아지고 우수해졌습니다. 이 시대가 요구하며 걸맞은 교육이어야 하니 지금 배우는 학생들은 더 많이 알아야 하고, 더 깊게 공부해야 합니다. 물론 인구도 꾸준히 늘어 그 경쟁력 또한 과거 어느 때보다 심해졌으며 시간이 갈수록 더 심해질 것은 당연합니다.

학교는 배우는 곳이며 또한 배움을 전달하는 곳입니다. 내가 살아가는 데 필요하다고 생각되는 분야를 배우고 익혀야 합니다. 사회에 나가 일을 하고 친구도 사귀고 문화와 취미, 정치와 기술처럼 다양한 사회 활동을 가능하도록 하여 줍니다. 정말 많은 것들을 배워야 하는 시대입니다. 그러나 막상 사회에 나오면 더 많은 배움을 요구받기도 합니다. 자기 업무나 맡은 일을 수행하기 위해 컴퓨터나 어학은 물론 요즘은 인공 지능이나 로봇처럼 해마다 배울 새로운 분야가 많이 생깁니다. 학교를 나와서도 평생 동안 일을 하면서 쉬지 않고 배우는 시대이기도 합니다.

그러니 학교에서 배우는 것으로는 부족함을 인정하고 평생 배워야 함을 받아들여도 좋을 것 같습니다. 인생은 하나의 평생 학교가 되는 시대입니다.

그러면 인생을 학교라고 생각하면 우리는 무엇을 배워야 할까요? 국어, 수학, 영어, 과학처럼 기능적인 것은 너무 많아 모두 배울 수 없다는 것이 당연해집니다. 그리고 인생 학교는 사람으로 본다면 하나의 인생입니다. 하나의 인생은 한 평생이라고 말할 수 있습니다. 한 사람의 인생은 '나는 어떤 인생을 살았다고 말하는 것'을 위인전이나 TV, 유튜브 같은 매체나 책에서 많이 볼 수 있습니다. 무엇을 배워야 인생을 한 마디로 정의할 수 있을까요? 인생을 사는 목적이 인생을 담을 수 있다고 생각됩니다. 그러면 인생이라는 학교에서 핵심 요소인 인생 목적을 과목으로 정해도 된다는 생각이 듭니다. 인생 학교 과목을 대폭 수정하고 교육 방법도 조정이 필요해짐을 느낄 것입니다.

인생을 담을 수 있는 것이 무엇일까요? 인생을 한 사람의 꿈이라고 하면 아마도 대부분 인정합니다. 인생에서 배워야 할 것은 '꿈'인 것입니다. 일찍부터 부모들은 자신의 꿈을 알아야 합니다. 꿈을 찾은 부모들은 아이들에게 꿈을 찾아 줄 수 있습니다.

인생이라는 큰 학교에서 중요하거나 핵이 되는 과목이 꿈이 되는 것입니다. 어린아이 때부터 꿈을 계속 알아봐야 합니다. 어른이 되어 자신에게 맞는 옷을 고르듯이 꿈을 찾아 인생을 시간대별로 의미와 목적을 파악하고, 할 일을 공부해야 합니다.

꿈을 알고 꿈을 이루려면 많은 일들에서 인생의 4주기처럼 각 시기별 할 일과 얻을 것, 할 일 중에서 가장 중요하게 여기는 것을 선택하거나 힘을 집중해야 합니다. 아울러 나이에 따라 시기별로 먼저 할 일과 나중 할 일의 순서를 정할 수 있게 됩니다. 그러면서 꿈을 정해 살아가는 모든 일들은 꿈을 위해 쓰일 것입니다.

당신은 꿈을 이루는 인생이 될 것입니다. 학교에서 무엇을 배워야 할까요? 꿈을 배우시기 바랍니다. 바로 당신의 꿈을 알고 시작하세요. 살아 있는 동안 당신의 꿈을 성취하세요. 그것이 학교에서 배우는 진짜 이유입니다. 학교가 필요한 이유가 바로 꿈을 알고 이루기 위해서입니다.

당신이 학교에서 제대로 배운다면 당신의 꿈은 반드시 이룰 수 있을 것입니다. 모든 학교의 배움이 '꿈' 하나로 귀결되고 정리된다면 배움이 단순해지고 간결해집니다.

배울 것이 단순하니 익히는 방법도 단순해집니다.
당신이 할 과목이 단순해지니 공부가 쉬워집니다.

당신도 꿈을 배울 수 있습니다.
당신은 꿈을 이룰 수 있습니다.

73. 직업으로 무엇을 얻어야 할까요?

직업은 일하고 돈을 버는 것입니다.
직업의 의미는 먹고 살기 위해 즉
생존을 위해 돈을 버는 모든 활동이기도 합니다.

돈이 얼마나 중요할까요? 돈은 세상에서 먹거리 등 의식주를
해결하고 타인과의 만남 같은 사회 활동을 하는 데 필요한 수단이며,
소통의 도구입니다.

직업은 세상을 살기 위한 활동 수단과 방법으로 돈을 벌어 모으며,
돈을 쓰고 키우는 작업을 하는 지속적인 활동입니다. 특히 먹고 살기
위해 하는 것이 중요합니다. 물론 생명을 유지토록하며 사회적 활동에
참여하고 기여하는 가치로운 일이기도 합니다.

직업은 나이에 따라 시작할 수 있습니다. 어린 나이에 돈을 번다고
직업이라고는 하지 않습니다. 성인이 되어 자신의 먹거리를 해결하는
중요 수단이 직업이 됩니다. 또한 나이가 들면 은퇴해야 하고, 몸
상태가 일을 계속할 수 없게 나빠졌다면 정해진 은퇴 시기 전에도
그만두어야 합니다.

다음은 직업의 종류입니다. 크게 세 가지로 분류하는 것이
일반적입니다. 먼저 돈을 벌기 위해 자신의 몸과 능력을 남에게
종사하는 것입니다. 대체로 남(사람, 회사 등)에게 종속되어 자신의
노동을 팔고 돈을 법니다. 남의 가게나 회사에 속해서 일합니다.

여기서는 자신의 의지나 생각(의견)을 항상 사장이나 상급자의 결정에 따라야 합니다. 그리고 사장과 동료의 관계가 중요하게 여겨집니다.

두 번째는 자기 사업을 합니다. 자신이 일한 만큼 자신이 번 돈을 가져 갑니다. 자영업은 자신이 회사의 주인이 되어 운영합니다. 자신에게 모든 책임이 있고 모든 권한을 행사합니다. 스스로 돈 버는 일을 찾아내고 발전시켜야 합니다. 이 일은 창의적이고 독립적인 것을 많이 요구합니다.

세 번째는 돈으로 돈을 번다는 흔히 말하는 투자입니다. 증권 투자, 부동산 투자, 미술품 투자처럼 자기 자본이 들어가고 그 투자 활동으로 돈을 벌기도 하고 잃기도 합니다. 운과 실력이 필요합니다.

직업은 종류나 특징에 따라 자신의 태도나 개성에 맞게 결정(선택)해야 합니다. 세 가지 종류의 직업 중 마음에 드는 한 가지만 할 수도 있고, 세 가지 모두 할 수도 있습니다. 당신의 기호에 맞추거나 능력에 따라 선택할 수 있음을 기억하기 바랍니다.

세 가지 종류의 (직업의) 일을 다할 수 있지만 먹고 살기에 돈이 충분하다면 일을 멈출 수도 있습니다. 아니면 좋아하는 일을 하고 싶을 때만 할 수도 있습니다. 직업은 먹고사는 돈을 버는 것이 가장 큰 목적이니 그 이유를 올바로 안다면 먹고사는 것 이상의 것에 끌려 다니거나 헛된 욕심을 부리지 않게 됩니다. 사회적 명성만을 위해 힘들게 일하지 않았으면 합니다.

바로 앞장에서 학교에서는 무엇을 배워야 할까라는 물음에 꿈을 알아야 된다고 했습니다. 직업은 먹고 사는 것 이외에 꿈을 이루는 비용도 필요합니다. 꿈을 이루는 비용까지 계산하고 균형감 있는 인생의 시간 배분과 역할을 배분하여 소중한 당신의 생명과 인생을 사용해야 합니다.

먹고 사는 일이 중요하다고 돈을 위해서만 살아서는 안 됩니다. 먹고 사는 것과 꿈을 이루기 위해 돈을 버는 수단으로 직업을 선택하고 일해야 합니다.

직업은 자신의 개성이나 능력, 마음의 선호도 등을 자세히 살펴보고, 골라서 선택해야 합니다. 일은 먹고 살고 꿈을 이루는 인생의 중요 요소이니까요.

당신의 직업을 올바르게 선택하세요. 당신의 직업으로 먹거리와 꿈을 이루도록 하세요.

74. 돈이 많으면 자유와 행복을 살 수 있을까요?

돈은 물질을 사는 수단입니다.
자유와 행복은 사람마다 다른 목적입니다.

돈은 현대 사회에서 꼭 필요한 힘이고 영향력도 매우 강력합니다.
많은 사람들이 절대적으로 돈을 원하고 소유하기를 바랍니다. 돈으로
자유를 살 수 있을까요? 돈으로 행복을 살 수 있을까요?

우리들은 어린 시절에 돈으로 다양한 것들이 구해지는 것을
보았습니다. 먹을 것, 입을 것, 책, 영화 관람, 여행, 승용차와 집까지
못 사는 것이 없는 것으로 보고 듣고 자랐습니다. 어른이 되어 돈을
많이 벌어 부자가 되었습니다. 아내가 생겼으나 말다툼과 오해가 자주
발생합니다. 아이들도 자라면서 나의 이야기를 듣지 않습니다. 돈이
많아도 행복을 얻지 못하는 경우도 있습니다.

어떤 부자는 자유를 사려고 했습니다. 자신의 일을 대신하려고 직원을
씁니다. 운전기사, 집사, 요리사를 두고 자신의 일들을 대신토록
하였습니다. 하지만 모든 일을 시킬 수는 없었습니다. 가장이나 남편
역할, 재산 관리, 그리고 개인적인 건강 관리나 고민 같은 것들은 대신
시킬 수 없었습니다. 돈으로 자유와 행복은 부분적으로만 누리거나
고민을 작아지게 줄일 수 있음을 알게 되었습니다.

돈으로 살 수 있는 것은 물질입니다. 돈이 바로 자유나 행복과 같다고
할 수는 없습니다. 단지, 자신이 원하는 행복과 자유를 올바로 알고

자신의 부나 돈을 가지고 이루어야 하는 것입니다.

돈은 목적이 아니라 수단이라고 합니다. 자유와 행복이라는 목적을
알아 내고 그 수단으로 돈을 적극 활용해서 도움을 받으면 됩니다.

어느 유명한 부자가 당시 의학으로는 고칠 수 없는 병이 들어 앞으로
살날이 한 달 정도 남았다고 합니다. 이때 어떤 신기한 힘을 가진 분이
당신을 살려 줄 테니 당신이 가진 재산의 반을 달라고 하면 어떻게
할까요? 대부분은 돈을 주고 병을 고치려고 할 것입니다. 그렇습니다.
생명(시간)은 돈보다는 조금 더 귀하다는 것을 보여 줍니다.

그런데 다른 분들의 여러 이야기가 전해져 옵니다. 아침에 도를
얻으면 저녁에 죽어도 여한이 없고 행복하다고 합니다. 어떤 선생님은
왕을 버리고 공부하여 도를 깨달았다는 여러 이야기도 있습니다.
생명보다도 더 귀한 것이 도(진리, 깨달음)라고 느껴집니다.

우리는 부자가 되어 하늘이 주신 타고난 수명을 건강하게 살기도
합니다. 그러다가 운이 좋아 도를 얻으면 뜻깊은 인생이 될 것입니다.

75. 돈을 어떻게 다루어야 할까요?

돈이 주인일까요? 사람이 주인일까요?

이 질문에 답을 한번 해 보면 좋습니다.

물론 답은 쉽습니다.

누구라도 사람이 주인이라고 합니다.

하지만 현실에서 이것을 제대로 실천하며 사는 사람은 아주 드뭅니다.

누구나 사람이 돈의 주인이라고 말은 하지만 돈에 구속받고 있습니다.

돈이 주인처럼 더 대접받고, 심지어 어떤 사람은 '사람이 돈의

노예'라고 합니다. 아마도 사람보다 돈을 더 중요시 여겨 인성을 잃어

버린 사람들을 지칭하거나 돈의 가치가 사람보다 높이 매겨지고 있는

현실의 어려움을 말로 표현하는 것으로 느껴집니다.

당신은 돈의 노예인가요?

당신은 돈의 구속을 받고 있나요?

당신은 생활하는 데 돈이 더 필요한가요?

당신은 사람 구실한다고 돈을 쓰고 있나요?

당신은 인격을 높이려고 돈을 쓰고 있나요?

당신은 부를 키운다고 남의 돈을 뺏어 본 적이 있나요?

당신은 자신을 위한다고 남의 돈을 부당하게 얻어 본 적이

있나요?

당신은 아내와 자식을 위해 돈을 번다고 부당하게 일을

하고 있나요?

당신은 취미 생활을 한다고 근무 시간을 빼먹고

취미 활동을 한 적이 있나요?

당신은 빨리 승진하려고 남의 공을 가로 챈 적이 있나요?

당신은 당신의 이익을 위한다고 남의 이익을 빼앗은 적이
있나요?

당신은 이웃을 위한다며 불법을 행한 적이 있나요?

정말로 무수히 많습니다.

모든 일들에서 돈은 나를 자유롭지 못하게 흔들어 놓습니다.

모든 일과 사람들이 돈으로 나를 흔들어 놓고 있습니다.

돈을 어떻게 다루어야 할까요? 당신이 바로 돈의 주인입니다.

돈을 사람보다 중요하게 여기지 마세요. 그러면 사람이
저절로 주인 자리를 찾게 됩니다.

그리고 당신의 어떤 목적이 남의 것(돈, 시간, 물질, 마음)을
침범하거나 해하지 않게 주의 하세요. 이것이 돈에게 주인 자리를
내주는 상황을 만드는 것입니다. 당신의 돈, 시간, 마음을 당신의
목적에 지불하세요.

그러면 당신은 돈의 주인이 될 수 있습니다.

♧ 매 순간 움직이는 마음을 고요속으로 녹아드는 것이 요가다.

- 파탄잘리 -

제9장

마인드 요가의 길
(임서기)

요가의 길은 내면의 세계에서 신성을 찾는 일입니다.
요가의 원리는 그대와 내가 아트만이라는 것입니다.

요가는
자신을 깨닫고 자유에 이르게 하는 마음 수행법입니다.
체계적이고 실천적이라 혼란이나 거부감이 적고 쉽게
익힐 수 있는 장점이 있습니다.

인도 5천 년 역사의 전통을 이어온 요가는 6대 학파 중
가장 일찍 형성된 상키야 철학을 근간으로 완성되었으며,

2천 년 전 파탄잘리라는 요가의 성자께서
1단계(금계)부터 8단계(사마디)로 단계별로 나누어 이루어진,
요가 수행 방법의 체계를 요가수트라라는 경전으로
안내하였습니다.

이처럼 요가는 역사 이전부터 오늘날까지 이어진
전통을 계승한 수행 방법이라고 알려져 왔습니다.

그 옛날부터 내려온 방법인지라 지금 현실과 다른 표현이
다소 있더라도 배려로 함께하시길 부탁드립니다.

76. 요가란 무엇인가?

나마스테!
당신 내면의 신성에 깊이 머리 숙이고 존경의 절을 올립니다.
나의 내면의 신성에 깊이 머리 숙이고 존경의 절을 올립니다.

나마스테란 요가를 하는 사람들이 반갑게 하는 인사말입니다.
이 인사말은 때와 장소, 남녀노소 구별 없이 사용합니다. 또한 어른과
아이라는 나이에 상관없이 자연스럽게 행해지는 다정한 교감이기도
합니다. 모든 일상에서 편안하게 쓰는 인사말이지만 그 속에는 중요한
의미가 숨겨져 있습니다.

요가는 무엇일까요? 바로 인사말 '나마스테'에 요가의 진정한
의미가 담겨져 있습니다. 나와 당신의 신성에 머리 숙이고 존경으로
절을 올리는 것에 어떤 의미가 숨겨져 있을까요? 당신에게 신성이
존재한다는 것입니다. 물론 저에게도 똑같이 인사드렸듯이 저에게도
아트만이 존재합니다. 신성은 흔히 아트만(진아)이라고 하며 인간
내면에 모두가 가지고 있는 신의 모습이기고 합니다.

그러면 아트만(진아)은 무엇일까요? 나를 깨달은 것이 아트만입니다.
본래의 나, 처음의 나, 있는 그대로의 나이며, 존재의 전체이며,
의식의 전체이며, 지복의 전체이기도 합니다. 또한 모든 것의 모든
것이며 다른 그 무엇도 없는 오직 있음으로 존재할 뿐입니다. 더
이상의 분리가 없으며, 더 이상의 고통이 없으며, 모든 것이 지복으로,
지복만이 존재하는 세계입니다.

당신의 내면에 존재하는 아트만(진아)을 아는 것이 요가입니다.
나마스테란 인사말이 무엇을 의미하는지 아셨다면 인사말을 통해
아트만을 늘 소중히 여기며 간직하고 매 순간 요가를 하는 것입니다.

그러면 아트만(진아)를 만나면 어떤 일이 일어날까요?
첫번째는 모든 조건에서 자유로워지며 두 번째는 어떤 깨달음이
일어납니다.

그럼 우리가 조건에서 자유로워진다는 것은 어떤 것일까요? 인간에게
어려운 조건이란 무엇일까요? 아마도 죽음이라는 생각이 듭니다.
죽음에는 몇 가지 종류가 있습니다. 몸(육체)의 죽음, 자아의 죽음,
시간의 죽음, 세상의 죽음입니다.
우선(하나), 육체의 죽음에 대해 자유롭습니다. 아트만은 태어나지
않는 것입니다. 태어나지 않으니 죽을 수 없고, 죽음이 있을 수 없게
됩니다. 아트만은 몸의 죽음에 해당하거나 참여할 수 없고 몸의
죽음에서 자유로운 조건입니다. 물론 아트만은 4가지 죽음을 모두
초월해 있습니다.

둘, 자아의 죽음에서 자유롭습니다. 자아는 몸과 자기 이미지,
경험이나 기억, 상상처럼 몸과 마음을 나라고 동일시하여 만들어진
모든 것입니다. 몸은 처음부터 아트만이 아니니 몸을 자아와
동일시하더라도 아트만이 될 수가 없습니다. 자아의 죽음도 아트만을
죽음으로 이끌 수는 없게 됩니다.
자아가 진짜 나가 아니니 내려놓을 수 있는 기준이 됩니다. 아트만은
몸과 동일시하는 자아를 드러나게 하며 자아의 구속에서 자유롭게 해
줍니다.

셋, 시간의 죽음입니다. 아트만의 세계는 시간이 흐르지 않고 시간이
존재하지도 않습니다. 시간은 만물의 시작과 끝이라는 양면이
필요합니다. 무언가 시작이 있어야 끝이 납니다. 시간은 언제부터
시작했을까요? 만물이 존재하는 시간은 과거, 현재, 미래라는 몸으로
이루어져 있습니다. 시간은 모든 생명을 살아 있게 하는 연속성으로
형태가 있어야만 존재할 수 있습니다. 아트만은 형태라는 것이 없으며
그에 따른 구속도 일어나지 않습니다. 그러므로 시간이 없는 곳에
있으며 시간의 지배를 벗어날 수밖에 없습니다. 언제나 항상 존재이며
늘 지금이 됩니다. 지금은 시간의 흐름이 멈춤만 일어납니다. 시간을
벗어나 있으니 시간을 초월해 있습니다.

넷, 세상의 죽음입니다. 보이는 모든 것(물질)들의 죽음과 보이지
않는 것(허공)들의 죽음 즉 사라짐일 수 있습니다. 공간도 만들어진
생명입니다. 아트만은 애초에 본래부터 있는 것입니다. 물질인
보이는 모든 것들과 보이는 것들을 드러나게 하는 허공처럼 될 수가
없는 세계입니다. 물질들로 이루어진 보이는 세계와 공기, 색, 빛,
어둠이 존재하는 허공도 만들어진 것으로 결국은 아트만이 될 수가
없습니다. 아트만(진아) 앞에서는 세상에 보이는 것들이 진짜가
아닙니다. 같은 강물에 두 번 발 담글 수 없다는 말이 있습니다.
같은 것이라 해도 매 순간 다른 것이 됩니다. 이러한 견해로 세상을
보는 것입니다. 몸에 있는 눈, 귀 등의 여섯 개 감각 기관을 활용하여
눈앞에 대상을 보고, 인식하고, 해석하면서도 인식의 세계를 넘어서는
세상의 밖(인식 이전, 세상 이전)을 볼 수 있게 됩니다. 아트만은 세상
이전입니다. 보이는 세계인 세상이 아트만을 구속할 수 없습니다.
아트만을 아는 것은 요가의 첫 번째 기능이며 목적이기도 합니다.
사람이 가장 어려워하는 몸, 자아, 시간, 세상이라는 모든 세계를

벗어나게 하고 자유롭게 해 줍니다.

두 번째로 깨달음입니다. 깨달음이라는 것은 보고 이해하고 깨달아서
아는 것을 말합니다. 무엇을 깨닫는 것일까요? 가짜 자아와 진짜
자아인 아트만을 구별해서 아는 것입니다. 가짜 자아가 주인이
아니라 아트만이 진짜 주인임을 아는 것입니다. 세상에 태어나 몸과
동일시하는 나를 가짜 자아라고 합니다. 가짜 자아는 부분적인
자아입니다. 요가에서는 전체적인 자아를 진짜 자아라고 말합니다.
세상에서 활동하는 부분적인 자아가 아니라 내면의 세계에서
활동하는 아트만을 말하고 있습니다. 요가는 가짜 자아가 주인이
아니고 진짜 자아인 아트만을 다시 아는 것을 깨달음이라고 합니다.

요가가 무엇인지 그려지시나요? 당신 내면에 잠들어 있던 진정한
자아인 아트만을 깨닫고 본래부터 죽음이 없는 지복의 세계에 사는
것입니다. 지복의 세계에 살면 모든 순간이 깨달음이며, 모든 일들이
행복입니다.

요가는 아트만을 아는 것입니다. 아트만은 진아라고 하며 다른 말로
'삿 칫트 아난다' 즉 참됨은 매 순간 알아채는 의식이며 지복이라고
합니다. 요가의 의미를 잘 아시기 바랍니다. 인간으로 태어나
아트만으로 살 수 있는 것입니다. 만들어지지 않아 모든 조건에서
저절로 벗어납니다. 시간과 공간을 벗어나 모든 곳에서 자유를
얻습니다. 살아 있는 모든 순간이 지복이 됩니다. 당신의 살아 있음이
지복입니다.

이렇듯 요가는 특별합니다. 태어나지도 죽지도 않는 곳을

발견합니다. 몸도 마음도 생각도 미치지 못하는 세계로 날아갑니다. 시간과 공간조차 아무것도 할 수 없는 세계입니다. 당신은 왔던 곳에서 왔던 곳으로 돌아갈 것입니다. 요가는 자유로운 세계입니다. 요가는 그 세계를 찾아 주며 주인이 되게 하는 길입니다.

아울러, 마인드 요가란 마음에 숨어 있는 지혜와 태양을 밝혀 나를 알고 인생을 행복하게 하는 마음의 요가입니다. 다음 4가지 요소는 중요하니 꼭 기억하시면서 그 길을 가시기 바랍니다.

하나,　　자아는 보이는 세상을 살게 하는 주인이지만
　　　　태양(진아)을 가리는 구름이기도 하다.

둘,　　　명상은 자아라는 구름이 진짜가 아니며 사라지게 돕는
　　　　내면세계에 이르는 다리이며 방법이다.

셋,　　　지혜는 명상을 통해 자아라는 구름이 잠깐씩 열어 지거나
　　　　사라질 때 내면에서 일어나는 새로운 경험이다.

넷,　　　진아란 내면의 세계와 지혜의 주인이며
　　　　사람에게 신성의 세계를 보여 주는 모든 것이다.

77. 요가의 3가지 길

요가가 무엇인지 알았나요?
요가는 아트만을 아는 것이 전부입니다.
요가의 길을 통해 아트만을 만나 보도록 하겠습니다.

요가에서는 아트만이 모든 사람의 내면에 있다고 했습니다. 개인마다
자신만의 신성이 있는 것입니다. 그러니 멀리 가지 않아도 됩니다.
지구 밖의 우주도 아니고, 손이 닿지 않는 하늘에 있지도 않습니다.
깊은 바다에 있지도 않으며, 만년설에 덮인 히말라야에도 있지
않습니다. 물론 희귀한 동식물에도 있지 않고, 사람이 만들어 놓은
수많은 문화와 유산에도 있지 않습니다.

세상 그 무엇, 신비한 장소, 훌륭한 사람 그 어디에서도 아트만을
찾지 마세요. 아트만은 당신 내면에 있습니다. 오직 자신으로부터
시작해서 자신 안에서 만날 수 있습니다. 다른 곳에서 찾지 말고 자신
안에서 시작하여 찾기만 하면 됩니다.

다음은 아트만은 어디에, 어느 순간에 있을까요? 시간과 공간이
없는 곳에 있다고 했습니다. 태어나지도 죽는 일도 없다고 했습니다.
만들어지지도 않았다고 했습니다. 모든 만물이 만들어지기 이전부터
늘 존재했다고 했습니다. 또한 모든 것들의 모든 곳에 있다고
했습니다. 그렇다면 모든 문제가 사라집니다. 아트만은 원래부터
있는 것으로 모든 것들의 모든 곳 속에서 존재하니 찾을 일이
없어집니다. 시간이라는 끊임없는 연속성과 공간이라는 곳의 배경이

되는 원래 있음이니 아무 할 일이 없어집니다.

그러면 왜 원래부터 있다는 아트만을 알아보지 못할까요?
우파니샤드에서 인간의 몸은 다섯 개의 겹으로 되어 있다고 합니다.
다섯 겹의 몸은 육체, 가슴(에너지)의 몸, 마음의 몸, 지혜의 몸,
지복의 몸이 있습니다. 내면에 있다는 아트만은 바로 지복의
몸 중심에 있다고 합니다, 육체에서 지복의 몸까지 연결하거나,
사용하거나, 도달하면 되는 것입니다.

요가의 길은 바로 육체에서 지복의 몸까지 가는 방법이며 과정이기도
합니다. 육체에서 지복의 몸까지 올바르게 사용할 수 있게 되거나
주인이 되는 것이기도 합니다. 내 몸 안에 있는 다섯 개의 몸을 제대로
알고 사용하면 됩니다.

먼저 육체는 몸의 외형을 담당합니다. 두 번째인 가슴(에너지)의
몸은 감정과 기운을 담당합니다. 세 번째인 마음의 몸은 자아, 생각,
기억을 담당합니다. 네 번째인 지혜의 몸은 자아를 벗어나 지각(아는)
작용을 담당합니다. 다섯 번째인 지복의 몸은 아트만이라는 본체를
담당합니다. 그러면 육체에서 지복의 몸까지 어떻게 이동할까요?
바가바드기타와 요가경에 힌트와 답이 있습니다. 바가바드기타에는
크게 3가지 요가를 통해 가는 길을 제시합니다.

카르마 요가(행위의 요가), 박티 요가(헌신의 요가), 갸나 요가(지혜의
요가)가 있습니다. 세 가지 요가의 길은 이미 제1장에서 기본적인
내용을 안내하였기에 별도로 추가하지 않았습니다.

세 가지 요가의 길은 육체의 거친 몸에서 지복의 몸까지 갈 수 있는
방법입니다. 길을 가는 방법이 세 가지나 준비되어 있으니 현재
당신의 상태에 따라 또는 조건이나 성향에 따라 선택하여 이동하기
바랍니다.

요가의 길에 관심을 가지고 가다 보면 알게 되고, 익히고 행하는
중에 분명히 지복의 몸까지 도달할 것입니다. 단지 세 가지 길
중 한 가지라도 제대로 하면 아트만은 반드시 만날 수 있습니다.
당신으로부터 시작하여 당신에게서 만나는 것입니다.

78. 요가의 성취에 이르는 8단계 과정

몸을 닦는 것을 수련이라고 합니다.
마음을 닦는 것을 수행이라고 합니다.
라자(명상) 요가의 길은 8단계로 몸과 마음을 닦는 과정입니다.
이 과정을 통하여 아트만을 만나도록 하는 것입니다.

수련은 몸에 해당합니다. 몸의 긴장된 부위, 살찐 부위를 이완하고
부드럽게 하여 균형감을 찾고 건강한 육체로 돌아오게 합니다. 수련을
하면 몸의 치유력이 증가하고 심신이 안정되어 편안하고 즐거운
일상을 즐길 수 있습니다.

수행은 자아(마음)에 해당합니다. 느낌으로 이루어지며
부분적으로 알아채는 감정과 나 자신 전체를 하나로 여기는
마음(자아, 에고)을 닦는 것입니다. 먼저 나를 느낌으로 여기는
희·노·애·락·애·오·욕이라는 7개 감정의 과한 쓰임을 바로잡아
주며 적절한 균형감을 갖게 합니다. 감정에 대한 수행을 하면 얼음
같던 감정이 따뜻한 열을 만나 물처럼 변하게 됩니다. 감정은 물이
되어 세상과 부딪침이 없게 됩니다. 가슴은 볼 수는 없지만 교감하여
활동합니다.

두 번째는 자아를 제대로 아는 것과 자아를 해체하는 것입니다.
자아(자신이라고 여기는 것들)는 인생관이나 가치관, 삶을 유지하기
위해 하는 모든 생명 활동이나 지각 활동을 말합니다. 또한 그 모든
활동을 어떤 하나로 모아 나라고 여기며 몸과 동일시하고 소중하게

여기게 되는 것도 자아입니다. 수행은 이러한 자아를 쓰는 자신을 제대로 아는 것입니다.

요가의 길에서 마음(자아)의 상태는 태양이 없는 어둠에서 활동하는 것과 같습니다. 마치 깜깜한 밤에 길을 걷는 것과 같습니다. 사람들은 눈이 있으나 볼 수 없으니 이해관계로 심하게 부딪칩니다. 삶의 문제를 해결한다고 몸과 마음이 상하도록 일합니다. 그래서 자아는 어둠이나 구름을 상징하며, 자아로 인해 보지 못하는 상태임에도 자신을 위해 좋은 일을 한다고 착각을 합니다. 자아는 그 일이 착각임에도 전혀 알지 못하게 커튼으로 가리는 작용을 합니다. 나라고 여기는 자아는 태양이 비추는 지혜라는 빛을 어둠으로 잠들게 하거나 커튼으로 차단합니다. 그러면 사람이나 사물을 제대로 보지 못하게 되어 적처럼 대하고, 자동차를 눈감고 운전하듯이 늘 두려움을 가지고 살아가게 합니다.

그렇지만 요가 즉 수행을 하면 태양이 지혜라는 빛으로 세상을 비추게 되어 눈이 밝아집니다. 자기 집이 어디인지, 가족이 누구인지 알게 되고, 아플 때는 병원에 가서 치료를 받을 수 있게 합니다. 사람들은 적이 아니라 다정한 이웃이며 친구라고 여기게 됩니다. 자동차는 차선을 지키며 규정 속도로 이동하고, 자신도 안전 운행을 하고 있어 두려움이 언제 있었냐는 듯 사라지며 안전한 세계로 이동시켜 줍니다. 이것으로 자아의 정체가 무엇인지 조금 알았으면 좋겠습니다.

다음은 자아의 해체입니다. 요가는 삶의 모든 주체가 되는 이 자아라는 주인공을 진짜 주인이 아니라고 여기고, 자아 전체를 해체시켜 줍니다. 그러면서 자신이라고 여기고 동일시하는 모든 정신적인 활동을 제3자로 분리되어 올바르게 보도록 합니다. 이것은 줄타기를 하는 광대가 위험한 곡예를 하고 있음에도 관람석에서 자신을 보는 것처럼 두려움에 빠지지 않고 곡예를 즐기는 관객이 되어 자신을 보는 것입니다. 또한 어둠으로 뒤덮인 마음의 밤이, 아침이 되어 태양이 모든 것을 서서히 보이게 하듯이 자아가 해체되어 그동안 보지 못했던 세상을 분명하게 보도록 합니다. 자아(마음)의 세계는 제대로 아는 것이 어려워 자세히 설명하였습니다. 그러면 요가경에 의한 8단계 과정을 안내하도록 하겠습니다.

요가경에 의하면 요가는 크게 몸(행위)을 닦는 수련법과 마음을 닦는 수행법으로 구분합니다. 몸(행위)을 닦는 수련법은 보통 야마(금계) 다섯 가지와 니야마(권계) 다섯 가지로 열 가지 방법이 있습니다.

야마(금계)는 세상을 살면서 지켜야 할 도덕적 규범이 다섯 가지가 있습니다. 아힘사(비폭력), 사티야(거짓말 안 하기), 아스테야(진정성, 훔치지 않기), 브라마차리야(절제, 금욕), 아파리그라하(무집착)입니다.

니야마(권계)는 바른 삶을 살기 위해 스스로 지켜야 할 것 다섯 가지입니다. 사우챠(순수성), 산토샤(만족성), 타파스(고행), 스와디야야(경전 공부), 이슈와라프라니다나(자재신에 귀의)가 있습니다.

다음은 에너지 몸을 닦는 아사나(좌법, 포즈)와 기운을 조절하는 프라나야마(호흡법), 감각을 제어하는 프라티야하라(제감법)가 있습니다.

거친 육체인 몸과 섬세한 육체인 마음을 연결하고 조절하는 기능을
담당하는 에너지 바디는 몸과 마음과는 다른 보이지 않는 일종의
기운의 흐름입니다. 몸과 마음의 접촉으로 일어나는 감각입니다.
이것은 육체를 통해 외부로 흘러가던 기운이나 감각을 어떤 느낌이나
감정의 활동으로 나타내며, 마음(자아)이라는 세계로 연결시키는
다리 기능을 합니다.

에너지 바디에서는 기운이 충만해지고 가슴이 따뜻해지며,
세상이라는 곳이 하나의 거대한 숲이 됩니다. 사람들은 그 속에서
나무가 되어 안전하다는 마음이 들고 주변에 또 다른 나무(다른
사람)가 있어도 두렵지 않으며, 서로 시원한 바람이나 그늘이 되는
것처럼 친근하게 변화가 일어납니다.

끝으로 마음의 몸을 닦는 3가지 방법과 과정이 있습니다.
집중(다라나), 명상(디야나), 삼매(사마디)입니다. 요가경에서는
3가지 방법 전체를 산야마(명상을 하는 데 있어 마음이 집중하도록
완전히 컨트롤한다는 의미)라고 하는데 별도로 구분해서 다음 79번의
주제로 말씀드리겠습니다.

파탄잘리(요가경을 저술한 명상가이자 구루) 성자께서는 요가경에서
8단계로 나누어 체계적으로 가르쳐 주고 있습니다. 자신의 몸을
통하여 카이발리얌(완벽한 깨달음, 해탈, 지복)이라는 것에 이르는
방법은 8가지의 과정을 이수하면 되는 것입니다. 요가는 몸의
과학이며, 생명 에너지와 마음의 연금술이며 깨달음의 비전이기도
합니다.

사람은 태어나면서 주어진 5개 몸의 기능을 살아가면서 제대로 알지 못하고 쓰지도 못하고 있습니다. 또한 태어나는 고통, 일을 해서 먹고 살아야 하는 고통, 같은 사람임에도 죽도록 미워지거나 헤어지는 고통, 사람이 친구이며 구루이며 명상가임을 알지 못하는 고통처럼 어둠을 세상의 전부로 알고 평생토록 살아가고 있습니다.

몸이 단지 나이며, 감정이 나이며, 마음이나 생각이 나로만 알고 자아의 세계 즉 세상의 보이는 세계만을 알고 살았습니다. 이제는 자아 밖의 세계에서(마음이 빛을 받아 지혜의 몸으로) 살아가셨으면 합니다. 그러다 운이 좋다면 지혜의 몸을 지나 지복의 몸으로 살아가고 존재하기를 바랍니다.

지복은 당신이 세상에 나면서부터 얻은 선물이자 권리입니다. 사람으로 태어나기만 하면 얻어지는 능력입니다. 잃을 수가 없고 잃어 버린 적이 없는 능력입니다. 지복의 몸은 언제나 당신과 함께하는 능력입니다.

79. 요가의 마음 닦는 법(집중, 명상, 삼매)

요가경에서 말하는 8단계 요가의 수행법 중 6~8단계 과정은 마음을
온전히 닦는 명상법입니다. 마음의 수행법은 집중, 명상, 삼매라고
합니다. 78번 주제와 별도로 말씀드리는 것은 마음(자아)은 다루기
어렵고 익숙하지 않은 것이라 그렇습니다. 특히 마음은 알거나
이해하기 힘들고 혼란을 야기하는 부분이 많아 주의가 필요합니다.
그래서 구분을 했습니다. 마음(자아)을 다루고 초월하는 요가의 고급
단계입니다. 진정한 배움이 담겨진 요가의 정수임을 알려드리며
3가지 수행법을 안내하겠습니다.

요가경 제1장에서 말하기를 요가는 바다의 파도처럼 세상(생각)의
파도로 요동치는 마음을 고요히 하는 것이라고 정의하고 있습니다.
고요하지 않은 마음은 어떤 상태일까요? 파도는 바다의 표면에서
물결에 따라 움직입니다. 마음도 바다의 파도처럼 보이는 세계의
현상이라는 물결에 따라 의식이나 지각을 통해 인식 작용으로
출렁이고 있습니다. 눈, 귀, 코, 입, 피부, 의식 같은 6개 감각 기관으로
인식하고 해석하는 흐름이 단 한 순간도 멈춰지지 않습니다. 지금
글을 읽는 순간에도 끝도 없이 이어지고 있습니다. 오직 잠잘 때만
6개 감각 기관이 정지합니다.

집중은 마음이 고요해지는 첫번째 방법이며 예비 단계입니다.
우선 집중할 대상을 하나 정해야 합니다. 촛불이나 점 같은 것으로
시작하면 좋습니다. 숙련된 분들은 호흡이나 원하는 차크라를
선택해서 의식하기도 합니다. 고급의 단계는 우리가 알고 있는 불교의

화두 수행처럼 '나는 누구인가?'라는 한 개의 경구나 문장에 집중을
합니다. 방법은 단순합니다. 오직 선택한 대상 하나에 주의력을 모아
몰입하고 마음이 대상 하나로만 남는 것입니다. 촛불이나 점, 또는
차크라나 문장이든지 간에 마음이 하나로 모이면 마음의 파도는
정지합니다.

마음은 한 대상에 집중하면 바위처럼 고요해집니다. 하루 종일
활동하는 마음이라는 차가 일을 끝내고 집으로 돌아와 주차장에
주차하는 것과 같습니다. 이때 마음이라는 차는 더 이상 활동하지
않듯이, 자신을 의식하지 않고 그저 아무 생각 없이 집으로 들어가
옷을 벗고 편안히 쉬다가 잠이 듭니다.

두 번째는 명상입니다. 집중의 단계가 훈련이 되면 마음이라는 차를
주차장에 세워 놓고 활동이 가능한 것처럼 편안하게 일상을 보내게
됩니다. 명상은 차에서 내린 상태에서 움직이는 편안한 일상처럼
몸은 움직이나 마치 제3자처럼 관찰이 일어납니다. 이것은 바둑
경기를 구경하는 관중처럼, 경기장에 있으나 승부에서 자유롭고,
책임도 없고, 이해관계가 없이 바라봅니다. 그저 몸을 쓰고, 감정을
쓰고, 의식을 씁니다. 모두 자신이라고, 지각하고 인식 작용을 하나
그 자신이 세상(역할)이라는 곳에서 잠시 빠져나와 활동합니다.

흔히 산을 오르다 보면 어느 순간 속도가 붙어 의도하지 않아도
걸어지듯이 명상을 하면 역할, 책임, 의무, 성별, 시간이나 공간
감각이 잠시 내려지고 오직 '관찰'이나 '주시'만 일어납니다. 명상의
상태는 달리 말하면 멍때리는 상태입니다. 당신의 삶에서 주시는
일어나지만 나라고 여기며 내 몸과 동일시한 모든 것은 금방 달라지지

않습니다. 그러나 이때만큼은 자아가 나라는 무게감을 잠시 내려놓게 되어 그저 관찰이라는 흐름이 물처럼 흘러갑니다. 이처럼 명상의 세계가 조금씩 깊어지면서 자신이라고 여겼던 세상의 무거운 짐들이 내려져 정신적인 휴식과 힐링이 일어납니다. 마음의 무거운 짐이 내려지니 마음이 건강해집니다. 상상력이 다시 샘솟으며 웃음이 마음을 가볍게 해 줍니다.

끝으로 삼매입니다. 흔히 사마디라고 합니다. 명상의 마지막 단계입니다. 명상으로 인하여 마음이 건강해지면 일어나는 경지입니다. 제3자가 이제는 본인으로 바뀌게 되는 것입니다. 이제는 바둑 경기를 보는 자가 아니라 바둑을 두는 사람입니다. 하지만 세상의 경기 방식이 아닙니다. 고요를 관찰하는 자가 고요가 되는 것입니다. 침묵을 명상하면 침묵으로 녹아드는 것입니다.

고통이라는 현실의 문제를 풀고자 높은 산에 올라가서 전체를 보고 길을 찾아내듯이 문제를 해결할 수가 있습니다. 사람을 만나도 현실적인 상황, 조건, 이해의 문제에 휩싸여 빠져드는 것이 아니라, 인간의 신성인 아트만이라는 것으로 동일성이 있다는 것을 자각합니다. 그런 다음 세상의 관계는 세상의 법칙에 따라 자유롭습니다. 또한 인생을 생각하면 인생이 밝은 빛으로 안내받듯이 인생길 전체가 보이기 시작합니다.

삼매는 자각하며 아는 힘입니다. 나라고 여기는 자아가 활동하지 않는 상태에서 순수하게 대상을 자각하며 알아채는 의식입니다. 태양이 세상을 비추듯 지혜가 내면의 세계를 밝게 비추며 파도처럼 흔들리는 마음의 문제가 보이고 자연스럽게 해결하는 힘이 드러납니다. 그래서 삼매는 지혜의 발현이라고 하면 좋은 듯합니다. 자아는 있으나 태양과 같은 진아에 의해 세상을 인식하고, 알아채며, 살아가는 것으로 바뀌는 경지가 삼매인 것입니다.

요가의 마음 닦는 법을 배우고 쓰게 되면 마음을 초월하여 자유롭고 평화롭게 됩니다. 이것이 마음의 수행인 마인드 요가를 진정으로 배우는 것입니다. 집중, 명상, 삼매 이것이 마음 연금술의 비밀이며 비법입니다

자아의 세계에서는 마음의 파도를 진정시키거나 고요하게 하지 못합니다. 오직 자아를 내려놓고 진아의 구분 동작인 집중, 명상, 삼매라는 것으로 마음 쓰는 법을 배우고 업그레이드 해야 합니다.

80. 요가의 대원리 불이일원론

모든 것이 다르나 그 본질은 같은 하나입니다.
이 세상의 모든 것에 적용되는 우주의 대원칙입니다.

요가는 어둠의 세계를 다시 빛의 세계로 만들어 줍니다. 지혜라는
빛으로 밤의 어둠에서 세상 모든 것을 제대로 보게 합니다. 대부분
사람들은 자아가 중심이 되는 세계에서 활동합니다. 자아가 만든
어둠으로 밤의 세계에서는 사람을 만나도 제대로 볼 수 없어 두려운
존재로 여기고 불안한 삶을 살았습니다.

또한 우리는 보이는 세상도 마음 편히 살기 어렵습니다. 사람이 만든
물건들이 전쟁 무기가 되어 사용되고 있고, 자국을 위한 방향으로
무역, 정치, 경제, 문화 등 많은 부분에서 보이지 않은 대립과 경쟁이
이어지고 있습니다.

자연에는 산과 바다, 동물이나 식물, 하늘과 땅처럼 형태적인 모습이
있습니다. 아울러 자연의 활동과 작용이 만들어 내는 폭우, 태풍,
산불, 지진과 번개, 화산 폭발과 홍수 같은 재해도 있습니다. 안전하지
않은 세상이 잠시도 멈추지 않고 있습니다. 사람들은 왜 신이 주신
세계를 두려움으로 인식하고 살아가고 있는 것일까요?

이 모든 세계를 어둠(두려움)으로 만드는 것이 나(자아, 에고)라는
'자의식'이라고 합니다. 나의 다섯 가지 몸을 다 알지 못하고 오직
부분적인 나, 나와 다른 사람이라는 분리와 판단으로 인하여 사람들을

온전히 대하는 법을 잊어 버렸습니다.

지복의 몸에 이르면 나는 모든 것이 되고 나와 남, 나와 물질,
나와 시간, 나와 공간, 나와 다른 나라, 나와 지구, 나와 우주라는
이원(분리)을 다르게 보게 합니다. 모든 것은 다르나 모든 것의
뿌리인 존재의 본질은 같다는 불이일원론이라는 대원칙을 내면에서
알려줍니다. 두려움을 벗어나는 길입니다.

불이일원론은 요가의 대원리입니다. 모든 것이 하나라는 것으로
브라만과 아트만이 같다는 것입니다. 모든 것이 같으니 대립이나
비교, 적대감과 전쟁, 탐욕과 성냄, 어리석음이 모두 쓸모없게 되고
사용할 수 없는 조건이나 상황으로 변모합니다. 아트만은 불이일원론
원리로 세상을 바르게 보게 합니다.
고통이나 걱정을 사라지게 합니다. 나와 남이라는 대립, 비교, 경쟁,
싸움을 사라지게 합니다. 세상에서 나를 주장하거나, 내 마음대로
소유하려고 욕심내고 성내지 않습니다.

모든 것을 고요하게 합니다.
모든 것을 평화롭게 합니다.
모든 것을 만족하게 합니다.
모든 것을 자유롭게 합니다.

81. 요가의 이정표 '자의식'

요가는 내면에 숨겨진 아트만을 만나는 것입니다.
반대로 아트만과의 만남을 거부하고 등지는 것은
요가를 방해하는 요소가 되는 것입니다.

자아라는 마음은 보이는 세상으로 향하도록 합니다. 아트만이라는
진아는 이 세상을 등지도록 합니다. 자아와 진아는 이 세상을 두고
정반대의 에너지 방향이 되어 살아가는 것입니다. 자아는 외면인
세상으로 살아가면 더욱 성장하고 반대로 세상을 등지는 내면으로
살아가면 점점 줄어듭니다.

자의식이 어느 방향으로 가는지가 무척 중요합니다.

내가 대전에 살고 있는데 서울에 사는 훌륭한 스승을 찾아간다고
합시다. 대전에서 천안을 거쳐 서울은 북쪽에 있습니다. 대전
아래쪽으로 대구와 부산이 있습니다. 내가 서울을 간다고 한다면
먼저 서울로 향해야 하며 천안을 거쳐 서울까지 가야 합니다. 만약에
천안을 서울로 착각하거나 잘못 알아 도중에 멈추면 서울에 갈 수가
없습니다. 그러면 그토록 중요한 스승을 만나는 기회는 일어나지 않게
됩니다.

물론 방향을 제대로 정했다면서 부산 쪽으로 정하고 대구에
도착하였으나 천안으로 인식하고 계속 간다고 하면 결국 부산에
이르게 될 것입니다. 이 방법도 역시 내 평생의 시간을 보냈다면 그

아픔이나 슬픔, 고통을 어찌 감당할 수 있겠습니까?

현재의 나는 지금 어디에 있습니까? 나라는 현재가 바로 대전임을
지칭한다면 서울은 지복이며, 천안은 지혜의 몸이라는 정거장입니다.
반대로 부산은 오히려 육체이며 대구는 감정이라는 정거장이 될
것입니다.

우선 어느 방향으로 향하는지, 어디가 바로 지복인지, 지혜인지,
감정인지, 육체의 세계인지 바르게 알아야 합니다. 대전이라는 지금
현재 나라는 자의식이 무엇인지 조금 더 살펴 볼까 합니다.

마음의 몸은 이 세상을 먹이로 알고 살아가게 합니다. 나라는
자의식은 대부분 이 세상을 적으로 알고 다투거나 빼앗거나
파괴하거나 죽음으로 몰고 가는 특성이 있습니다.

모든 것이 나 자신을 위한다고 합니다. 나 자신만을 위한다고 다른
것을 파괴합니다. (나 자신을 위한다고) 모든 것을 내 마음대로
할 뿐입니다. 80억 명 인류가 있으나 나 자신이 80억 명의 인류를
구속하고 판단하고 결정하려는 나만을 위한 세계로 돌아갑니다.

이것은 나라는 자의식이 보이는 세계를 사는 중요한 법칙이기는
합니다. 그것은 부분적이며 그것이 전부라고 여기고 행해지는 모든
것은 그 피해가 무한정이 됩니다. 바로 자신의 전부를 파괴하기
때문입니다. 자신의 몸을 스트레스로 병들게 합니다. 게다가 자신의
감정을 부정적으로 사용해 얼음처럼 만들기도 합니다. 특히 나를
제외한 세상을 적으로 간주하며 살게 합니다. 그러면서 평생 한

순간도 쉴 수 없는 스트레스와의 전쟁을 치르기도 합니다. 모두 나의
자의식을 잘못 인식해서 생기는 것입니다.

그렇다면 자의식은 어떻게 자라게 될까요? 나라는 자의식은 어떻게
생기게 되었을까요? 자의식을 줄이는 방법은 무엇이 있을까요?
자의식이 지혜나 지복의 몸으로 되기 위해 어떻게 해야 할까요?

먼저 몸을 '나'라고 여기며 신처럼 떠받드는 자의식이 어떻게 생기며
자라나는지 과정을 알아보도록 하겠습니다.

인간은 태어나면서 참 자아를 양파 껍질처럼 둘러싼 다섯 겹의 신체를
가지고 왔습니다. 숨을 쉬면서 형태라는 몸 즉 육체를 자각하게
됩니다. 밥을 먹고 소화하고 먹은 것을 버리면서 따뜻하거나 차가운
것을 느끼고, 부모 형제와 같이 보내면서 사랑과 미움 같은 에너지
바디의 몸을 배우게 됩니다.

7살 정도 되면 외부의 몸과 감정 그리고 출생과 더불어 얻은 이름을
하나로 통합하고, 정리도 하고, 반성도 하고 즐기면서 흔히 '나'
자신이라고 하는 자아라는 것을 만들어 쓰게 됩니다. 이 자아는
점점 가정을 벗어나 학교라는 세계, 직장과 직업이라는 세계, 하나의
독립된 가정을 만들면서 남편, 아내 또는 아버지와 어머니로서
확장됩니다. 그렇게 하면서 다양하게 나를 만들어 이 세상에서
자신이라는 새로운 세계의 주인이 됩니다. 보이는 세계의 주인이 되는
자아로서 살아가게 됩니다.

자의식을 줄이고 지혜의 몸이나 지복의 몸으로 어떻게 해야 변하게

될까요? 바로 명상이 답입니다. 세상의 의무가 끝나면 내면이라는
숲과 친하게 지내는 임서기를 가지게 됩니다. 자아를 벗어나는 지혜의
몸과 자아의 세계가 모두 황금으로 변하는 지복의 몸을 얻고자 명상을
하게 됩니다. 지혜와 지복의 몸을 만드는 최고의 방법이 명상입니다.
숲의 시간에서 명상을 배우게 됩니다.

명상가가 되어 세상의 빛으로 사는 것이 유랑기이기도 합니다. 당신은
어찌 보면 태어나면서부터 명상가입니다. 명상가는 지혜와 지복의
몸의 주인이며 지복의 활동가이며 지혜로 베푸는 자입니다. 자의식을
제대로 알아야 합니다. 자의식은 보이는 세상이나 내면이라는 세계의
이정표가 됩니다. 외면의 세상이나 내면의 세계를 열어 주는 문이
됩니다. 세상과 내면을 모두 사용해야 합니다. 요가는 이 자의식을
이정표로 하여 아트만이라는 것으로 비상할 수 있게끔 해 줍니다.
이정표의 기능이나 특징을 잘 알아 두시기 바랍니다.

82. 요가의 성취를 돕는 마음가짐

요가를 성취하려면 어떤 마음가짐을 가져야 할까요?
요가의 배움에서 얻는 성과와 주의 사항은 무엇일까요?

신이 우리에게 준 선물은 몸입니다. 몸은 요가를 성취하는 수단이며
성취를 증명하는 실체입니다. 다만 표면적인 육체만 아는 것이
아니라 참자아를 둘러싼 5겹의 신체를 바르게 배우고 익혀 쓰는 것이
중요합니다. 그래야 참자아(아트만)와 만날 수 있습니다.

요가를 효과적으로 배우기 위해 먼저 3가지 원칙을 준수하면
좋습니다. 우선 요가가 '얼마나 가치가 있나' 아는 것입니다. 가치란
요가의 의미이며 목적입니다. 그 가치를 제대로 받아들이고 대하는
방법을 새롭게 하는 것입니다.

두 번째로 사람이 살아 있는 기간에만 가능함을 기억해야 합니다.
몸이 생명을 가지고 있듯이 시간이 주어졌을 때 배우고 익혀야
합니다.

세 번째로 요가와 지속적인 관계를 가지면서 배우고 익혀야 합니다.
정성껏 성장시키고 성취를 이루어야 합니다. 매일 매일 노력하다 보면
반드시 아트만을 만나게 될 것입니다.

다음은 요가를 하다 보면 선물로 주어지는 성과들입니다. 요가의
배움이 깊어지면 찾아오는 변화들입니다. 첫째, 만족입니다. 자신에

대한 사랑이 커져 일상과 내면에서 기쁨과 활력이 넘치고, 웃음이
많아지며 여유로워져 살아가는 데 만족이 재산이 됩니다.

두 번째로 겸손입니다. 수련과 수행의 시간을 가지다 보면 요가의
지혜가 얼마나 크고 소중한지 알게 되어 자신이 살아 온 경험이나
지식이 작고 아주 부족했던 것을 느끼게 됩니다. 그러면서 스승들의
위대함을 존중하게 되어 자신을 낮추는 태도가 자연스럽게 생기며
겸손해집니다.

아울러 자신의 내면에서 신성을 느끼듯 다른 사람들에게도 신성이
있음을 받아들이며 존중하게 됩니다.

세 번째로 평온입니다. 일상이 잘 돌아갑니다. 정해진 시간에 가뿐한
몸으로 깨어나고, 균형감 있는 식사 후 출근하고 적절하게 업무를
처리하고 퇴근합니다. 모든 일들을 무리하지 않습니다. 급하게
서두르거나 미루거나 하지 않습니다. 숨 쉬는 일이나 밥을 먹는 일,
일을 하고 가족들과 시간을 보내는 일, 나이를 먹는 일 등의 일상
생활에서 몸과 마음이 편안해집니다. 매 순간 자신이 보고, 듣고
말하는 자신의 모든 행위에서 깊은 감사가 일어나고 평온함으로
채워집니다.

다음은 요가의 배움을 돕는 3가지 요소입니다.

먼저 일상성입니다. 습관처럼 날마다 자연스럽게 하는 일이 되어야
합니다. 밥 먹고 잠자는 일처럼 그냥 의도 없이 할 수 있는 일이고,
저절로 반복되는 것입니다. 돈도 시간도 장소도 마음도 무엇 하나

조정할 일이 없어야 합니다.

두 번째로 평이성입니다. 사람이면 다 할 수 있는 것입니다. 숨 쉬기나 보기, 말하기 등은 따로 배우지 않아도 저절로 할 수 있는 것들입니다. 저절로 할 수 있을 만큼 쉽고 따라 할 수 있어야 합니다. 당신이 어떤 요가를 하더라도 어렵게 한다면 배우기 어렵습니다. 쉬운 것이어야 쉽게 따라 할 수 있으며 쉽게 가르쳐 주는 선생님이 있으면 더욱 좋습니다.

세 번째로 평범성입니다. 보통 사람으로 변하게 됩니다. 특징이 드러나거나 모가 나지 않습니다. 뽐내지 않고 이름을 구하지 않습니다. 그냥 이웃처럼 편안해집니다.

마무리로 몇 가지 주의 사항입니다.

먼저 요가에 대한 이해가 필요합니다. 인생의 4주기를 통해 자신의 현재 역할과 시간에 대해 선택과 집중이 필요합니다. 학생기, 가주기, 임서기, 유랑기에 속한 자신의 현재 할 일을 알고 실천하는 방법입니다.

두 번째로 요가를 방해하는 것을 줄이는 것입니다. 학생기와 가주기에는 외면의 자아를 잘 사용하는 시기입니다. 임서기와 유랑기에는 내면의 자아를 잘 사용하는 시기입니다. 세상에서 활동할 때에는 내면의 자아를 중심으로 사용하면 손해입니다. 반대로 내면에서 활동하는 시기에 외면의 자아를 중심으로 사용한다면 득보다는 오히려 마이너스가 됩니다.

다음으로 요가를 돕는 것을 잘 유지하는 것입니다. 물질(돈)이
일상의 의무나 자신의 역할을 원만하게 해내거나 감당할 만큼 있으면
좋습니다. 공부할 만큼 시간이 있으면 좋습니다. 몸이 건강하여 좋은
컨디션으로 배우면 좋습니다. 마음이 건강하고 배움에 관심이 있으면
좋습니다,

요가의 성취(아트만)는 인간이 태어나면서부터 얻어지는 당연한
능력입니다. 특별한 무엇이 있는 것이 아니라 모두가 할 수 있다는
것이 특별한 것입니다. 나만 특별히 어떠한 능력이나 행운, 성공을
얻는 것이 아닙니다. 나도 사람이면서 자연이듯이 당신도 사람이면서
자연입니다. 자연은 무리하지 않아도 그냥 저절로 되는 것입니다.

구름이 하늘에서 바람따라 자연스럽게 흘러가듯이 요가의 배움은
사람에게도 자연스러운 일이 되어야 하며 그렇게 일어나야 합니다.
봄에 씨앗을 뿌리면 여름이 지나고 가을이 되면 과일들은 저 마다의
향기와 잘 익은 빛깔을 뽐내게 됩니다.

하나의 생명이 인간이라는 씨앗으로 태어나면 어느 순간 잘 익은
과일처럼 아트만이라는 신성의 과일로 익어 세상에 빛을 밝히며 그
역할을 다할 것입니다.

83. 요가의 성취

요가를 배우면 무엇을 얻게 될까요?

우파니샤드에 보면 '모크샤'라고 해방 또는 해탈이라고 합니다.
모크샤는 태어나는 것과 죽음에서 해방되며 자신의 진정한 본성을
깨닫는 것을 의미한다고 합니다. 그래서 모크샤를 성취하면 모든
고통에서 자유롭고 영원한 행복을 얻는다고 합니다.

요가경에서 말해지는 성취는 카이발리얌이라고 하며 완벽한
깨달음이라고 합니다. 개인적 마음을 가지고 있는 제한된
의식(프라크리티)이 순수 의식(푸루샤)으로 완전히 정화되어 빛이
되는 선명한 지혜를 얻고, 개인적인 자아에서 우주자아의 상태로
비상하여 확장하는 상태입니다. 한 인간으로 살아 있는 동안 시공의
한계를 초월하여 모든 것이 완벽하고 행복한 천상의 세계를 마음껏
누릴 수 있는 상태를 말한다고 전하고 있습니다.

사실 깨달음의 성취를 말로 표현하는 것은 막연하고 감이 잘 잡히지
않습니다. 그러니 전혀 그려지지가 않습니다. 그래서 조금 더 쉽게
이해를 돕고자 각 요가의 성취자를 보여 주는 것으로 보충하고자 합니다.

바가바드기타에서 말하는 3가지 요가와 명상의 요가 성취자를
말씀드려 보겠습니다.

먼저, 카르마(행위) 요가의 성취자로 널리 알려진 성자가 마하트마
간디입니다. 존경을 뜻하는 마하트마 즉 위대한 간디라고 칭해지며,

인도에서뿐만 아니라 전 세계적으로 알려진 성자입니다. 인도가
영국의 지배하에 있으면서 갖은 고초를 겪고 있었음에도 아힘사라는
비폭력 운동을 전개하여 마침내 영국의 식민지를 벗어나는 위대한
결과를 이루어 낸 분입니다. 평생 바가바드기타를 공부하며 자신을
다스리고, 비폭력을 통하여 영국과의 전쟁에서 독립을 이룬 일은 어느
나라에서도 찾아 보기 힘든 위대한 사례입니다.

두 번째는 박티 즉 헌신의 요가 성취자로 라마크리슈나입니다. 신에게
헌신하여 신과 합일을 이룬 성자이며 모든 것에 신이 내재하고,
활동하며 신의 은혜와 영광의 손길에는 단 한 순간도 틈이 없다고
말하는 성자입니다. 그가 눈을 감고 기도하면 그는 신의 인도에 따라
모든 것을 신의 세계로 알고 행동한다는 그분의 일화는 많이 알려진
이야기입니다.

세 번째는 갸나(지혜) 요가 성취자로 라마나 마하리쉬입니다.
평생을 아루나찰라에서 거주하며 '나는 누구인가'라는 진아 탐구의
방식으로 '나는 진아이다'라는 모습을 모든 순간, 세상에 드러내신
성자입니다. 만일 폴 브런튼이라는 영국 탐험가가 여행기를 통해 인도
밖의 세계에 알리지 않았더라면 지금도 세상에 알려지지 않은 성자일
것입니다. 모든 일상을 침묵으로 세상을 초월한 세계로 나타내셨으며
진리의 깨달음을 보이셨던 분이라고 알려져 있습니다.

끝으로 명상의 요가 성취자로서 오쇼 라즈니쉬입니다. 오쇼는
'바다와 같은'이라는 아주 크고 위대한 존재를 의미하는 말로 그가
성취한 깨달음을 표현하는 것으로 세상에 널리 알려져 있습니다.
'삶이 웃음이고 명상이다. 사랑이 바로 신이며 명상의 지름길이다.

마음을 벗어나는 모든 길이 명상이다.'라고 그분의 주제는 모두
명상이었습니다. 동양과 서양을 아우르도록 '다이나믹 명상, 쿤달리니
명상, 로즈 명상' 같은 현대적 명상을 스스로 만들어 전파하였습니다.
또한 좌선 및 기도, 수피 명상, 탄트라 명상처럼 동·서양의 전통 있는
명상법도 강연에 소개하였습니다. 오늘날 그분이 돌아가신 이후에도
뿌나를 비롯한 여러 센터에서 다양한 프로그램을 여전히 진행하고
있습니다.

인도는 신의 나라이면서 진리를 추구하고 영성을 추구하는
나라이기도 합니다. 고대부터 인도는 인간의 신성을 깨닫기 위해
베다를 위주로 하는 대표적인 6대 학파(베단타 학파, 요가 학파,
상키야 학파, 미맘사 학파, 바이세시카 학파, 니야야 학파)가
있었습니다. 각 학파마다 그들만의 방식으로 깨달음의 세계를
체계적으로 완성했으며 그 옛날부터 지금까지 이어지고 있습니다.
다양한 정신 문화가 지금도 전해 오고 있으며 활발히 활동하고 있으니
참고하시어 다른 학파의 시스템도 참고하셔도 좋습니다.

사실 요가의 성취는 그저 아트만을 만나는 것입니다. 반대로 아트만을
거부하는 것은 요가를 가장 방해하는 요소입니다. 자아라는 마음은
외면인 세상으로 향하도록 합니다. 아트만이라는 진아는 이 세상을
등지도록 합니다. 자아와 진아는 이 세상을 두고 정반대의 에너지
방향이 되어 살아가는 것입니다. 외면인 이 세상으로 살아가면
자아는 더욱 성장하고, 이 세상을 등지고 살아가는 내면에서는
자아는 더욱 줄어듭니다. 자의식이 어느 방향으로 가는지가 무척
중요합니다. 요가는 외면이라는 세상이 아니라 자신의 내면임을 잊지
마시기 바랍니다.

요가의 성취인 아트만을 만나는 것이 어떤 의미인지 감이
와닿으셨나요? 아트만이 주는 의미를 전달하면서 요가의 진정한
의미와 시작을 말하게 됩니다.

마인드 요가 한번 관심 가져 보세요. 당신의 삶을 빛나게 해 줄
것입니다. 자유와 행복이라는 보물을 찾아 선물로 안겨 줄 것입니다.

♣ 진아(아트만)의 본성은 존재, 의식, 지복입니다.

- 라마나 마하리쉬 -

제10장

마인드 요가의 세계
(임서기 심화 및 유랑기)

요가는 진정한 고요의 세계를 여는 것입니다.
삼매는 텅 빈 공간에 침묵으로 녹아드는 것입니다.

제9장 마인드 요가의 길 안내로 요가의 의미와 방법이
조금이라도 느껴지시면 좋겠습니다.

요가의 길은 진정한 고요의 세계를 여는 것입니다.
나라는 것에 무엇이 들어와도 고요합니다.
성냄이나 미움이 없습니다.
탐욕이나 어리석음이 없습니다.
모든 것이 왔다가 그저 사라지게 합니다.

또한 고요함이 세상에 드러나니 이로움입니다.
사랑으로 살고 사랑으로 돌려 받고
감사로 살고 감사로 돌려 받고
이해로 살고 이해로 돌려 받는 것입니다.
자신과 다른 이들을 늘 이롭게 합니다.

요가의 세계를 맛보고 경험하시기 바랍니다.
편안한 마음으로 흘러가게 봐 주시기 바랍니다.
그리고 작은 불씨와 관심이 일어나기를 빌어 봅니다.

당신에게 하나의 불씨가 내면세계를 밝히는 빛이 되어
이끌어 가시기를 빌겠습니다.

84. 자각은 최고의 자기 사랑입니다.

자각은 지금 하는 일을 내가 알고 행하는 것입니다.
다른 그 무엇이 아닙니다.
지금 내가 하는 일을 아는 것에 최선을 다합니다.

자각은 자기 사랑으로 다음과 같은 특징이 있습니다.
첫번째는 정성입니다. 지금 하는 일에 마음의 정성을 다하는
일입니다. 정성은 사랑하는 사람에게 저절로 몸과 마음이 향하듯이,
나방이 뜨거운 불빛에 무모하게 자신의 몸을 내던지듯이, 돋보기가
태양 빛을 한 점에 모아 불이 나도록 열기를 모으듯이 신기한 힘이
됩니다.

두 번째는 관심입니다. 간절함으로 찾고 구하는 것입니다. 신앙인이
어둠에서 빛을 구하듯이 신을 찾는 일이며, 지혜에 목마른 자가 세상
무엇이든지 지혜인 줄 알고 마음껏 흡수합니다. 부모가 사랑하는
아이를 두 눈에서, 가슴에서, 온 마음으로 보고, 듣고, 이야기 해주고
안아 주고 모든 것을 함께합니다. 강물이 끊어지지 않는 흐름으로
저절로 이어지듯이 대상과 한결같은 동행이며, 교감이며, 교류입니다.

세 번째는 알아차림입니다. 대상을 마음의 정성과 깊은 관심으로
대하게 되면 모든 순간이 빛이 됩니다. 내 안에서는 상대의 모든
일들이 느껴지고 감동받고 마치 조개 안의 모래를 자신의 부드러운
살로 감싸안아 진주로 변하게 하듯이 모든 순간들을 알아챕니다.
정말이지 조개가 되어 보지 못해 그 아픔이 어떠한지는 모릅니다.

다만 매 순간의 자극이 자각된다는 것입니다.

매 순간의 자각이 진주가 되는 것입니다.
매 순간의 행동을 알아챕니다.
매 순간의 느낌이나 감정을 알아챕니다.
매 순간의 생각이나 입장, 태도, 마음을 알아챕니다.

그냥 내가 하는 일을 알아채는 일입니다.
내가 하는 일을 모르는 것이 오히려 이상합니다.

숨을 쉴 때 숨을 쉬는 것을 아는 것입니다.
생명의 살아 있음에 감사가 일어납니다.
두 눈으로 볼 때 보는 것입니다.
다른 생명이 살아 있음에 감사가 일어납니다.

귀로 이야기를 건넬 때 바르게 듣는 것입니다.
마음의 내용이 온전하게 전해 옵니다.
그것이 신의 말씀이나 선물처럼 감사가 일어납니다.

자기가 하는 일을 아는 것은 신이 당신에게 하는 일을 아는 것과
같습니다. 모든 것이 신의 사랑이 됩니다. 당신이 신의 사랑으로 신이
됩니다. 자기 사랑은 그대 내면의 살아 있는 신과의 만남이며 진정한
사랑을 나누는 특별한 일입니다. 모든 것이 사랑입니다.

85. 삶은 매 순간 일어나는 모든 것입니다.

삶은 모든 순간순간입니다.
또한 모든 순간이 하나인 생명 활동입니다.

모든 순간순간이 몸의 움직임이며,
감정의 끊임없는 흐름이며, 마음의 전 작용이기도 합니다.

매 순간 어떤 대상이 왔다가 사라집니다. 매 순간 어떤 선택이 왔다가
사라집니다. 찰나마다 어떤 감정이 일어났다가 사라집니다. 찰나마다
어떤 생각이 떠올랐다가 사라집니다.

눈에 어떤 것들이 들어왔다가 사라집니다. 귀에 어떤 소리가
찾아왔다가 사라집니다. 코, 피부, 입, 머리 안에서 어떤 일들이
찾아왔다가 사라집니다. 모든 것들이 바람처럼 왔다가 바람처럼
사라집니다. 모든 대상들이 번개처럼 왔다가 번개처럼 사라집니다.

내 몸의 모든 활동입니다. 내 감정의 모든 느낌입니다. 내 마음의
모든 결정입니다. 내가 살아 있는 동안의 모든 것들입니다. 당신이
살아가는 동안의 모든 순간들입니다.

부모로부터 태어나 어느 순간 죽음으로 사라집니다. 아기로 왔다가
노인으로 사라집니다. 씨앗으로 왔다가 나무가 되어 어느 순간
사라집니다.

얼음으로 왔다가 어느 순간 물로 됩니다. 물의 길을 가다가 어느 순간
바다가 됩니다. 물의 몸에서 어느 순간 수증기로 변해 사라집니다.
애벌레로 왔다가 나비가 되는 경우도 있습니다. 수많은 변화가
이곳에서 저곳으로 일어납니다.

삶은 구름처럼 다채롭습니다.
무지개처럼 화려하기도 합니다.

모든 순간들이 삶입니다.
모든 일들이 삶입니다.

내가 숨을 들이마시는 일이 삶의 한 순간입니다.
내가 숨을 내쉬는 일이 삶의 전체이기도 합니다.

내가 하는 말이 삶의 의미이기도 합니다.
내가 듣는 말이 삶의 전체이기도 합니다.

모든 것이 사랑입니다.
모든 순간이 사랑입니다.

모든 것들이 삶입니다.
모든 순간이 삶입니다.

86. 자의식을 높으면 그대는 자유로운 신이 된다.

자유는 무엇일까요?
당신은 자유로운가요?

자유는 스스로 있는 것입니다. 스스로는 혼자입니다. 당신이 혼자
있으면 자유로운 것입니다. 혼자 있는 것은 누구나 할 수 있습니다.
그러니 당신은 자유로울 수 있습니다. 늘 자유 속에 있어야 합니다.
당신은 언제나 혼자이니까요.

사람은 몸이 하나입니다. 당신은 이 세상에 단 한 사람이며 같은
사람은 지구상 어디에도 없습니다. 혼자는 스스로 있는 것이고 그것은
자유로운 것이 태어나면서부터 늘 가능하다는 것을 알려 줍니다. 다시
말하면 당신은 혼자입니다. 그러니 자유로울 수밖에 없습니다.

아이 때는 세상 부러울 것이 없습니다. 부모님, 형제가 있고, 좁은
집이지만 음식을 나누고 정겹게 이야기할 수 있으며 마음 편히 잠을
잡니다. 늘 행복합니다. 그냥 좋고 편안하며 만족합니다. 이처럼
자유는 나를 인식하기 이전 어릴 적부터 자연스럽게 일상에서
만끽했습니다. 특별한 기술이 필요 없습니다. 배움도 필요 없습니다.
그냥 마음이 가는 대로 하면 됩니다. 자유롭게 되기 위해 배울 것이
없습니다. 그러니 이처럼 쉬운 것이 어디 있겠습니까?

어른이 되면 모든 것이 자유롭질 못합니다. 배우지도 않았는데 어른이
되면 부자유와 함께 살게 됩니다. 배우지도 않은 것과 어떻게 함께

살게 되었을까요? 사람이 혼자일 때는 자유롭다고 하는데 어른이
되면 무엇이 달라졌을까요? 달라진 점은 아마도 혼자가 아니라는
생각이 듭니다. 혼자는 자유를 의미하고 보여 주니까요.

당신은 당신 말고 다른 무엇과 함께 살고 있습니다. 학교에 가면
세상을 배우고, 친구도 알고, 이성도 만나고 사랑도 하며 결혼도
합니다. 가정을 꾸려 부모가 되고 일을 하면서 사회적 관계를 맺고
역할을 수행합니다. 당신은 당신의 몸속에, 가슴속에, 마음속에
수많은 역할, 의미, 가치 등이 함께하며 살아갑니다. 처음 태어났을
때처럼 '혼자'를 쓰면 되겠네요. 당신은 아이 때나 어른이 되어서나
언제나 혼자입니다. 어떻게 하면 될까요?

당신은 이름과 역할을 통해 수많은 관계, 정보, 지식, 경험 들을 쌓아
자신 안에서 함께 성장하면서 자기도 모르게 이것들과 살아갑니다.
자신의 몸과 동일시하는 여러 것들이 나이를 먹어감에 따라
생겨납니다. 그 모든 동일시를 자기라고 여기게 됩니다. 우리는
그것을 자의식이라 부르고 있습니다.

세상에 태어난 나는 나만 있지 나의 역할은 없습니다. 나는 나라는
무엇이 없이 자각만 있습니다. 내가 했다고, 내가 알았다고, 내가
어떻게 해야 한다는 것처럼 '나'라고 하는 어떤 동일하다는 생각이나
자각을 하지 않았습니다. '혼자'라는 것은 달리 말하면 자의식을 쓰는
방법을 알고 배우면 되는 것입니다.

세상에서 자의식을 올바르게 쓰는 방법은 매 순간 할 수 있습니다.
다른 말로 매 순간 당신은 혼자일 수 있습니다. 예전처럼 매 순간

자유로울 수 있습니다.

어떻게 가능할까요? 한 번에 한 가지만 하면 됩니다. 밥 먹을 때 밥만
먹고, 말할 때 말하고, 들을 때 들으면 됩니다. 너무 쉽나요. 더 많은
설명이 필요하다고요. 어렸을 때처럼 밥 먹을 때 아무 생각 없이 밥만
먹습니다. '아무'라는 생각만 없으면 됩니다. 그러면 밥 먹는 일 하나만
남습니다. 세상에서 일어나는 모든 일들이 아무라는(나라는) 생각
속에 담겨 있습니다. 이것을 알았으면 좋겠습니다. 아무라는 생각만
없으면 됩니다.

신이 무엇일까요? 자유로움이며 자유입니다. 자유는 자신을 마음대로
할 수 있는 것입니다. 하지만 당황스럽게도 우리는 자신을 마음대로
하지 못한다는 것입니다. 자신이 어떻게 자신을 마음대로 하지
못할까요? 배우지 않고 저절로 얻는 것인데도 말입니다. 혼자일 때
자기 자신을 마음대로 할 수 있습니다. 그냥 혼자이면 됩니다.
아무라는 것을 함께하지 않으면 됩니다.

그대는 혼자입니다. 그대는 자유입니다.
그러니 그대는 신이 되기도 합니다.

87. 그냥 그대로 두면 참 좋아요

그냥 그대로 두세요.
아무 일도 하지 마세요.
아무런 생각도 하지 마세요.

바람은 아무 이유 없이 붑니다. 누구에게 무엇을 하려고 부는 것이
아닙니다. 바위도 그냥 있습니다. 어떻게 하지 않습니다. 하늘이
높고 땅은 평평합니다. 왜 그러냐고 아무도 묻지 않습니다. 그냥
그렇게 그대로 둡니다. 그저 있는 그대로 두면 됩니다. 하늘과 바람이,
산과 구름이, 강물과 바다가 우리에게 무한한 무엇들을 줍니다.
마치 태양과 달이 낮과 밤을 교대하듯이 빛과 세상을 어둠과 휴식을
충분하게 줍니다. 그냥 두면 마음껏 받을 수 있습니다.

하지만 사람들은 그냥 그대로 두지 못합니다. 나도 모르게 매 순간
시비가 일어나고, 내가 맞다고, 내가 옳다고, 내가 해야 한다고, 나만
할 수 있다는 생각이 머리 안에서 수없이 일어나고 사라집니다.

그러한 여러 생각 생각들이 한 순간에 번개가 치듯 그칠 줄 모르고
일어나고 사라지는데 그냥 그대로 둘 수가 있을까요?

어떻게 해야 할까요? 그냥 모른 체할 수 있을까요?
안 될 것입니다.
천둥과 번개가 세상을 내려치듯이
성난 파도가 사나운 몸짓으로 무섭게 꿈틀대듯이,

배고픈 사자가 미친 듯이 사냥감을 물어뜯듯이,
생각들이 생각들을 물어뜯고 성난 파도가 미친 몸짓으로
춤추고, 천둥과 번개가 마을을 파괴합니다.

내 마음속에 어떤 현상이나 사건이 일어나면,
어떨 때는 사막을 건너는 자의 목마름처럼 탐욕이,
때로는 화산 분화구의 불꽃처럼 분노가,
매 순간 돼지 다섯 마리가 자기 자신을 세지 못하고
잃어 버렸다고 우는 것처럼.

자신이 하는 일을 아무것도 모른 채 이러한 순간들이 지나갑니다.
그냥 그대로 두기가 무척이나 어렵습니다.

그래서 저는 이렇게 하고 있습니다. 어떤 사건이나 현상을 대할 때
위의 어떤 생각들이 찾아들고 떠오르고 나도 모르게 그 생각들이
요동치면

'나는 모른다', '내 것이 아니다', '내 일이 아니다'라고 이러한 생각들로
계속해서 바꾸어 다시 생각하고 반복하다 보면 신비스러운 일이
일어납니다.

비가 온 뒤 맑은 하늘처럼 점점 수많은 생각들이 조용해지고 어느
순간에 이르면 고요해집니다. 그러다가 그 시간이 점점 무르익어지면
침묵으로 사라집니다.
마치 깊은 잠을 자듯 나의 모든 생각들이 사라집니다.

파도가 깊은 바다 속으로 잠기듯 고요함만이 존재합니다.
새가 하늘에 발자국을 남기지 않듯, 하늘의 구름이 모양을
가지고 있으나 바람에 날려 흔적조차 없게 됩니다.

그냥 모든 일들이 그대로 지나갑니다. 그냥 모든 순간들이 지난
과거도 아니고, 오는 미래도 아닌 지금 보이고 있는 그대로 현재로
바뀝니다.

그냥 그대로 두면 참 좋습니다.
사랑으로 충만해지고 지복으로 행복합니다.

그냥 고요한 지금입니다.
그냥 지복으로 춤추는 순간입니다.
모든 것이 그냥 그대로입니다.

88. 깨달음은 자유 세계의 도착이다.

안다는 것은 무엇일까요?
그것은 당신이 주인이며 마음껏 할 수 있다는 것을 뜻합니다.

당신의 이름은 무엇인가요? 알고 있을 겁니다. 당신도 알고
세상에서도 당신과 관계하는 사람은 당신의 이름을 부르며 소통하고
있을 테니까요.

당신은 집도 알고 있을 겁니다. 그렇지 않으면 쉴 곳이 없어 바로
찾아야 합니다. 당신은 참으로 많은 것들을 알고 있습니다. 이름,
가족, 직업, 친구 외에도 하늘, 땅, 강 같은 자연 그리고 집, 상점,
백화점, 영화관, 공장 같은 보이는 세계의 다양하고 어마어마한 것을
알고 있습니다.

그렇게 많이 알고 있어도 자유롭지 못하다고 합니다. 먹고사는 걱정,
아이 양육 문제, 회사에서의 승진, 자기 계발, 건강 유지, 안전한 노후
관리 같이 고민과 문제가 생기고 떠나지 않는다고 합니다. 걱정이나
문제가 왜 떠나지 않을까요? 그 이유는 단순합니다. 당신이 붙잡고
있어서입니다.

고슴도치의 가시를 맨손으로 잡으면 아프겠지요. 당신보다 큰 바위를
손으로 들려고 한다면 자칫 목숨이 위태로울 수도 있습니다. 당신은
걱정이나 문제를 감당할 수 없는데도 매일 그리고 더 키워서 가지려고
안간힘을 씁니다. 그러면 병이 납니다. 어떤 사람은 치명적인 암으로,

어떤 이는 정신 이상이나 우울증으로 심신의 깊은 곳을 못 쓰게 됩니다. 그런 경우까지 가야만 하는 수없이 놓게 됩니다. 당신의 몸이나 정신이 손상되어 더 이상 붙들 수 없을 때 놓게 됩니다.

깨달음은 붙잡지 않아야 될 것을 놓는 것입니다. 아침에 잠에서 깨어 태양의 빛 아래 펼쳐진 세상을 봅니다. 아주 분명하고 무척 새롭습니다. 새로운 일, 행동, 의지, 역할, 만남, 의미, 기쁨, 웃음, 만족 같은 것들이 태어나고 활동하며 교감됩니다.

밤은 어둠으로 가득합니다. 어둠조차도 삼켜 버린 동굴은 특히 더 어둡습니다. 칠흑 같은 어둠을 인식하지 못하고 살아가는 생명이나 그 세계를 '무지'라고 합니다. 무지는 아무 것도 보이지 않고, 선택할 수 없고, 부딪치고, 몸이 망가지거나 정신이 부서져 병과 죽음을 맞이합니다.

깨달음은 태양 아래의 세계입니다. 빛으로 밝게 빛나는 세상입니다. 모든 것이 분명하게 보이고 자유롭습니다. 그 누구에게나 생로병사의 고통, 탐진치의 어리석음, 자신이나 남을 믿지 못하는 부정, 불신 같은 것들이 존재할 수 없습니다. 깨달음은 사람을 억압하고 보지 못하게 하는 어둠이 존재할 수 없으며 자유로움만이 존재합니다. 깨달음은 무엇을 아는 것이 아니라 빛의 세계에 도착하여 빛의 축복 속에 존재하며 사는 것입니다.

89. 진리는 어떻게 얻는 것일까요?

당신은 진리를 알고 있나요?
당신은 진리를 가지고 있는 자를 알고 있나요?

진리를 참된 이치라고 합니다. 참된 이치는 어떤 것일까요? 참된
이치는 모든 사람이 좋아하고 편안하고 시간이 지나도 변함이 없어야
한다고 생각합니다. 왜냐하면 사람을 불편하게 하고 미워하거나
싫어하면 진리를 가까이하거나 쉽게 얻을 수 없기 때문입니다. 그리고
수시로 바뀌는 것이라면 매일 배워도 또 배워야 하니 그것도 어려운
일이 됩니다. 그러려면 누구나 가능한 쉬운 일이어야 하며 언제라도
가능한 일이 되어야 합니다.

그처럼 모두에게 가능하고 언제라도 가능한 일이 무엇일까요? 먼저
떠오르는 일은 보고 듣고 숨 쉬는 것처럼 몸의 일입니다. 노력이 없이
가능한 일이죠. 그러면 노력 없이 몸의 일을 한다면 진리라는 길에
이른다고 할 수 있지 않을까요?

먼저 보는 일입니다. 눈이 하는 일입니다. 사물이 있으면 눈은 대상을
향하여 언제든지 볼 수 있습니다. 보는 일은 그처럼 단순한 일이죠.
나무를 본다고 합시다. 눈을 뜨고 몸을 나무 방향으로 향하고 있으면
나무는 말을 합니다. 나는 나무입니다. 눈은 그렇게 보지요. 그것이
끝입니다. 대상만을 보는 것이 바르게 보는 것입니다. 그런데 어떤
사람이 말합니다.
'나무가 잘생겼다, 값이 비싸겠다'처럼 여러 이야기를 합니다. 보는

것에서 자신의 생각으로 무엇을 만들어 냅니다. 대상을 단순히 보는 것이 아니라 자기 머리로 생각해서 달라지게 합니다. 보는 것은 그냥 보는 것입니다.

듣는 것도 마찬가지입니다. 새의 소리가 들립니다. 아마도 날이 좋아 노래를 부르는 모양입니다. 어떤 사람은 새의 노래를 새의 노래로 듣습니다. 그런데 어떤 사람은 새의 노래에 한 마디나 한 생각을 합니다. 아침부터 새 소리를 들으면 일이 안 된다고… 아니면 새 소리가 나니 괜히 짜증이 난다고 물론 좋다고 하는 사람도 있습니다. 새는 새의 소리를 냅니다. 사람은 새의 소리로만 들으면 됩니다. 그 이상 하면 새도 화를 냅니다. 나의 소리는 그 소리가 전혀 아니라고…… 당신을 위해 한 말이 아니라 다른 새에게 한 말이라고…….

진리가 이처럼 쉬운 일입니다. 보는 일, 듣는 일, 숨 쉬는 일, 먹는 일처럼 자기 몸에서 시작하면 됩니다. 몸은 이 세상에 하나뿐인 당신입니다. 그러니 언제나 자연스럽게 모든 일들이 일어나며 가능합니다. 다른 사람 걱정은 하지 말라고 하세요. 그 사람도 자신이 분명히 할 수 있습니다.

진리는 자신의 몸과 마음이 편안하고 즐겁고 그러면서 항상 되어야 하는 것입니다. 진리를 '찾지 말라' 하세요, 그대의 '모든 일들이 진리가 되어라' 하세요. 숨을 쉬고 보고 듣고 말하는 것처럼 모든 당신의 일상에서 일어나는 것들이 진리입니다. 쉽습니다. 모두가 가능하고 당신도 가능합니다.

90. 동굴 속에서 사는 것은 무엇일까요?

동굴은 깜깜합니다.
동굴은 당신의 자의식입니다.

이른 아침이 되면 태양이 떠오릅니다. 그러면 밤의 어둠은 빛에게
자리를 내주고 사라집니다. 밤은 보이는 것들을 잠시 가려 줍니다.
아침이 되었을 때만 어둠으로 가리는 일을 멈춥니다.

깊은 산속에 가 보신 적이 있을 겁니다. 산을 가다 보면 인적이
드문 곳이 있지요. 사람들이 별로 다니지 않은 곳인지 발길이 거의
보이지 않다가 어느 순간 길은 흔적도 없이 사라집니다. 그렇게 길이
사라진 곳에 다다르면 참 난처해집니다. 산속에서 방향도 알 수 없고
땅은 보이나 길이 보이지 않으니, 그냥 마음 내키는 대로 가다 보면
낭떠러지나 점점 더 깊은 산속으로 들어갈 뿐입니다. 그때는 참으로
무섭고 위험을 감지하면 죽음에 대한 두려움도 깨어납니다. 그래도
빛이 남아 있으면 이리저리 노력을 합니다. 그러다가 우연히 길을
찾아내거나 다른 사람을 만나면 다시 안전하게 산을 나오게 됩니다.
그러한 경험은 잊을 수 없습니다.

큰 산은 어떻게 보면 세상입니다. 어둠과 빛이 공존하는 세상입니다.
낮과 밤이 공존합니다. 낮은 활동하고 밤은 휴식합니다. 낮과 밤
속에서 세상의 길 즉 삶을 살아가는 데에는 기술이 필요합니다. 깊은
산에서 안내자를 찾듯 안전하고 편안하게 세상길을 가는 사람을
선배나 멘토라 생각하고 따르거나 닮아지려고 하면 됩니다. 책과 각종

매체, 가까운 이웃, 학교나 회사의 선배처럼 다양하며 많은 선배들이 있습니다.

동굴을 당신의 자의식이라고 했습니다. 매일 태양이 주는 빛을 막는 장치이며 도구이며 물건이며 살아서 활동합니다. 세상 밖으로 나오지 않으며 나올 수 없게 합니다. 당신과 함께 살고 숨을 쉬며 당신의 마음과 같이 살아가니까요.

인류가 처음 지구상에 나타났을 때는 언어도 없었고 집도 없었을 겁니다. 오직 생존을 위해 먹을 것을 구하려고 자신의 목숨을 걸고 식량을 얻었을 것입니다. 그러다가 비나 추위를 피해 우연히 동굴을 발견합니다. 그동안의 생활보다 훨씬 나아지고 좋았겠지요. 아이들이 세상에 나와 어느 순간 몸을 편안한 동굴(자기 자신)로 여기며 살아갑니다. 자기의 생각, 감정, 마음을 몸에 숨긴 채 살아갑니다. 참 편하거든요, 세상의 모든 위험에서 자신을 지켜 준다고 생각합니다. 그러다가 동굴(자의식, 몸과 자신을 동일시하는 것)이 있다는 것을 아예 잊어 버리지요. 동굴이 오히려 자신이 됩니다.

동굴이 남에 대하여 이야기하거나 멋진 자신을 만들려고 애쓰기도 합니다. 그렇게 자신의 몸을 귀하게 여기고 몸에 무엇이라도 일어나면 자신과 남을 가리지 않고 심하게 반응합니다. 동굴은 그대 자신이 아닙니다. 동굴을 먹여 살리려고 힘들게 살지 마세요. 동굴을 놓고 나와 이용만 하면 됩니다.

91. 어리석음은 무엇일까요?

등잔 밑이 어두운 것이 어리석음입니다.
자신을 빼고 세상을 아는 것이 어리석음입니다.

모든 사람은 지혜로운 자가 되고 싶어합니다. 인류가 생긴 이후
원하는 소원 중 하나가 무엇이냐고 물으면 아마도 지혜라고 할 만큼
지혜는 특별한 무엇이었습니다.

고대 그리스 시대의 소크라테스께서는 '나는 나를 모른다'라고 하면서
시대의 최고의 지혜로운 자로, 인류의 4대 성인 중 한분으로서 스타가
되었습니다. 보통의 사람들은 이 세상을 아는 것이 지혜가 커지고
현명해지는 줄 알았습니다. 그런데 소크라테스는 정반대의 길을
갑니다. 바로 나는 누구인가입니다. 아주 오랫동안 찾아 봤더니 잘
모르겠다고 합니다. 그래서 '나는 나를 모른다'고 했다고 합니다. 당시
이 세상은 물, 불, 수, 원자 같은 것으로 다양한 철학자들이 이 세상을
해석하고 알았다고 합니다. 하지만 신비합니다. 나를 모르는 사람이
가장 지혜로운 자가 된 것입니다.

인도의 부처님도 '나는 진짜가 아니다'라고 하면서 위대한 스승이
됩니다. 나는 연기(緣起)의 산물이며 자아는 모두 공(空)이며 가짜라고
합니다. 오히려 진짜는 만들어지지 않은 순수한 공이라고 합니다.
나라고 이루어진 것은 전부 만들어진 것으로 이루어진 공이라고
합니다. 공이 무엇이냐고요. 허공 즉 실체가 없다는 것입니다. 그리고
조금 더 확대하여 이 세상 모든 것이 공이라고 합니다. 나도 허공이고

이 세상 모든 것이 허공이면 무엇이 있겠습니까? 참 신기합니다. 나는 아무것도 아닌 허공인데 그것이 지혜와 무슨 상관이 있는지 잘 모르겠습니다. 아무튼 이후 부처님은 지혜의 법륜을 돌린 지구상의 위대한 4대 성인 중 또 한 분이 됩니다. 그리고 지금까지 인류는 부처님의 지혜에 의거 깨달음을 얻은 많은 분들이 나왔다고 합니다. 부처님 당시 가섭, 수보리 등 10대 제자와 그 뒤를 잇는 달마선사 같은 여러 제자들이 있었습니다.

4대 성인 중 다른 두 분은 공자와 예수님입니다. 공자는 지혜를 얻는 것을 도라 말씀하셨고 예수님은 사랑이라고 말씀하셨습니다. 도를 아는 것과 이 세상 모든 것이 사랑이라고 알면 지혜로움을 얻는 것입니다.

지혜가 없다면 그것은 다른 말로 어리석음입니다. 지혜와 어리석음은 동전의 양면처럼 함께합니다. 사람은 태어나면서 본래 지혜로웠다가 세상에 살면서 세상을 배우면서 오히려 어리석어진다고 합니다. 자신을 어느 순간 몸이라고 여기고 몸을 위해 온 정성을 다하게 됩니다. 그러다 보면 몸이 주인이 되어 본래 자기를 모른다고 합니다.

어리석음은 자신을 모르는 것입니다. 나를 모름이나 허공, 진리, 사랑이라고 알지 못할 때 어리석음은 자신 속에서 평생 동안 무지로 활동합니다. 그것은 빛이 존재하지 않는 동굴 속에서 빛의 세계를 모르고 사는 것입니다.

92. 씨앗을 뿌려 수확할 때는 언제일까요?

씨앗은 언제 수확이 가능할까요?
인간은 지혜로 자유를 얻었을 때 수확이 가능해집니다.

봄이 오면 만물은 새로워집니다. 추위가 물러가면서 땅은 만물에게
영양분을 주고 활동이 가능해지도록 합니다. 대기는 따뜻해지며
만물이 세상에 나와서 살아가도록 환경을 만들어 줍니다. 하늘의
태양은 빛을 보내어 식물, 나무, 강, 산에 생명의 기운을 북돋아
줍니다. 이처럼 봄은 세상의 모든 것들이 기운 나게 살아가고
활동하도록 합니다.

이처럼 좋은 계절에 씨앗은 준비됩니다. 봄에 씨앗을 뿌려야 가을이면
수확이 가능해집니다. 봄에 씨앗을 뿌리고 여름이면 힘껏 자라고
가을이 되어서야 비로소 열매를 맺습니다. 수확을 얻으려면 씨앗과
사람의 손길 그리고 계절이라는 일정한 시간의 양이 필요합니다.
잘 익은 과일과 곡식을 얻으면 하늘에 감사드리려고 추수 감사절인
추석을 보내게 됩니다. 황금빛 달 아래에서 존경을 담은 귀한 음식을
하늘에 올리고 기도와 감사로 시간을 가지게 됩니다. 참 아름답고
감사로 충만한 일입니다. 그리고 귀하고 귀한 일이 됩니다. 아주
오래전부터 인류가 정착 생활을 하면서부터 행해져 온 뜻깊은
행사여서 오늘날에도 전 세계적으로 행해집니다.

인간은 만물 중에서도 가장 귀하다고 합니다. 아마도 사람 중심의
세계여서 그렇다고 하지만 사람은 특별한 존재입니다.

왜 그럴까요? 인간은 말과 언어가 있습니다. 인간은 생각을 언어로
표현하며 학문, 과학, 건축, 음악, 미술, 철학, 종교처럼 다양한 문화를
만들어 왔습니다. 지구 안에서 지역이나 나라별로 각각의 특별한
개성을 가지고 발전하고 또 성장하여 왔습니다. 지금은 지구 밖의
우주에도 발을 내딛어 4차 산업의 시대에 맞게 빠르게 진화하고
있습니다. 참 놀라운 시대가 만들어지고 열려지고 있습니다.
인간은 가장 약하게 태어났지만 학습이라는 거름을 통해 위대하게
성장합니다.

인간은 어느 때에 수확이 가능할까요? 답하기 어려울 것입니다. 왜
그럴까요? 인간을 씨앗이라고 생각해 본 적이 없기 때문입니다.
그러면 인간을 하나의 씨앗이라고 하면 익은 것인 완성은
무엇일까요? 아주 옛날부터 답이 있었습니다. 일반적이고 세상에
널리 알려진 답이 '아침에 도에 이르면 저녁이 되어 죽어도 여한이
없다'라는 말입니다. 다들 한 번쯤 들어 봤을 것입니다. 공자가
말씀하신 내용입니다. 도에 이르는 것은 자신을 깨닫는 것이며 인간의
본성을 아는 것이라고 합니다. 그러면 무엇이 얻어질까요? 인간이
완성되면 바로 얻어지는 것이 자유입니다. 도에 이르러 자신을
깨달았을 때나 성품을 알았을 때 얻어지는 것이 자유입니다.

인간이 진정한 자유를 얻었을 때가 바로 수확이 가능해지는
때가 됩니다. 언젠가 당신 자신이 자유를 얻고 찾게 되면 당신은
인간으로서 완성을 이룬 것입니다. 마치 한 개의 사과가 붉게 익어
가을날 농부의 손길에 얻어지듯이.

93. 시간은 누구에게나 공평합니다.

시간은 이 세상 모든 것을 가지고 있습니다.
시간은 이 세상 모든 것을 사라지게 합니다.

시간은 돈입니다.
시간은 약입니다.
시간은 금보다 귀합니다.
시간은 목숨보다 귀합니다.

시간은 미래를 먼저 알려 주지 않습니다.
시간은 과거를 통해 결과를 알려 줍니다.
시간은 현재에만 참여할 수 있습니다.
시간은 현재에만 모든 행위를 바꿀 수 있습니다.

시간이 지나간 것을 과거라고 합니다. 과거로 돌아가 원하는 것을 할
수가 없습니다. 물론 미리 미래에 가서 원하는 것을 할 수도 없습니다.
그러면 언제 원하는 것을 할 수 있을까요?

모두가 알고 있습니다. 지금입니다. 바로입니다. 현재입니다.
당장입니다. 다른 것은 있을 수 없습니다.

시간은 세상에서 가장 강한 신일 수도 있습니다. 이 세상 모든 것을
파괴하거나 모두 사라지게 합니다. 그냥 가만히 시간이 지나면 식물이
사라지고, 동물도 사라지고, 사람도 사라지고, 나무도 사라지고, 산과

강도 사라지고, 수억 년이 지나면 지구도 사라질 수 있습니다. 시간이
세상을 나오게도 하지만 사라지게도 합니다. 마치 신처럼!

시간은 이처럼 강합니다. 시간은 만물을 대할 때 아무런 감정이
없습니다. 예쁘다고 더 오래 살도록 하지도 않으며 밉다고 빨리
사라지게 하지도 않습니다. 시간은 그 누구에게나 공평합니다.
만일 공평하지 않다면 어떨까요? 하늘이 노해 수시로 화를 내거나
한 가지만 예뻐한다면 어떻게 될까요? 이 세상은 대혼란이
일어나겠지요. 화산 폭발, 가뭄, 태풍, 홍수, 지진 같은 수많은 재난이
일어나고 시간이 잠깐 한눈이라도 팔면 그 피해가 상상할 수 없을
만큼 커집니다.

시간이 멈추면 모든 것이 멈추게 됩니다. 모든 활동이 멈추고 모든
생명이 멈추게 되면 모든 것의 죽음이 찾아듭니다. 모든 것의
사라짐이 있겠지요. 그래서 시간은 세상에서 아주 강한 존재입니다.
그러니 시간은 가장 공평해야 한다고 생각이 듭니다.

시간이 얼마나 공평한지를 알겠지요. 그러니 현재에 살아야 됩니다.
현재만이 시간의 신이 주신 축복을 가장 잘 받는 것이며 가장 잘
활용하는 것입니다.

94. 생명은

하나의 신비입니다.
생명이 어떻게 만들어졌는지 모릅니다.

생명은 그 시작을 모른다고 합니다. 생명이 어떻게 주어지는지
모른다고 합니다. 생명을 누가 주는지 알 수가 없는 일입니다.

인간도 하나의 생명입니다. 인간은 그 물음에 답을 아주 오래전에
찾았습니다. 신이 만들었다고 합니다. 도가 만들었다고 합니다.
진리가 만들었다고 합니다. 사랑이 만들었다고 합니다. 다 맞는다는
생각이 듭니다. 신비가 말을 할 수 없으니 신비가 답이 됩니다.

생명은 살아 있음의 춤이며 꽃입니다. 빛에 의해 살아가며 어둠에
의해 휴식합니다. 보통 살아 있는 모든 시간입니다. 출생에서
죽음까지의 활동(행동)입니다. 호흡에서 시작해서 호흡의 멈춤으로
마칩니다. 소년, 청년, 장년, 노년기라는 시간대가 있습니다. 사람은
혼자 왔다가 혼자서 갑니다. 아마도 왔던 곳에서 왔던 곳으로 돌아갈
것입니다.

95. 빛은 그대에게 자유를 준다.

어느 날 당신은 두려움을 극복해 보겠다고
밤이 되어 깊은 산을 올라갑니다.
그날은 날씨가 흐려 별도 달도 나오지 않아 산길을 오르는데
나무들도 모양을 감추고 구별도 되지 않습니다.

산의 시작 부분은 사람들이 많이 오르내리는 통행로로 길도 넓고
평평하니 좋았습니다. 차츰 산에 오르면서 사람들의 발길이 점점
줄었는지 길도 좁아지고 울퉁불퉁 굴곡이 심해집니다. 가다 보면
바위와 부러진 나무들이 길 중앙에 널려 있어 비켜 가거나 돌아서
걷기도 합니다.

두어 시간이 지나고 산 중턱에 오르자 이제 어둠도 깊어져 깜깜해서
발걸음을 옮길 때 조심조심합니다. 손도 좌우로 흔들면서 보이지 않는
눈앞의 장애물을 확인하며 한 걸음 한 걸음 긴장하며 걷느라 힘이
들어 땀도 납니다.

어둠에 물들은 흐린 하늘이 약간의 빛을 더할 뿐 산은 이제 검은 몸이
되어 전혀 빛을 내지 못해 어둠만이 오히려 진해질 뿐입니다.

산 중턱에 이르러 야간 산행으로 두려움을 이기겠다는 결심은 더
올라가야 할지 오던 길로 다시 내려가야 할지 갈팡질팡 혼란만을
증폭시키고 있습니다.

고민이 깊어져 한숨을 내쉬면서 이제 가던 길을 멈추고 잠시 맨땅에 앉아 흔들리는 마음을 정신 차려 보려고 합니다.
올라가거나 내려가려는 것 모두 이제는 문제입니다. 산속이 너무 깜깜해져 방향이나 길을 전혀 볼 수도 없고 눈앞은 껌껌한 어둠만이 전부입니다.

그렇게 한참을 멍하니 하늘만을 보면서 달이라도 나와 주길 기도합니다. 달이라도 뜨면 산으로 달빛이 흘러들어 어둠을 밝혀 길을 다시 열어 줄 것 같았습니다.

깊은 어둠을 보며 답답함은 막막함과 두려움으로 나를 옴짝달싹 못 하게 합니다. 이렇게 가만히 있다가 산에서 밤을 지새워야 하는 것이 아닌지 무서워집니다. 무서움이 점점 나를 이끌자 이런 생각도 튀어 나옵니다. 에라 모르겠다. 그냥 어둠을 무시하고 다시 내려가 버려! 가만히 있다가 산짐승인 멧돼지라도 나오면 나는 어떻게 하지!

그래도 걱정이 앞서서 발걸음을 움직일 수 없습니다. 정말 무턱대고 길을 내려간다 해도 나도 모르게 산길을 벗어나 낭떠러지 쪽으로 간다면…… 또는 길을 걷다가 바위나 나뭇가지 등의 장애물에 심하게 부딪혀 몸이 다치거나 다리라도 부러지면 어떻게 하나 정말 말도 안 되는 무서운 생각들이 물 흐르듯 일어납니다.

이제는 가만히 앉아 있어도 춥고 어릴 적에 보았던 무서운 전설의 이야기, TV 방송, 유튜브에서 본 여러 이미지들이 머릿속에서 슬금슬금 올라옵니다. 몸은 점점 차가워지고 무서움으로 소름이 온몸을 경직시키고 있습니다.

그냥 무섭고 울고 싶습니다. 갑자기 산악 구조대가 헬기라도 타고 와 나를 데려가기를 바라는 마음이 간절합니다. 정신이 오락가락하는지 나도 모르게 '내가 왜 산을 오르려고 했는지' 알 수 없는 생각들이 눈물처럼 한 방울 한 방울 흘러서 고통으로 괴롭습니다.

아무 생각도 나지 않습니다. 아무 의욕도 없고 그냥 여기 주저앉아만 있습니다. 한 줄기 희망도 없어 보입니다. 눈을 감고 누워서 흘러내리는 눈물만이 활동합니다.

무서움을 피하려고 잠이 들었는지 누가 나를 흔들며 깨우고 있습니다. 이 모든 무서움과 상황에 눈을 뜨고 싶지 않았습니다. 심하게 몸이 흔들리다가 일으켜지고 나도 모르게 눈이 뜨였습니다. 어떤 젊은 산악 구조대원이 손전등을 얼굴에 비추며 '어디 아픈 곳이 없냐며' 이제 정신을 차려 보라고 합니다.

나는 순간 구세주를 만난 듯 눈이 번쩍 했습니다. 신이시여, 감사합니다. 살았습니다. 나에게 한 사람이 한 줄기 빛으로 왔습니다. 밤의 어둠도 손전등이 해결해 줄 것입니다. 지나온 길도 산악인의 안내면 충분할 것입니다. 나는 다시 세상으로 돌아갈 수 있습니다.

한 줄기 빛은 손전등입니다. 한 사람은 빛으로 어둠의 길을 밝히며 안전하게 이끌어 주는 안내자입니다.

삶은 낮과 밤이 회전하며 지금 현실마저도 장막으로 가려 주는 아주 깊고 넓은 큰 세계입니다. 이 삶 속에서 수많은 기쁨과 고통으로 때론 조금 전 나 혼자 깊은 산을 홀로 걷다가 아무 것도 할 수 없어 모든 것을 포기하고 죽음을 맞이하려는 순간도 있었을 겁니다.
이러한 순간에 필요한 것은 손전등 즉 이 세상을 밝혀 줄 지혜입니다.
손전등이 어둠을 사라지게 하듯 당신은 당신만의 손전등인 지혜를
가져야 합니다.

하지만 조금 더 안전한 방법이 있습니다. 산악 구조대원입니다. 여러
가지 산악 장비와 손전등으로 위험한 산을 안전하게 건너가게 하며
위험에 빠진 사람들을 구조해 주는 이들입니다. 이들은 바로 세상에서
말하는 구루 즉 스승들이며 구름(어둠, 고통, 감당할 수 없는 문제 등)을
걷어 주는 자입니다.

빛은 우리 자신 모두에게 자유를 줍니다. 산이라는 거대한 삶을
안전하게 살게 합니다. 산에서 놀고 사랑도 하고 어떠한 위험이 온다
하더라도 당신이 해결할 수 있게 합니다.

당신의 지혜가 바로 당신 삶의 빛입니다.
요가는 당신의 지혜를 얻는 길이 됩니다.

마치며

마음의 지혜를 얻고 인생을 행복하게 하려는 여러분들께
마인드 요가로 인사드리게 되어 기쁘고 행복합니다.

2001년 노선생과 마인드 요가를 처음 공부했던 시간들이
떠올라 좋았습니다. 교재도 없이 그저 열정으로 순수했던
그 시간의 배움 중에 소중한 가르침들을 선별하여 작게나마
마음의 길을 걸을 수 있는 방편을 마련할 수 있어서
그 의미가 크다고 생각됩니다.

전작 '노사부의 행복 노래'는 명상을 통해 얻은 지혜를
삶에서 바로 사용할 수 있도록 한 완성된 음식이라고 한다면,

이번 책은 행위 · 헌신 · 지혜의 요가와 8단계로 이루어진 라자(명상)
요가의 길로 큰 틀에서 마인드 요가를 소개했습니다.

먼저 명상이 대세인 요즘 시대에 걸맞게 다양한 명상 방법을 소개하여
자신에게 맞는 방법을 스스로 선택해 쉽게 참여할 수 있도록 길을
제시하려고 노력했습니다.

두 번째로 마인드 요가를 처음 접하는 분들을 위해 밴드에서
일반들에게 안내했던 댓글을 내용별로 분류하여 이해와 접근을
용이하도록 하였습니다.

세 번째는 세상 마인드와 요가 마인드라는 장을 마련하여, 세상에 널리 알려진 요가의 스승들의 가르침을 사전에 공유하고 요가적 해석을 더함으로써, 숨겨져 있는 뜻을 쉽게 알아보도록 정성을 더하였습니다.

네 번째는 인생의 4주기라는 것을 준비하여 보이는 세상의 길과 세상의 일을 마치고 내면의 길을 다시 걸어야 하는 것을 구분하며 인생의 의미와 전체적인 흐름을 보여 주었습니다.

다섯 번째는 나(자아)의 길, 세상의 길, 요가의 길을 일반적인 개념과 심화로 구분하여 인생에서 부딪치는 여러 문제를 혼자서도 슬기롭게 해결이 가능할 수 있도록 하였습니다.

마인드 요가의 길은 인생을 황금으로 변하게 하는 연금술입니다. 요가의 스승들이 수천 년 전에 체계를 완성하여 현재까지 전해져 오는 안전한 방법임을 말씀드리고 싶습니다.

아울러, 브라만과 아트만, 집중과 명상처럼 요가 용어를 많이 반복한 것은 처음 접하는 분들이 친근하게 느끼며 저절로 익히도록 한 것입니다. 다소 비슷한 제목이나 내용이 반복되었더라도 널리 이해하여 주시길 빕니다.

마인드 요가에서는 삶이 바로 명상이라고 합니다. 바로 삶의 매 순간이 명상이 되어야 합니다. 또한 명상이 행복이라고 말하고 있습니다. 명상을 하면 매 순간 행복할 수 있어야 합니다.

자아라는 구름이 태양을 만나면 지혜라는 빛으로 변하며
삶은 밝은 빛 아래에서 모습을 보입니다. 이제 요가는 보이는
세상에서 자신의 인생을 분명히 볼 수 있게 해줄 것입니다.

마인드 요가의 길을 걷는 자는 일상에서 늘 이러한 기도가 마음
안에서 일어납니다.

모든 사람들이 다 행복하기를!
모든 세상이 다 잘되기를!

끝으로 요가의 스승들에게 머리 숙여 절합니다.
길을 같이하는 벗 노 선생에게 머리 숙여 절합니다.
그리고 지금 요가의 길을 가는 사람이나 앞으로 갈 사람,
관심이 없거나 모르는 분이라도 감사로 절을 올리겠습니다.

나마스테!
당신의 신성에 깊이 머리 숙이고 존경으로 절합니다.
사랑으로, 감사로, 존경으로, 침묵으로 절을 올립니다.

노사부의 행복 노래

삶의 신비에서 보물을 찾은
명상가의 행복 노래이다.

박희성 · 노명환 지음 / 180쪽 / 12,000원

- 지혜는 원리를 찾은 것이며
  배움은 원리를 행하는 것이다.
- 나는 하나의 존재이며
  또한 존재의 전부이기도 하다.

쉬운 명상

명상은 자유 · 행복 · 만족이며
모든 것이 사랑입니다

박희성 지음 / 388쪽 / 16,000원

38년 넘게 라자(마음의) 요가를 공부한 명
상가가 쉽게 알려 주는 명상입문서로 명
상의 세계, 방법, 과정을 소개하고 있다.

땡큐 명상

명상은 자신을 행복하게,
세상을 이롭게 하는 길이다

박희성 · 노명환 지음 / 376쪽 / 16,000원

20년 이상 라자(마음의) 요가를 공부한 두
명상가가 사람의 몸을 육체, 가슴, 지혜,
지복으로 구분하여 명상으로 얻는 내면의
세계와 체험을 보여 주고 있다.

노사부의 마인드 요가

ⓒ 박희성 · 노명환 지음, 2024

초판 1쇄 발행 2024년 10월 10일

지은이   박희성 · 노명환 지음
펴낸이   이기봉
편집   좋은땅 편집팀
펴낸곳   도서출판 좋은땅
주소   서울특별시 마포구 양화로12길 26 지월드빌딩 (서교동 395-7)
전화   02)374-8616~7
팩스   02)374-8614
이메일   gworldbook@naver.com
홈페이지   www.g-world.co.kr

ISBN   979-11-388-3606-7 (03100)